本书受东南大学工程安全法治研究基地资助

德国工程私法案例选

黄喆 主编

申柳华
刘易洲 译
孙鸿亮

GERMAN PRIVATE CONSTRUCTION LAW

图书在版编目(CIP)数据

德国工程私法案例选/黄喆主编. —北京:北京大学出版社,2023.11
ISBN 978-7-301-34455-2

Ⅰ.①德… Ⅱ.①黄… Ⅲ.①建筑法—案例—德国 Ⅳ.①D951.622.97

中国国家版本馆CIP数据核字(2023)第180293号

书　　　名	德国工程私法案例选 DEGUO GONGCHENG SIFA ANLIXUAN
著作责任者	黄　喆　主编
责 任 编 辑	徐　音　吴康文
标 准 书 号	ISBN 978-7-301-34455-2
出 版 发 行	北京大学出版社
地　　　址	北京市海淀区成府路205号　100871
网　　　址	http://www.pup.cn　新浪微博:@北京大学出版社
电 子 邮 箱	zpup@pup.cn
电　　　话	邮购部 010-62752015　发行部 010-62750672 编辑部 021-62071998
印 刷 者	三河市博文印刷有限公司
经 销 者	新华书店
	965毫米×1300毫米　16开本　24印张　323千字 2023年11月第1版　2023年11月第1次印刷
定　　　价	98.00元

未经许可,不得以任何方式复制或抄袭本书之部分或全部内容。
版权所有,侵权必究
举报电话:010-62752024　电子邮箱:fd@pup.cn
图书如有印装质量问题,请与出版部联系,电话:010-62756370

译者简介

申柳华 北京大学和德国慕尼黑大学联合培养刑法学博士,北京大学刑法学硕士,西南政法大学民商法硕士,德国奥格斯堡大学经济法硕士。江苏大学金山特聘教授,德国奥格斯堡大学法学院民法、经济法、欧盟法、国际私法、比较法和法学方法论教席默勒斯(Thomas M. J. Möllers)教授学术助理,德国奥格斯堡大学欧中法律研究与创新中心副主任。主要研究方向:中德刑法,德国经济法(公司法、资本市场法),法学方法论。

E-mail:liuhua.shen@jura.uni-augsburg.de

刘易洲 德国科隆大学北欧研究及荷兰研究文学学士、法学硕士、经济法硕士,通过德国法律国家考试。履职于德国联邦网络管理局、美国奥睿律师事务所(杜塞尔多夫办公室)及韩国金张律师事务所。主要研究方向:资本市场法、国际仲裁、古冰岛法律文本、批判法律研究。

E-mail:hallo@liuyizhou.de

孙鸿亮 清华大学和德国奥格斯堡大学联合培养博士生(民法方向),武汉大学法学硕士(民商法),中国政法大学法学学士。在《南大法学》《社会法评论》等刊物发表学术论文数篇,在《南方都市报》等发表社会评论数十篇。主要研究方向:民法、数字法、比较法和法学方法论。

E-mail:719673497@qq.com

序 言

建筑业的发展是国家经济发展实力的重要指标。由于建设项目的复杂性和规模化,以及建设参与方的多元利益角逐,不可避免地存在合同文件的准备和执行不力、财务限制紧张、风险分配不公以及参与方之间沟通阙如等问题。在我国,建筑市场不规范、投资准备不足等状况突出,造成了大量拖欠工程款和影响农民工工资发放的现象,建设工程合同纠纷已然超越了经济问题和法律问题,演变成为社会问题,引发社会关注。不过,工程司法实践中,法官面对的始终还是法律适用,抽象层面上,我国的工程争议并未呈现全然不同的样态,国别比较研究仍有意义。

总体而言,整理编译这本书是出于以下两个直接的动因:

其一,《中华人民共和国民法典》于 2021 年 1 月 1 日起施行。该法系统修编了我国长期以来实施的民事法律规范,并新增了一些适应新情况、新发展的内容。遗憾的是,针对合同编建设工程合同章的修订十分有限,现有的规则供给与当前工程司法实践的需求之间尚有差距。如何在有限的规则中寻求妥当的解决问题的方法,是民法典时代对法解释学的要求,对内找寻答案和对外借鉴吸收,二者须兼而有之。

其二,2018 年 1 月 1 日起,德国《工程合同法和买卖法瑕疵责任变化的改革法案》正式施行。这是自德国 2002 年《债法现代化法》修订以来,对《德国民法典》进行的最重要,也是影响最深远的一次改革。改革法案不仅在形式上增加了工程合同,而且在实质上引入了拟制验收、定作人变更权等规则,充实了工程合同独立的内容构造。鉴于德国民法对我国民法学说发展的重要影响,借鉴德国民法的解释方法透视我国工程私法领域的问题,或可帮助我们开阔视野、打开局面。

为遴选到在德国工程实践和理论发展中有代表性的案例,主编特别请教了法兰克福大学 Felix Maultzsch 教授,在他的建议的基础上共选取案例 46 则,按照其内在关联性进行了分类。本书案例聚焦于工程私法领域,共分为七编,其中尤以工程合同为重,前五编分别以"合同类型和效力""瑕疵权利""定作人义务和风险转移""合同终止""担保权"为中心编排,第六编关于"建筑师合同",第七编围绕"侵权相关的判决"展开。由于判例中多次引用并提到相关常用德国法条文,因此,本书在附录部分提供《德国民法典》工程合同(相关)条文译文和德国 2016 年版《建筑工程发包与合同规则》(B 部分)译文供读者查阅参考。

本书的顺利出版,离不开翻译人员的用心和努力。感谢江苏大学金山特聘教授申柳华老师、德国科隆大学刘易洲先生和清华大学孙鸿亮先生,三位译者在翻译初期每周定期研讨,确保了本书在关键信息上的准确性。同时,为忠实于原判决,译者除对于特别需要说明的地方采用了引注的方式加以解释外,正文部分,包括各判决的标题,译者均未予改动,虽然标题的长度和结构未必符合我国读者的阅读习惯,但为了研究者能够顺利找到原文进行对照,本书最终决定坚持原判决的写法。

囿于时间精力的限制,本书的取材和翻译难免有未尽如人意之处,我们诚挚地期待广大读者提出宝贵的意见和建议,也希望以本书为媒介,结交此领域的良师益友。

黄 喆
2023 年 3 月 14 日于南京

目 录

第一编 合同类型和效力

判例一 承揽供给合同:关于提供包括先前规划服务在内的待制作的可移动建筑或设施部件的承揽人之间的合同 ………（3）

判例二 受承揽合同法管辖的已完工程的建筑瑕疵责任 ………（12）

判例三 结构工程师合同—法律属性—瑕疵担保权的法定诉讼时效 ……………………………………………………（20）

判例四 针对建筑手工业者给付的"黑钱协议":"黑工"的不当得利价值偿还请求权 …………………………………（26）

判例五 承揽合同:违反"打黑工"的禁止性规定导致合同无效时排除瑕疵请求权 ……………………………………（35）

第二编 瑕疵权利

判例一 《承揽合同法》:承揽人的赔偿责任归因于另一承揽人的先行给付的不足而导致其工作的功能匹配性上有瑕疵;承揽人的说明和证明责任 ……………………（45）

判例二 工程合同:钢筋混凝土玻璃幕墙中安装了会自发破裂的钢化安全玻璃的瑕疵请求权 ………………………（58）

判例三　判断建设工程合同中有瑕疵的隔音效果；公认技术规定
　　　作为验收时点的最低标准；德国工业标准规范的法规范
　　　质量和有条件的说服力 ……………………………………（66）
判例四　合同缔结至受领期间一般公认技术规则的变更；
　　　承包人的信息义务；发包人的选择权；承包人
　　　拒绝履行时发包人预付款请求权的前提条件 …………（70）
判例五　确定一个店铺是否适合作为咖啡馆 …………………（79）
判例六　承揽合同：履行辅助人欺诈性地隐瞒瑕疵 ……………（84）
判例七　承揽合同：未受领时瑕疵权利的形式 …………………（91）
判例八　消除瑕疵与支付承揽报酬须同时被履行 ……………（101）
判例九　建设工程施工合同：拒绝承揽人不合理地通过定作人
　　　消除瑕疵的要约 ……………………………………（112）
判例十　《建筑工程发包与合同规则 B 部分》合同中的保证：
　　　在验收前消除瑕疵或要求新验收；偿还第三方修缮的
　　　费用 …………………………………………………（117）
判例十一　工作瑕疵：补救瑕疵请求权作为一种重新完成
　　　工作请求权 …………………………………………（122）
判例十二　建设工程合同：在双方同意的情况下可将受发包人
　　　委托的设计人的有责行为归咎于发包人 ……………（132）
判例十三　使用定作人指定的建筑材料导致承揽物瑕疵的情形
　　　承揽人的责任豁免范围；异常值 ……………………（139）
判例十四　承揽合同——由定作人分担修理的费用与定作人
　　　提供担保 ……………………………………………（144）
判例十五　定作人因渗水系统建造瑕疵而提出的索赔 ………（156）
判例十六　承揽合同：在水灾后因错误的除湿方法导致建筑物
　　　受损的情况下，定作人的损害赔偿请求权 …………（160）
判例十七　部分转让——报酬索赔的减价——由第三方公司在
　　　不设定截止日期的情况下进行修缮 …………………（165）

第三编　定作人义务和风险转移

判例一　因建筑工程中的一个不重要的瑕疵而滥用权利拒绝
　　　　验收情况下的工作报酬到期 …………………………（175）
判例二　解约 VOB 合同：因最终账单缺乏可核实性而驳回报酬
　　　　诉讼；计费错误和可审计性；司法告知义务；账户和预付
　　　　款的结算以及支付超额款项的义务；便于说明的发包人
　　　　自行的计算；从分包人的账单中确定进一步的报酬
　　　　要求的利益 …………………………………………（182）
判例三　单独提起工程验收诉讼的可行性；未经批准情况下保留
　　　　验收；未能履行义务时的损害赔偿；关于主要诉讼程序中
　　　　证据保全的程序费用的裁决 …………………………（194）
判例四　伊朗的政治状况是给付的障碍；薪酬的风险 …………（202）
判例五　工程公司在验收前对支付报酬的请求权 ………………（209）
判例六　根据《建筑工程发包与合同规则》的规定，对验收前非承包
　　　　人的过错导致给付灭失的支付义务；《建筑工程发包与合
　　　　同规则 B 部分》第 7 条意义上的不可避免性；在客观上损
　　　　坏可归因于发包人的情况下，类推适用《德国民法典》
　　　　第 645 条的支付风险条款 …………………………（214）
判例七　关于承包人的工作报酬的风险 …………………………（219）
判例八　在非承揽人过错的情况下发生的建筑工程损坏的报酬
　　　　支付 ……………………………………………………（225）
判例九　建筑师的责任：当出现施工瑕疵的迹象时有责任加强
　　　　注意；施工监理后要求部分验收 ……………………（229）
判例十　承揽合同 …………………………………………………（235）
判例十一　定作人注意义务的免除 ………………………………（241）

第四编 合同终止

判例一 建筑工程合同:将合同的特别终止解释为普通终止 …(251)

第五编 担 保 权

判例一 通过建设工程合同的格式条款排除承包人的留置权
的请求权 …………………………………………………(261)
判例二 关于设计人的建筑用地抵押权 ……………………(269)
判例三 施工单位的担保留置权:施工单位对后期全部完成的工作而
获得的担保留置权预告登记可否使用先前施工单位对部分
完成的工作而获得的担保留置权预告登记的顺位 ……(272)

第六编 建筑师合同

判例一 设计合同:在规划住宅建筑前审查发包人的经济状况;
发包人在基本设计规划框架内的成本估算的约束
性质 ………………………………………………………(277)
判例二 关于在不履行义务(《德国民法典》第635条)的损害
赔偿案件中适用《德国民法典》第426条 ……………(283)
判例三 总承包人在承揽合同下的义务;在涉及过渡性法条的
案件中常规诉讼时效期的开始 …………………………(289)

第七编 侵权相关的判决

判例一 建筑物施工中有瑕疵的承揽给付:侵权责任的
范围 ………………………………………………………(297)

判例二　建筑物受损情形下建筑师的侵权责任；责任保险公司
　　　　检查缺陷情形下消灭时效的中止 ……………………（304）
判例三　建筑师格式合同中的消灭时效条款 ………………（314）
判例四　定作人代承揽人向其他承揽人行使损害赔偿请求权
　　　　（第三人损害求偿）………………………………（323）
判例五　建筑商使用以延长的所有权保留方式购买的建筑
　　　　材料时的业主责任 ……………………………（331）
判例六　建筑商对于承租人带来的财产损害的侵权赔偿义务；
　　　　与有过失 ……………………………………………（338）

附　录

附录一　《德国民法典》工程合同（相关）条文 ……………（347）
附录二　德国 2016 年版《建筑工程发包与合同规则》
　　　　（B 部分）………………………………………………（357）

第一编
合同类型和效力

判例一

承揽供给合同:关于提供包括先前规划服务在内的待制作的可移动建筑或设施部件的承揽人之间的合同

《联邦普通高等法院民事裁判集》第 182 卷,第 140—150 页
BGHZ182,140-150
《新法学周刊》2009 年,第 2877—2880 页
NJW2009,2877-2880

【要旨】

(1) 买卖法适用于所有有义务交付待制作或生产动产的合同,即也适用于承揽人间的合同。

(2) 合同的唯一目标是交付可移动的建筑或待制造的设施部件(Anlagenteilen),应根据《德国民法典》第 651 条,适用买卖法的规定。拟建于建筑物中的部件之用途并不能成为作出不同评价的理由。

(3) 如果合同的标的物还包括规划服务,而这些服务必须在建筑和设备部分的建造之前进行,并且不构成合同的重点,那么作出不同的评价也是不当的。

【主文】

根据被告的上告(Revision)[①],纽伦堡州高级法院第一民事合议庭和卡特尔合议庭(Kartellsenat)于 2008 年 6 月 17 日作出的判决被

---

① 在德国,上诉(Berufung)是指事实审上诉,上告是指法律审上诉,抗告(Beschwerde)是指程序上诉。(译者注)

撤销。

该案实体以及包括上诉程序的费用问题被发回上诉法院重新审理和裁决。

【事实】

原告要求被告补充履行(Nacherfüllung)合同,其在合同中承诺制造和交付建造筒仓设施(Siloanlage)所需的部件。原告还要求确认被告有义务支付赔偿金。

原告须为俄罗斯的发包人(Auftraggeber)建造一个用于储存草粒的筒仓设施,并将其装配在发包人建造的地基上。该筒仓设施由14个直接相邻的箱子组成,每个箱子高6米、长20米、宽5米。箱子之间被一个由几个支架组成的坝墙隔开,梯形板安装在这些支架之间。原告于2004年3月2日向被告订购了建造筒仓设施所需的零部件和材料,包括一个由被告负责的可检验的结构工程(prüffähige Statik)。被告制造了这些部件(包括坝墙、支架和拉杆),并将其交付给原告。该设施则由原告负责在俄罗斯建造。

同时,在独立的取证程序中取得专家意见后,双方对被告提供的筒仓板材太薄,因此不够抗膨胀的说法没有争议。

州法院受理了原告的诉讼。被告的上诉未获支持。在其上告(上诉法院允许其上告,以澄清《德国民法典》第651条是否适用于消费品交易之外的问题)中,被告继续主张其驳回诉讼的动议(Klageabweisungsantrag)。被告认为,双方的合同关系直接或通过《德国民法典》第651条受到买卖法的约束,因此,根据《德国民法典》第377条、第381条第2款,原告有义务对瑕疵进行检查和告知(Untersuchungs-und Rügepflicht),但其并未履行此义务。

【判决理由】

在被告的上告中,上诉判决将被撤销,案件将被发回上诉法院重新审理和裁决。

一

上诉法院认为双方的合同关系是承揽合同(Werkvertrag)。承揽人承诺生产某种物品并将其转让给合同伙伴(Vertragspartner),如果制造具体物品构成承揽人义务的重点,那么买卖合同中典型的货物销售则退居其次,应适用关于承揽合同的法律,而不是关于买卖的法律。当一项制造义务在很大程度上伴随着智力规划、建设和实施服务或具有这种特点时,该义务显得特别重要,这通常出现在承揽人承担了专门根据定作人提出的基本功能与需求来设计和制造一个技术上复杂的物体之义务时。本案中,被告正是承担了这样的义务。根据原告提供的关于物体的尺寸及其预期用途的信息,被告必须设计并交付一个筒仓设施,其中各个部件的尺寸是根据被告委托的结构工程师的计算结果确定的。《德国民法典》第651条不适用于双方达成协议的情况。应限制性地解释该条款,以便可以根据合同服务的重点继续适当地对最终客户销售之外的商业供应合同(Gewerblicher Lieferverträge)进行法律分类。它不包含在本案中向终端客户销售以外的投资品销售额。

二

这经不起法律的检验。

根据《德国民法典》第651条,关于货物买卖的规定适用于交付待制造或生产动产(Beweglicher Sachen)的合同。对于不可替代的物(Vichtvertretbare Sachen)而言,《德国民法典》第651条第3款规定了《德国民法典》第642、643、645、649、650条的适用尺度,即根据《德国民法典》第446、447条,验收时就是具有决定意义的风险转移时间点。在这方面,关于承揽合同的法律只是对买卖法的补充,并没有取而代之。

2001年11月26日《债法现代化法》(《联邦法律公报》BGBl. IS. 3138)修订后,该条款的前提条件得到满足。被告与原告签订了一份合同,承诺交付尚未生产的设施的零部件。

(1) 与上告人的意见相反,这些部件是《德国民法典》第651条意义上的动产。

a) 合议庭不必裁决是否要根据国家法律规定的物权法标准来确定《德国民法典》第 651 条第 1 款所指的动产概念。与此相反,考虑到工程建造被评价为土地的表见成分(Scheinbestandteile)这一特性,从而产生顾虑。因此,可能是在考虑实际的界定标准的基础上,优先考虑基于自然语言语境的解释。基于自然语言运用的观点,不言而喻的是,《德国民法典》第 651 条也是为了贯彻实施欧洲议会和理事会于 1999 年 5 月 25 日发布的关于消费品销售和对消费品的保证的第 1999/44/EC 号指令(《消费品销售指令》Verbrauchsgüterkaufrichtlinie[①])。该指令意义上的消费品(Verbrauchsgüter)是指可移动的有形物体,但某些具体指定的商品除外——《消费品销售指令》第 1(2)(b)条。没有证据表明,应根据德国物权法的标准对有形动产(Beweglichen körperlichen Gegenstandes)的自主解释的概念进行判断。[②]

根据各种可能的解释,被告应当交付动产。被告只负责交付设施的部件(die Anlieferung der Anlagenteile),因此它不需要与一块土地建立固定的联系。

b) 这些设施部件将会被计划组装成一个设施,然后永久地安装在一块土地上,这一事实并不妨碍将其归类为《德国民法典》第 651 条所指的动产。决定性的判断因素是,物品在交付时是否是可以移动的。[③]

根据《德国民法典》第 651 条,以交付建筑或设施部件为唯一目的的合同应适用买卖法。[④] 但如果承揽人承担了在建筑物中安装部件的义务,或者如果部件本身根据判例法规定的标准被评估为建筑物,是否另有规定,这里未作说明。

[①] 法律草案的解释性备忘录,BT-Drucks. 14/6040,S. 268。

[②] Messerschmidt/Voit-Messerschmidt/Leidig, § 651 Rdn. 17; Thode, NZBau 2002, 360, 362; Voit, BauR 2009, 369, 370; Sienz, BauR 2002, 181, 191; Preussner, BauR 2002, 231, 241; Konopka/Acker, BauR 2004, 251, 253; Nitschke, BauR 2004, 1340, 1341; Leistner, JA 2007, 81, 82; Metzger; AcP 204 (2004) 231, 245, 254.

[③] Schumann, ZGS 2005, 250, 251 m. w. N.; Rudolph, Die Abgrenzung zwischen Kauf-und Werkvertragsrecht gemäß § 651, S. 82 ff.

[④] Dauner-Lieb/Langen-Raab, Schuldrecht Teilband 2, § 651 Rdn. 14; Messerschmidt/Voit-Messerschmidt/Leidig, Privates Baurecht, § 651 Rdn. 28; Leupertz, BauR 2006, 1648 f.; Voit, BauR 2009, 369, 370.

就目前所考虑的情况而言,只要认为交付待制造的可移动货物不应根据货物买卖法进行评价,就应根据承揽合同法进行评价。但如果这些货物是为了安装在建筑物中,则无法简单归于上述情形。① 无论是德国国家法律还是欧盟《消费品销售指令》,都没有作出这种基于动产的预期用途(Zweckbestimmung)的限制。② 与此无关的是,联邦最高普通法院根据旧合同法作出的判例法认为,如果是交付公认用于建筑物的可替代物的合同,应受承揽合同法的管辖。③ 这是因为将其归类为承揽合同所适用的法条已不再权威,其已被新版《德国民法典》第651条所取代。与上告意见相反的是,这些合同以及手工业者对动产进行加工的那些合同也是无关紧要的,因为其知道这些物品将被建造到某个特定建筑物中,即被视为新版《德国民法典》第638条意义上的"建筑物"工程合同(Bauwerken)。④ 诚然,根据旧法的财产法转让并没有发挥作用,而仅仅是基于符合目的的给付。然而,这不意味着针对在哪些条件下应被认为是《德国民法典》第651条意义上的动产这一问题得出了任何结论。

c) 然而,与动产概念相关联的做法受到了相当多的批评,因为它影响到与建筑物建造有关的合同。立法者还以《债法现代化法》中对承揽合同法与买卖合同法的相适应过程来证明《德国民法典》第651条修正案的合理性⑤,但被指责未考虑到承揽合同与买卖合同之间所有的区别。⑥ 这种批评不能改变这样一个事实:立法者的意图显然是将那些在旧法下仍受承揽合同法约束的承揽合同归为买卖合同,这也是与《联合国国际货物销售合同公约》相一致的理由。⑦ 这一意图在法

---

① Mankowski, MDR 2003, 854, 856; Schudnagies, NJW 2002, 396, 398; Ulbrich/Ulbrich, Festschrift für Thode, S. 149, 157f.

② Rudolph, Die Abgrenzung zwischen Kauf- und Werkvertragsrecht gemäß § 651, S. 82 ff.

③ BGH, Urteil vom 27. März 1980-VII ZR 44/79, BauR 1980, 355.

④ Urteil vom 12. Oktober 1978-VII ZR 220/77, BGHZ 72, 206, 209; Urteil vom 26. April 1990-VII ZR 345/88, BauR 1990, 603, 604 = ZfBR 1990, 222.

⑤ BT-Drucks. 14/6040, S. 268.

⑥ Thode, NZBau 2002, 360, 361 f.; Mankowski, MDR 2004, 854 ff, Schudnagies, NJW 2002, 396, 398; Ott, MDR 2002, 361, 363 ff; Leistner, JA 2007, 81 ff; Konopka/Acker, BauR 2004, 251 ff; Sienz, BauR 2002, 181, 190 f.

⑦ BT-Drucks. 14/6040, S. 268.

律条文中得到了充分的体现。不能通过"指出旧的法律状况,据称已得出适当的结果"而来规避法律。① 在《债法现代化法》的解释性备忘录中没有提到建筑构件(Bauteilen)的供应合同,这是无关紧要的。② 即使立法者没有考虑到这些合同,这也不能改变其仅把物体的移动性作为一个新的界定标准(Abgrenzungskriterium)的意图。对《德国民法典》第651条进行目的性缩限(Teleologische Reduktion),将交付拟安装在建筑物内的可移动货物的合同排除在其范围之外是没有道理的,因为这与《消费品销售指令》的规定不一致。无法辨别,也无法断言建筑构件的供应合同应被排除在该指令的范围之外,因为这些建筑构件后来被组装到了建筑物中。③

有人指出,文献中所引用的价值判断矛盾(Wertungswidersprüche)在《德国民法典》第651条第1款的规定中被系统地列出。④ 与负责建造建筑物并为此而生产和交付建筑构件的一方签订的合同应根据承揽合同法进行评价,而与生产和仅交付建筑构件的一方签订的合同原则上应根据买卖法进行评价,这可能被视为评估的矛盾(Wertungswiderspruch)。然而,这种所谓的价值判断矛盾在《德国民法典》第651条中是普遍存在的,因为该法规定买卖法基本可以适用于与成果相关的合同,并且立法者认为,买卖合同法和承揽合同法并无明显的区别。因为立法者已经下令并接受了将买卖法应用于主要与结果相关的合同(Im Kern Erfolgsbezogene Verträge)的观点,显然立法者认为买卖法与承揽合同法并无明显的区别。这同样适用于合同类型学分类所带来的合同起草问题,因为它远离了适用于结果相关的合同的类型学。⑤

(2)上诉法院错误地认为不能适用《德国民法典》第651条,因为被告提供了必要的规划服务,并且在本案中,该条款不包括零售以外的有问题的资本货物的销售。

---

① Messerschmidt/Voit-Messerschmidt/Leidig, Privates Baurecht,§651 Rdn. 28.
② Mankowski, MDR 2004,854 ff, Schudnagies, NJW 2002,396,398.
③ Rudolph,Die Abgrenzung zwischen Kauf-und Werkvertragsrecht,S. 68、84.
④ Ibid.
⑤ Schumann, ZGS 2005,250,251.

a) 买卖法适用于所有有义务交付待制造或生产的货物的合同①，因此也适用于承揽人之间的此类合同。《债法现代化法》不仅旨在实施《消费品销售指令》，还希望消除旧法律中的瑕疵，即它混淆了生产和交付中替代的物（Vertretbaren）和不可替代的物之间的区别以及混淆了引用买卖和承揽合同法的个别条款。立法机关希望对有关工程交付的法律进行大力简化，这应当可以适用于《德国民法典》第651条中规定的所有类型的合同。②

不能从法律中推断出这样的限制，即此类合同只应涵盖供应典型散装货物或用于消费的货物的合同。③《德国民法典》第651条的字面意思和所表达的用意并不支持这一点。也不能从对《消费品销售指令》的自主解释（Autonomen Auslegung）中推断出这种限制——在向消费者交货的情况下，必须考虑到对法律的解释。然而，《消费品销售指令》只适用于向消费者提供制造或生产的消费品的合同。根据该指令第1(2)(b)条，消费品是可移动的有形物体，但其中指定的物体除外。该指令的法律定义中并没有包含任何进一步的限制。它也不是由有关指令的程序产生的。④ 尤其是没有迹象表明，应当以任何方式通过指令来艰涩地界定"典型的大众交易（Massengeschäfte）"或"用于消费的货物"与其他货物之间的界限。从指令的意义和目的来看，对典型散装货物（Massengüter）的限制或用于消费的货物也是不合理的。这是因为消费者保护的标准化以及指令的相关保护保证对于所有消费者交易而言都是必要的。

b) 上诉法院对这一切未提出质疑。相反，它认为必须根据文献中有代表性的关于承揽人之间交付其生产的典型资本货物合同（Investitionsgutes Werkvertragsrecht）的分类意见，适用关于承揽合同的法律。文献中认为，如果承揽人之间关于交付要生产的典型资本货物的合同中还包含其他额外的基本服务（如规划、建设、整合和调试性服务）时，则不适用《德国民法典》第651条。讨论的主要焦点是所有与

---

① BT-Drucks. 14/6040, S. 268.
② BT-Drucks. 14/6040, p. 267 f..
③ Erman/Schwenker, BGB, 12. Aufl., §651 Rdn. 5.
④ Rudolph, Die Abgrenzung zwischen Kauf-und Werkvertragsrecht, S. 67.

生产过程或项目合同相配套的交付机器或工业设备相关的服务[1]，如果这些服务对合同的整体完成具有关键的意义，构成了合同的核心[2]或赋予了合同的特性[3]，那么就可以适用承揽合同法。承揽合同法也适用于开发原型机的情况，因为为此所需的智力给付(Geistige Leistung)构成了合同的核心，而机器本身只是承载这种给付的基础。[4]

c) 合议庭不需要裁定《德国民法典》第 651 条是否适用于本案，因为并不存在与上诉法院意见相反的情况。

然而，合议庭还是认定被告已经在上诉法院确定的范围内履行了规划的给付。它审查了原告对此提出的程序性异议，但不认为这些异议是相关的(根据《德国民事诉讼法》第 564 条第 1 款)。

然而，被告提供的服务并没有达到适用承揽合同法的程度。上诉法院没有认识到规划服务(Planungsleistung)在《德国民法典》第 651 条适用范围内的重要性。据此，此类规划服务将被视为交付待制造的设施部件的初步阶段，这是合同的核心，通常不会与根据关于采购的规定对合同的评估相矛盾。如果不是这样，《德国民法典》第 651 条的规定将在很大限度上被架空，因为每一个待制造的设施部件都是以某种规划服务为前提的。[5] 因此，只有当规划服务占据主导地位，构成了合同的核心并适用承揽合同法时，才适用例外。例如，当定作任务本质上是关于建筑问题的总体规划解决方案时，则可能符合这种情况。

这些前提都未得到满足。被告提供的可检验的结构工程(Prüffähige Statik)应当作为原告为客户进行土方工程和混凝土工程作业的基础。对于被告而言，其任务是从原告向定作人交付的筒仓部件中，选出尺寸足够大的部件组合在一起。因此，合同的关键点不是

---

[1] Leistner, JA 2007, 81, 88; Metzger, AcP 204 (2004), 231, 232 f.; Schumann, ZGS 2005, 250; Bamberger/Roth/Voit, BGB, 2. Aufl., §651 Rdn. 12; Lapp in jurisPK-BGB, 3. Aufl., §651 Rdn. 1.

[2] MünchKomm-Busche, BGB, 5. Aufl., §651 Rdn. 31.

[3] Palandt/Sprau, BGB, 68. Aufl., §651 Rdn. 4.

[4] Staudinger/Peters/Jacoby (2008), §651 Rdn. 8, 16; Palandt/Sprau, BGB, 68. Aufl., §651 Rdn. 4.

[5] Messerschmidt/Voit-Messerschmidt/Leidig, Privates Baurecht, §651 Rdn. 49; Motzke, in Bauträger-, Bau-und Maklervertrag in der Praxis der Wohnungsunternehmen und Immobilienverwaltungen, S. 22.

草粒的储存装置的总体规划和施工方案,而是原告能够完成定作人要求的筒仓设施交付所必需的尺寸足够大的零部件。这间接地,但不是决定性地源于各方达成的价格协议。而后,可检验的工程结构只收取1500欧元(税前),而要交付的零部件则收取166500欧元(附加增值税)。

三

因此,上诉判决应予撤销,并将该案发回上诉法院。法院现在必须审查原告是否根据《德国商法典》第381条第2款、第377条适时履行了检验和告知义务(Untersuchungs-und Rügepflicht)。

(申柳华 译)

判例二

受承揽合同法管辖的已完工程的建筑瑕疵责任

《联邦最高普通法院民事判决选》第 68 卷,第 372 页以下
BGH,BGHZ68,372

【要旨】

(1) 如果在签订合同(Vertragsschluß)时建筑工程已经完工,或者只是缺少一些无关紧要的小细节,那么买受人对出卖人承诺建造的房屋或公寓(Eigentumswohnung)的物的瑕疵(Sachmängel)索赔也受承揽合同法的管辖。①

(2) 持有集体财产(Gemeinschaftliches Eigentum)②的买受人,可以要求出卖人消除集体财产的瑕疵,也可以要求预付(Vorschuß)消除瑕疵可能产生的费用。③

【事实】

(1) 被告自 1968 年至 1969 年在 H 市 A 区附近建造了一栋有 49 套公寓的建筑。原告通过 1969 年 4 月 23 日的公证"购房合同"获得

---

① BGH,1974-10-10,VII ZR 28/73,BGHZ 63,96;Anschluß BGH,1975-12-04,VII ZR 269/73,BGHZ 65,359.

② 根据《公寓所有权法》(Wohnungseigentumsrecht)第 1 条第 5 款,集体财产(Gemeinschaftseigentum/Gemeinschaftliches Eigentum)包括大楼公寓中并非属于业主单独所有(Sondereigentum)或业主以外第三人所有的土地以及建筑物的一部分、装置和设施。大致相当于中国民法典中规定的建筑物区分所有权中业主共有权的客体。(译者注)

③ BGH,1974-06-21,V ZR 164/72,BGHZ 62,388.

了其中的一套公寓,使用的是被告起草的对所有公寓业主统一适用的格式合同。被告在合同中承诺,该公寓将于 1969 年 7 月 1 日可供人居住。然而,原告早在 1969 年 6 月中旬就搬了进去。他们在 1969 年 5 月 11 日和 6 月 22 日的信中告知被告房屋的各种瑕疵,但被告没有对其进行补救。

(2) 原告要求被告预付补救瑕疵可能产生的费用,包括 5000 马克用于外墙的保温以改善公寓内潮湿的状况。他们请求赔偿 6900 马克及利息,并要求宣布被告还必须承担所有补救瑕疵所需要的进一步费用。

(3) 地方法院支持原告的 6450 马克及利息的付款请求以及其确认之诉。地区高等法院驳回了被告提出的上诉。被告继续提出上告并请求驳回原告请求,原告则请求驳回被告请求。

【判决理由】

一

上诉法院从被告的陈述出发,认为在签订合同时,原告购买的公寓已经完成,最多还有一些无关紧要的小问题需要处理,特别是需要对瑕疵进行补救。然而,上诉法院并没有根据买卖合同法,而是根据承揽合同法来判断原告提出的重大瑕疵索赔。在提起诉讼时,根据《德国民法典》第 638 条之规定,适用的 5 年时效期限还没有过期。

上告未得到支持。

(1) 根据联邦法院的既定判例,买受人提出的对土地上出卖人将要建造或正在建造的建筑物(包括公寓)的重大瑕疵索赔,一般由承揽合同法调整。[1] 在签订合同时,建筑物或公寓是否完工并不重要。[2] 但是对于在签订合同时建筑物已经完工,或者只是缺少一些无关紧要的小细节是否有不同的结论,合议庭至今没有定论。既然在本案中要

---

[1] BGHZ 60, 362, 364; 61, 369, 371, 373; 63, 96, 97 mit weiteren Nachweisen; 65, 359, 361; BGH NJW 1976, 143; Urteil vom 13. Januar 1975-VII ZR 194/73＝BauR 1975, 206＝WM 1975, 409, 410; vom 19. März 1976-V ZR 146/74＝WM 1976, 791, 792.

[2] BGHZ 63, 96, 97; 65, 359, 361, 363.

假定这一点，就必须要对这个问题下定论。合议庭认为，即便如此，出卖人对建筑瑕疵的责任也要根据承揽合同法来评估。

(2) 如果买受人购买一块土地并且土地的出卖人根据合同有义务建造建筑物，那么买受人对质量瑕疵的索赔，应受承揽合同法管辖。基于出卖人的房屋建造义务，出卖人也应根据承揽合同法的规定对重大瑕疵进行赔偿。从一开始，这就是合议庭的裁决出发点。[①] 因此，在订立合同时的施工进度并不起决定性作用。因为在签订公证合同时，工程进展到什么程度，并不改变房产出卖人建造建筑物的义务。[②]

如果在签订合同时，建筑物已经完全完工，或者只差一些无关紧要的小细节，也同样适用。这并不影响出卖人建造建筑物的合同义务。也就是说，合同的完全履行需要买受人对该工程进行验收(《德国民法典》第 640 条)。根据《德国民法典》第 644 条第 1 款第 1 项的规定，承揽人在这之前要承担风险。[③] 然而，补救任何瑕疵也是合同履行的一部分。如果承揽人的工作有瑕疵，买受人甚至可以要求承揽人重新建造，直到验收合格为止。[④]

(3) 在签订合同时，无论建筑物是部分完成还是全部完成，以上叙述均适用。

在新建的建筑物中，一些瑕疵通常在买受人搬入房屋或公寓时就可以被确定，也有一些(特别是严重的)瑕疵往往在多年后才会被人发现。这正是立法者将关于建造建筑物请求权的时效期限定为 5 年(《德国民法典》第 638 条第 1 款)，而不是像购买已开发房地产那样定为 1 年(《德国民法典》第 477 条第 1 款)的原因。与单纯买卖的情况不同，定作人可以根据《德国民法典》第 633 条要求补救任何瑕疵。另一方面，他必须首先给承揽人补救瑕疵的机会(《德国民法典》第 634 条第 1 款)，然后才可以提出瑕疵担保索赔。与买卖合同法的规定相比，这一规

[①] Urteil vom 12. Dezember 1968-VII ZR 18/66 = LM BGB §459 Nr 20; daran anschließend BGHZ 60, 362, 364; 63, 96, 98; 65, 359, 361/362; Riedler Betrieb 1976, 853.

[②] BGHZ 63, 96, 97.

[③] BGHZ 26, 337, 340; 51, 275, 277; 55, 354, 357; 61, 42, 45; BGH NJW 1963, 805; 1970, 383, 386; 1976, 143; Glanzmann in RGRK 12. Aufl §633 BGB Rdn 1.

[④] BGHZ 61, 42, 45 mit Nachweisen; Glanzmann aaO Rdn 44.

定也更加公正地维护了承诺建造房产的承揽人的利益。

合议庭将承揽合同法适用于购买一块由出卖人将在其上建造建筑物的土地时的重大瑕疵责任的裁决[①]，无论卖方承诺建造的建筑物（房屋或公寓）在签订合同时是否开始建造，也无论建筑物当时是部分完成还是全部完成，都适用。值得注意的是，买受人的核心利益在这两种情况下是相同的。

如果购买新建或尚未建造的建筑物（房屋或公寓）的合同中包含了出卖人建造建筑物的义务，那么出卖人对重大瑕疵的责任也受到承揽合同法的管辖，即使双方在签订合同时建筑物已经完工，或只缺少微不足道的小细节。

(4) 在本案中，被告根据双方签订的"买卖合同"（Kaufvertrag）第1条明确承诺，"按照上述文件"（图纸和建筑说明）建造销售房屋。原告承诺"接受购买的房屋"。第4条允许考虑买受人的"特别请求"。在第7条中，公证合同签订后的一个日期被指定为公寓入住的时间，届时房屋的所有权、使用权及风险（Gefahrtragung）将转移给原告。如有必要，剩余工作及修理工作也应被允许在此日期后进行。因此，被告建造公寓的义务是该买卖合同的一部分。根据合议庭的一贯判例，建筑物的物的瑕疵责任应根据承揽合同法而不是买卖合同法裁决。

正如被告自己所说，无论他与买受人的合同是在开工前、施工期间还是完工后签订，他都使用一种格式合同用于销售该建筑项目的所有公寓。这充分表达了被告的意图，即给予所有未来的公寓业主相同的合同权利和义务，并不根据各自公寓的施工进度进行任何区分。这也表明，在这种情况下，根据承揽合同法来评估重大瑕疵的责任是没有法律错误的。并且，原告提出的瑕疵担保要求也没有超过法定时效期限。

二

上诉法院认为被告因此而须承担的瑕疵担保义务并没有在合同中被排除或限制，合同的第7条和第8条相互矛盾。此外，第7条规

[①] BGHZ 60, 362, 364/365; BGH LM BGB § 459 Rn. 20.

定的被告免除责任的前提条件没有得到满足，根据该条件，合同双方必须对公寓进行联合检查以确定瑕疵。

被告在上告中针对这一点的防御手段也是不成功的。

（1）相关合同规定如下：

第 7 条

……在入住的时候，应该对公寓进行检查，在检查过程中，任何现有的瑕疵都应该由买受人和出卖人共同确定和记录。

出卖人有义务毫无拖延地安排修理所发现的所有瑕疵，费用由出卖人承担……对参与施工的工人和建筑师的瑕疵担保索赔和损害索赔，应在完成入住之日转让给买受人。

出卖人应向买受人提供与之相关的必要信息。出卖人本身不承担消除瑕疵的责任……

出卖人无须对建筑中可见和不可见的瑕疵以及土地和建筑物中的瑕疵承担赔偿责任，如果他将……转让给他人。

第 8 条

出卖人不对土地和建筑的面积承担瑕疵担保责任，也不保证该建筑有某一特定的特征。

然而，出卖人应对规划和施工中的瑕疵负责，只要出卖人能够向参与施工的建筑师、供应商和承包商索赔……

（2）这两条规定实际上包含了一个无法解决的矛盾。这对使用格式合同的被告是不利的。[①] 被告希望获得的豁免不符合合议庭关于新建建筑物而作出的豁免瑕疵担保判例。[②]

根据第 7 条，被告的瑕疵担保应限于他自费"安排"消除在联合检查中发现的瑕疵，并以其他方式将其对第三方的瑕疵索赔权转让给买受人。然而根据第 8 条，他仍需自己承担赔偿，只要他能够向参与施工的建筑师、供应商和承包商成功索赔。根据被告自己的陈述，对于原告所主张的瑕疵索赔，这一索赔是有可能成功的。这两项合同规定是相互矛盾的。正如被告在上告中所称，没有证据表明第 7 条指的是

[①] BGHZ 5, 111, 115; 47, 207, 216; 62, 83, 89.
[②] Urteil vom 13. Januar 1975-VII ZR 194/73＝BauR 1975, 206＝WM 1975, 409.

特殊财产,而第8条指的是共同财产,这两个条款的措辞表明它们既涵盖特殊财产又涵盖共同财产。按照时间的划分也不成立,因为第8条包含更全面的规定,并且第8条位于第7条之后,这也表明第8条不止适用于检查建筑物之前而产生的瑕疵。

(3) 只认定两条规定中的一条无效,也无法获得明确的结果。如果被告只想获得豁免,而不考虑原告是否从参与建设的第三方获得赔偿,那么整个条款将是无效的①,这一点不能从第7条中推断出来。另外,第8条第2款并没有像BGHZ67,101,103中讨论的条款那样赋予被告过于宽泛的豁免权利。相反,该条款确定了在建筑师、供应商和承包商对瑕疵负责之外的被告的责任。然而,如果将第8条与第7条一起理解的话,则意味着被告就像BGHZ67,101中的原告一样,应该可以自由地转让其对第三方的瑕疵担保权利,如果被告不能成功地向第三方索赔的话,那么整个瑕疵担保豁免条款(即第7条和第8条)就是无效的,就像在BGHZ67,101中那样。

(4) 对合同的补充解释也没有得出不同的结果。法院对合同的补充解释并不会因为本案中的合同是格式合同而被排除在外②,在格式合同中,也可以合法地(或者以合法的方式)限制瑕疵担保义务。如果双方知道合同第7条和第8条相互矛盾的话,在本案中也很难确定合同双方更倾向于选择哪项规定。③ 法院的任务不是找到一种既对出卖人尽可能有利又被法律认可的豁免方式。④ 在这种情况下,法院没有必要对合同进行补充解释。

(5) 上诉法院的裁决没有法律错误,相互矛盾的合同条款无须被替换,而是直接失效。是否应该对房屋进行联合检查并不重要,被告必须按照法律规定为原告补救其主张的所有瑕疵。这是因为《德国民法典》第633条等条款的瑕疵担保条款取代了已经失效的合同条款。⑤

---

① BGHZ 62, 251, 255; 67, 101, 103; Senatsurteil BauR 1975, 206.
② BGHZ 54, 106, 115; 60, 353, 362; 62, 83, 89; 62, 323, 327.
③ BGHZ 62, 323, 327.
④ BGHZ 62, 83, 89.
⑤ BGHZ 62, 323, 327.

三

上诉法院还判给原告所请求的预付款,用于对瑕疵进行补救,因为它涉及外墙的潮湿损害,即共同财产的瑕疵。

上告法院对原告是否具有瑕疵索赔权利的质疑是不合理的。

(1) 单独的共管公寓业主是否可以根据其买卖合同主张消除共同财产中的瑕疵,或者只有共管公寓业主委员会才可以提出这样的主张是有争议的。①

根据联邦最高普通法院的判例,不排除公寓业主个人根据双方合同关系独立提出索赔的权利,这也包括对影响共同财产的瑕疵进行补救的请求。因公寓业主委员会的特殊权力而导致对某些索赔请求的限制只适用于公寓业主之间的内部关系,但不影响公寓业主个人对公寓出卖人的实质性权利。②

在确定瑕疵无法被消除的情况下,法院可能会另行裁决。因为法院不能要求被告履行一项无法履行的义务。③ 但本案不存在这样的情况。

合议庭认为此判例在本案适用。④

(2) 如果个别公寓业主可以独立地请求消除共同财产的瑕疵,他也可以独立地请求预付消除瑕疵可能产生的费用。

根据上面讨论的判例,公寓业主可以根据《德国民事诉讼法》第887条第2款的规定,强制要求出卖人/承揽人履行消除瑕疵的责任,并强制要求预付相关费用。⑤ 如果出卖人迟迟没有补救瑕疵,他可以根据《德国民法典》第633条第3款自行补救瑕疵,并要求出卖人偿还必要的费用。

买受人也可以通过起诉的方式要求出卖人/承揽人预付买受人自行补救瑕疵而产生的费用。这种预付款的请求权是根据《德国民法典》第633条第3款、《建筑工程发包与合同规则B部分》(以下简称

---

① Palandt/Bassenge 36. Aufl Überblick 2 E d bb vor §1 WEG.
② BGHZ 62, 388, 393; BGH Urteil vom 28. Mai 1971-V ZR 65/69=LM WEG §21 Nr 1 Bl 3.
③ BGHZ 62, 388, 393; BGH NJW 1972, 152 Nr 4; 1974, 943, 944.
④ Brych NJW 1976, 1097 und Riedler, Betrieb 1976, 853, 854.
⑤ Glanzmann aaO §633 BGB Rdn 33.

《通则 B》)①第 13 条第 5 款和《德国民法典》第 242 条规定的诚实信用原则而提出的费用偿还请求发展而来的②,法院没有理由拒绝公寓业主这一合理的请求,买受人在这种情况下可以被当作交付的工作有瑕疵的定作人。

出卖人应当被保护的利益也没有因为个别公寓业主可以独立提出消除公共财产瑕疵的请求而被过分侵害。预付款不是一笔最终的款项,如果预付款没有被使用,则必须返还。③ 如果一个公寓业主所请求的瑕疵消除主张不被其他公寓业主认可,没有使用的预付款则需要被返还。但是,如果几个公寓业主同时要求支付预付款,出卖人也可以收回不需要的那部分预付款。如果个别公寓业主以不同方式行使瑕疵担保权利的话,魏特瑙尔与威斯④所担心的不同担保权利的竞争,特别是在预付款要求与消除瑕疵要求和费用补偿要求之间的竞争是不存在的。这些担保权利都是为了同一个目标,即消除瑕疵。在瑕疵被消除后,未使用的预付款应被退回。

(3) 上诉法院判定原告有权请求被告预付修复墙体外部所需的费用是没有法律错误的,上告人对金额没有异议。

四

鉴于上述情况,上告应被驳回,上告人承担《德国民事诉讼法》第 97 条第 1 款规定的费用。

(刘易洲 译)

---

① 本判决中的 VOB/B 德文全称为 Vergabe-und Vertragsordnung für Bauleistungen-Teil B,即《建筑工程发包与合同规则 B 部分》。《建筑工程发包与合同规则》从结构上分为三个部分,VOB/A 是建筑施工发包的一般规定,VOB/B 是建筑施工的一般合同条款,VOB/C 是建筑施工的技术规范。应该注意的是,《通则》既不是联邦法律法规,也不是地方方法规,而是业界在长期实践中逐渐积累形成的行业通则。因此,《通则》没有强制适用的法律效力,私人业主发包时可以自行决定是否适用《通则》的规定。但是,在公共招标的情况下,VOB/A 是具有公共约束力的,并且根据德国招标法的规定,项目预算超过 500 万欧元的公共招标还须在国际范围内招标投标。(译者注)

② BGHZ 47, 272, 273; 54, 244, 247; 61, 28, 30; 66, 138, 140; auch BGHZ 56, 138, 141.

③ BGHZ 47, 272, 274; 66, 138, 141.

④ Weitnauer/Wirths in: 5. Aufl § 8 WEG Anhang Rdn 23.

判例三

结构工程师合同—法律属性—瑕疵担保权的法定诉讼时效

《联邦最高普通法院民事判决选》第48卷,第257页以下
BGH,BGHZ48,257

【要旨】

(1) 发包人与结构工程师的合同是一份承揽合同。

(2) 因结构工程师工作(Statikerleistung)中的瑕疵导致建筑物出现瑕疵而提出的损害赔偿请求,应在5年后失去法定诉讼时效(Verjährung)。

(3) 法定诉讼时效期的开始。

【主文】

驳回原告对1965年3月24日哈姆/威斯特法伦地区高级法院第十二民事审判庭判决的上告。

原告应承担上告的费用。

【事实】

1957年,被告代表原告为E市小学的新建工程编制了结构计划书并制订了加固计划(Bewehrungsplänen)。被告是否必须对加固计划的施工进行监督,这一点是有争议的。

建筑物的外部在1957年秋天完成,并且已经抹上了灰泥。该学校于1958年10月投入使用。

1960年7月,H区的建筑当局(Bauamt)拒绝批准该建筑使用,因为两面外墙出现了裂缝,所以该建筑的稳定性似乎没有得到保证。

原告将建筑物的瑕疵归咎于结构计算的错误。1963年2月21日,原告申请了证据保全程序(Beweissicherungsverfahren),并于1963年10月7日提起诉讼,要求被告赔偿26000马克及利息。被告援引了诉讼时效的规定。

一审法院驳回了该请求。

在上诉中,原告继续要求被告支付26000马克及利息。被告要求驳回上诉。

【判决理由】

一

上诉法院将该索赔要求解释为《德国民法典》第635条规定的损害赔偿要求,根据《德国民法典》第638条,5年的诉讼时效期限从工程验收开始计算。另一方面,上诉法院认为,这是一个积极违约索赔要求,30年后才失去法律效力。

(1)上诉法院的出发点是,为建筑项目召集的结构工程师的工作应根据关于承揽合同的法律来判断,这是没有异议的,也没有受到上告法院的质疑。[①]

(2)在其他方面,上诉法院的意见也应得到支持。这符合法院关于建筑工程瑕疵引起的损失索赔限制的既定判例法。[②]

据此,设计人对因规划失误或施工监督不足而造成的建筑物的损害负有责任,这不是基于积极违约,而是基于《德国民法典》第635条的规定,因为损害与设计人的工作瑕疵密切且直接相关。而对设计人的这种索赔的限制则是基于《德国民法典》第638条的规定。

法院判决中给出的理由是,设计人根据承揽合同所进行的智力工作以及其他活动,是建筑的重要组成部分,与建筑直接相关。因此,他

[①] Urteile des erkennenden Senats VII ZR 216/62 vom 11. Juni 1964; OLG Koblenz, MDR 1962, 405; OLG München OLGZ 1965, 143; Schmalzl NJW 1967, 10, 14.

[②] BGHZ 32, 206; 37, 341, 344; 42, 16, 18; JZ 1963, 596.

的工作中的瑕疵在法定诉讼时效方面应作为"建筑物"的瑕疵来评估(《德国民法典》第 638 条第 1 款第 1 项)。

这也适用于建筑物结构工程师的工作。

(3) 然而,慕尼黑地区高等法院认为,结构工程师的工作与设计人的工作不同,并不直接与建筑物的建造有关。该判决涉及一个问题,即结构工程师是否可以根据《德国民法典》第 648 条要求授予担保抵押权,这一点在此不作详细论述。然而,该服务是否与建筑物的建造直接相关,也与该法律纠纷中要解决的问题有关。法院从设计人的贡献的"直接性"得出结论,认为可以适用 5 年诉讼时效期限。然而,这种直接性也导致合议庭将基于设计人的错误而产生的建筑物瑕疵的损害赔偿要求视为由瑕疵担保引起的损害赔偿要求(《德国民法典》第 635 条),而不是由积极违约而产生的索赔要求。①

因此,合议庭需讨论慕尼黑地区高等法院的观点,即结构工程师的服务与建筑物的建造没有直接关系。合议庭不同意这一观点。

a) 慕尼黑地区高等法院认为,结构工程师通常不在建筑工地现场活动,也不参与建筑物的实际施工,他的工作实际上已经完成。其实,设计人也是如此,他只需准备建筑计划,但是,这个计划直接关系到建筑物的建造。② 这同样适用于静态计算和与之配套的计划或图纸。正如设计人的计划由建筑工人执行,并体现在建筑中一样,结构工程师的贡献也是如此,根据其计算、信息整理和绘制的图纸,建筑工人对墙壁和天花板按照规定的厚度进行加固。

b) 慕尼黑地区高等法院进一步指出,结构工程师通常只与设计人有关系。

就法律关系而言,这并不是事实。相反,通常的情况是,结构工程师和发包人之间建立了合同关系,即使结构工程师的合同是由设计人代表发包人并在发包人的授权下签订的。本案也不例外。

如果是设计人以自己的名义委托结构工程师,那么在这种情况下,结构工程师和发包人之间不会产生合同索赔问题。

---

① BGHZ 37, 341, 344.
② Ibid.

即便慕尼黑地区高等法院提到个人关系,并相应地指出结构工程师根本没有出现在发包人面前,而发包人也不认识他,这一考虑还是没有意义。发包人不需要知道设计人为他委托的结构工程师是谁,这对结构工程师对他的合同索赔和他对结构工程师与设计人的索赔没有影响。

从 a)项下的内容可以看出,慕尼黑地区高等法院关于结构工程师只进行准备工作的观点也不准确。相反,他的工作,就像设计人所做的计划一样,直接成为建筑的一部分。

(4) 因此,就《德国民法典》第 635、638 条的适用而言,设计人的工作和结构工程师的工作之间没有根本的区别。

合议庭已经裁定,因设计人的错误结构计算而产生的结构性损害赔偿要求属于《德国民法典》第 635 条规定的情形,根据《德国民法典》第 638 条第 1 款第 1 项,该案适用 5 年的诉讼时效期限。[1] 无论被告是只被委托进行静态计算,还是在某些方面对施工进行监督。在后一种情况下,他的整体工作应被视为与承担规划和施工管理的设计人一样的工作。[2]

(5) 上告方引用了以下内容来支持其观点,即该索赔是基于积极违约行为。原告声称索赔是因为两面外墙发生了损坏。这两面墙的建造不是被告的义务,而是建筑承包商的义务。因此,损害不能归咎于被告的工作;相反,被告工作的瑕疵影响了原告的其他财产,即由其他人建造的外墙也发生了损坏。因此,索赔的损害是瑕疵的"进一步后果",是在被告的工作之外产生的。

(6) 这一思路与在文献中提出的反对合议庭在设计人合同框架下对担保索赔和积极违约索赔进行划分的反对意见基本一致。[3] 其主要认为,合议庭不允许将建筑物的瑕疵等同于设计人工作的瑕疵;建筑物的瑕疵不是因设计人工作而直接产生的损害,因此针对设计人的

---

[1] VersR 1964, 611.
[2] BGHZ 32, 206.
[3] Pieper, JuS 1962, 459, 461 f; Schmalzl, NJW 1962, 735 and MDR 1962, 405, no longer NJW 1967, 10; Tempel, JuS 1964, 346, 350 f; Hess, Die Haftung des Architekten fuer Mängel des ereichteten Bauwerks p. 98 ff.

这种损害赔偿要求不在《德国民法典》第635、638条规定的情形范围内。在任何情况下，如果设计人只是被委托进行规划，以上论述同样适用。

然而这种批评是没有道理的。此批评过于形式，而对设计人工作的目标关注得太少。在大多数情况下，恰恰是建筑物的损坏首先暴露了设计人工作中的瑕疵，设计人应当根据《德国民法典》第635条承担对这种损坏进行赔偿的义务，进而履行其瑕疵担保的义务。

适用于工程瑕疵的其他条款对于设计人的结构工程师的合同来说意义不大，补救瑕疵（《德国民法典》第633条第2款）一般是不可能的①，解除合同或减价只能影响设计人的费用要求，但不能弥补其工程的瑕疵。

这些瑕疵"已经呈现"在建筑物的瑕疵中。② 这也适用于设计人只需要起草建筑设计的情况。他的主要工作正是设计，这与设计人的施工管理工作和建筑工人的施工管理工作一样，都是可以在建筑中得到体现的。设计工作的目的不是把想法写在纸上，而是在建筑中实现它。

（7）上告法院还指出，有些情况下，在完成静态计算后，由于某种原因，建筑项目还不能进行，基于静态计算错误的损害可能在几年后才发生。出于这个原因，上告法院认为有必要将诉讼时效期限定为30年。

这个问题不需要在这里讨论，因为在本案中，建筑物在结构工程完成后不久就建造起来了。然而，应该注意的是，在损害赔偿要求失去法定诉讼时效的情况下，除了《德国民法典》第852条规定的情况外，受害方知道损害发生的时间点并不重要，并且损害得以识别的时间点也不重要。

二

（1）根据《德国民法典》第638条第1款第2项，法定诉讼时效从验收建筑工程时开始计算。验收通常包括发包人实际接受所建筑的工程，并认可实质上与合同相符的工程。③ 虽然结构工程师的工作是

---

① BGHZ 42, 16, 18.
② Larenz, Lehrbuch des Schuldrechts, 7. Aufl. § 49 II b.
③ BGH VII ZR 22/59 vom 7. März 1960.

一项智力工作,但它能够像设计人的工作一样被验收,合议庭在判例法中假定了这一点。① 因此,验收而不是完成工作(《德国民法典》第646条)对诉讼时效期的开始具有决定性意义。②

(2) 根据 BGHZ37,341,345f,如果设计人只被委托进行规划,该诉讼时效则在发包人接受规划设计作为符合合同约定的工作时开始计算。合议庭在 VersR1964,611 中对设计人进行建筑规划和静态计算(但不包括施工管理)的情况作出了相同的假设。

然而,在本案中,必须采取一个较晚的时间点,因为在第三审中必须假定被告也需从结构角度监督工程施工。

(3) 即使考虑到这一情况,上诉法院也认为被告的工作最迟在1957年秋季被验收,这里并没有法律错误。

此时,其所有的工作,包括最后的加固计划,都已经进行了,被原告验收并使用了。建筑物的外部已经完成并涂上了灰泥。被告也已经开出了最后的发票,原告没有提出异议,并根据发票支付了部分款项。上诉法院根据这些情况认定,被告当时已经验收结构工程师的工作,认可其符合主合同的规定,这在法律上并没有异议。

这甚至适用于将验收推迟到验收建筑中由结构工程师完成的工作的时间点。这项工作在建筑物外部完成而得以体现,与设计人相比,结构工程师不再与后续的建筑工程有任何关系。上诉法院还认为,原告在建筑物外部完工后,在1957年秋季立即进行外墙抹灰,也是对结构工程师的工作表示认可。因此,在这个时候无论如何都已经对其工作进行验收了。

当提出证据保全申请并提起诉讼时,5年的诉讼时效期已经过了。原告没有陈述其他中断或暂停的理由。

(刘易洲 译)

---

① BGHZ 37, 341, 345 f; NJW 1964, 647.
② Herding-Schmalzl, Vertragsgestaltung und Haftung im Bauwesen, 2. Aufl., 28, 3.

判例四

针对建筑手工业者给付的"黑钱协议"："黑工"的不当得利价值偿还请求权

《联邦最高普通法院民事判决选》第201卷，第1页以下
BGH,BGHZ201,1

【要旨】

如果一个承揽合同由于违反2004年7月23日颁布的《制止非法作业法》(Schwarzarbeitsbekämpfungsgesetz)第1条第2款第2项的规定而无效，则承揽人就已经提供的承揽给付不享有不当得利法上的价值偿还请求权。

【主文】

驳回原告针对石勒苏益格—荷尔斯泰因州高等法院第一民事合议庭于2013年8月16日作出的判决提起的上告请求。原告应承担上告费用。

【事实】

原告请求被告就已提供的承揽给付支付对价。2010年，被告在其共有的B区不动产（土地）上建造了四座排屋(Reihenhäuser)。原告被委托进行电气安装。原告于2010年10月28日向被告发送了委托确认函(Auftragsbestätigung)，被告于2010年11月1日在该函上签名。该函描述了需执行的工作并给出了18800欧元的报价，并付有备注："依据约定结算5000欧元"。之后被告1和原告签署了

一份价款为13800欧元的总价合同,根据工程进度分期支付。被告1向原告的经理交付了2300欧元的现金;此外,被告1最初向其建筑师交付的2700欧元现金并没有被转交给原告。

在工作完成后,原告于2011年4月29日就剩余的3904.63欧元价款进行了结算,并于2011年5月5日进行了另一次结算。根据原告的描述,双方达成合意,除了一次性支付13800欧元的报酬外,被告还应支付5000欧元的现金,而且不应对这笔现金进行结算。原告还声称其与被告达成合意,在有疑义的时候被告1授权了被告2。被告否定了这两点,被告1以基于被声称的瑕疵而产生的损害赔偿请求权与其认为原告所享有的、尚未得到清偿的1220欧元的承揽报酬请求权进行了抵销,且就超出的价款提起了反诉。

州法院驳回了原告的诉讼请求,且判决两被告作为连带债务人向原告支付包括利息在内的承揽报酬共5342.26欧元,并驳回了反诉。上诉法院驳回了被告的上诉请求,被告在上诉中没有继续提出反诉。随着上诉法院准予上告,原告要求维持州法院的判决。

【判决理由】

不支持原告的上告。

一

上诉法院的判决被公布在2013年《德国法月刊》(MDR)第1399页,其认为原告不享有支付剩余承揽报酬的请求权,因为当事人之间没有缔结有效的承揽合同。没有亲自参与合同缔结的被告2没有被被告1有效代理,因此不是原告的合同当事人。依据《德国民法典》第134条,在被告1和原告之间缔结的承揽合同由于违反《制止非法作业法》第1条第2款第2项而无效。因为当事人已经就下列事项达成合意,即承揽给付的一部分在没有进行结算的情形下被提供,这样就可以向税务机关隐瞒相应的营业额,且被告3由此获得了价格上的优惠。《制止非法作业法》第1条第2款是《德国民法典》第134条意义上的禁止规范(Verbotsgesetze)。双方当事人违反该禁止规范导致部分承揽报酬在没有结算的情形下被支付,从而整个承揽合同归于无效。

原告不享有《德国民法典》第677、670条规定的费用补偿请求权。原告虽然在未被授权的情形下管理了他人事务,但因为在管理该事务的过程中违反了禁止性法律,所以不承认其主张的费用是必要的。

依据《德国民法典》第817条第2句,原告也不享有第812条第1款第1句规定的不当得利请求权(Bereicherungsanspruch)。如果给付提供方通过其给付违反了法律或善良风俗,则该条款排除从给付条件中产生的任何不当得利请求权。这样的违法行为应当归责于原告,因为其故意地想逃避部分承揽报酬应被征收的增值税。

联邦最高普通法院在1990年5月31日作出的判决中持有的观点[①]——在违反《制止非法作业法》的情形下排除当事人的不当得利请求权是不公平的——不应当被遵循。该观点违反了法律的文意(Wortlaut),该文意针对的恰恰是丧失不当得利请求权的情形。故意违反法律的禁止性规定的主体不应当得到任何保护,否则将通过这样的保护使其不公平地获益。与这种一般预防作用相比,当事人的利益或对公平的衡量不具有优先性。允许不当得利请求权的发生将与立法者通过《制止非法作业法》中规定的不同构成要件所明确表达的反对态度相冲突。允许不当得利请求权的发生将使得非法作业的一部分风险被排除,尽管提供者违反了法律。通过将公法和民法上的制裁结合起来而获得的威慑效果(Abschreckungseffekt)也将因此降低。

定作人可能获得的好处不是放弃在法律中设置对于违法行为的制裁且承担这样的不利后果以达到制裁效果的充分理由。这将取决于一项偶然事件,即哪一方当事人从履行给付的障碍中得到好处。先行给付的人承担风险,不应成为预判定作人大量利用不当得利请求权的排除机制。与表面上节省费用的好处相伴的是严重的不利,即定作人将失去任何对于履行给付一方的请求权,尤其是其将不享有任何针对给付瑕疵的权利。

---

① VII ZR 336/89,BGHZ 111,308.

二

这经得起法律的检验。

（一）

原告对被告 1 不享有支付请求权。

（1）上诉法院认为，被告 1 和原告缔结的承揽合同由于违反法律的禁止性规定而无效，依据为《德国民法典》第 134 条。

原告通过未对超出书面约定的承揽报酬的 5000 欧元现金支付进行结算，且欲不向被告请求增值税额并逃税，违反了《制止非法作业法》第 1 条第 2 款第 2 项的规定。上诉法院认定，被告 1 至少发现了原告的此种意图并意欲利用原告的此种意图为自己牟利。这对于认定合同由于违反法律的禁止性规定而无效来说已经足够了，正如合议庭于 2013 年 8 月 1 日作出的判决那样。① 逃税意图只覆盖部分承揽报酬的事实并不会导致结果有所改变。就当事人缔结的承揽合同而言，其涉及的是一个统一的法律行为。如果当事人将具体的由原告提供的数个单独给付归入附加增值税的已经商定的部分承揽报酬，则承揽合同还能够被认定部分有效。② 但当事人并没有进行这样的归入，因此违反《制止非法作业法》导致承揽合同整体无效。

（2）上诉法院认为，原告对于被告 1 不享有基于无因管理的费用补偿请求权，因为考虑到其执行事务违反了《制止非法作业法》第 1 条第 2 款第 2 项的禁止规定，其为此支出的费用不能被认为是必要的。③

（3）原告对于被告 1 也不享有价值补偿的不当得利请求权。

a）依据《德国民法典》第 812 条第 1 款和第 818 条第 2 款，原告的价值补偿请求权的构成要件得到满足。原告在承揽合同无效的情形下进行了电气安装，其向被告 1 履行的给付由此缺少法律上的原因，被告 1 未返还原告的承揽给付，原则上原告因此享有价值补偿的请求权。

---

① VII ZR 6/13, BGHZ 198, 141.
② BGH, Urteil vom 13. November 1998-V ZR 379/97, NJW 1999, 351; Staudinger/Roth, BGB, Neubearbeitung 2010, § 139 Rn. 64; MünchKommBGB/Busche, 6. Aufl., § 139 Rn. 25.
③ BGH, Urteil vom 30. April 1992-III ZR 151/91, BGHZ 118, 142, 150.

b) 然而依据《德国民法典》第 817 条第 2 句,原告的请求权被排除。

依据《德国民法典》第 817 条第 1 句,如果给付的目的以这样一种方式被确定,即受领人通过承诺违反了法律的禁止性规定,则受领人有义务返还给付。如果给付提出方同样违反了该禁止性规定,则该条第 2 句排除了返还请求权。排除返还请求权并不要求双方均存在违法行为,只要给付提出方存在受谴责的行为方式便可认定。①

原告按照约定进行了电气安装。其实,提供电气安装等种类的给付是价值中性的。但原告在合同缔结的时候就具有明显的和被告 1 达成的不履行基于其承揽给付产生的纳税义务的意图。《制止非法作业法》不仅是为了打击逃税行为;该法律规则还意在制止或至少限制与非法作业相伴的不正当竞争。该法律规则因此也保护信赖法律的承揽人和雇员。② 根据《制止非法作业法》的目的设定,该案中不仅当事人的合同合意违反了法律的禁止性规定,而且执行该合意的原告的给付也违反了法律的禁止性规定。只要《制止非法作业法》第 817 条第 2 句没有对禁止性法律的意义和目的作限缩解释,或者其适用没有违反诚实信用原则,则原告基于《德国民法典》第 812 条第 1 款第 1 句、第 818 条第 2 款享有的价值补偿请求权就可以被排除。

就本案存在的事实,不应对《德国民法典》第 817 条第 2 句进行限缩解释。

(4) 在适用《德国民法典》第 817 条第 2 句规定的对给付提出者有严重影响的返还禁止规则时,不能忽视相关禁止性法律的目的,正如合议庭在 1990 年 5 月 31 日的判决中指出的那样③,当禁止性法律的意义和目的强制要求授予一个这样的请求权时,则给付提出者仍享有不当得利请求权。④ 这种情形可能主要是为了保护给付提出者,在承揽人违反《制止非法作业法》第 1 条第 2 款第 2 项时,这些条件未满

---

① BGH, Urteil vom 29. April 1968-VII ZR 9/66, BGHZ 50, 90, 91; Urteil vom 14. Juli 1993-XII ZR 262/91, NJW-RR 1993, 1457, 1458; Palandt/Sprau, BGB, 73. Aufl., §817 Rn. 12; Bamberger/Roth/Ch. Wendehorst, BGB, 3. Aufl., §817 Rn. 11.
② BT-Drucks. 15/2573 S. 17.
③ VII ZR 336/89, BGHZ 111, 308, 312.
④ Tiedtke, DB 1990, 2307; MünchKommBGB/Schwab, 6. Aufl., §817 Rn. 20.

足。《制止非法作业法》——正如合议庭在前述判决中同样已经指出的那样——在其最初版本中就旨在首要维护公共利益。① 非法作业导致失业率增加和税收减少,且给社会保险和失业保险的整体保费收入造成损害,此外也应当保护定作人免受非法作业的影响。但实际情况是,《制止非法作业法》并没有起到保护非法作业者的作用。此点在2004年7月23日颁布的新《制止非法作业法》中并没有任何改变。②

(5) 当维持违法创造出的状态不符合禁止性法律的意义和目的,且因此不能被法秩序所接受时,法院应当对《德国民法典》第817条第2句作限缩解释。③

这种情形可能是违法创造出的状态本身违反禁止性法律。然而本案不属于此种情形,《制止非法作业法》第1条第2款第2项的禁止性规定只包含为执行电气安装作业本身而进行的工作,即被实施的电气安装本身,而不包括其结果。

适用《德国民法典》第817条第2句也不违反诚实信用原则。

(6) 合议庭在其1990年5月31日作出的判决中④,根据《制止非法作业法》当时有效的版本,当然地认为拒绝给与不当得利请求权是不公平的。其出发点是排除合同上的请求权将在很大程度上满足法律实现良好政策导向的目标。非法工作的定作人应当被允许保留由先行提出给付的非法作业者承担费用的工作成果而不用支付对价,这对于贯彻法律的目标来说不是必需的。因为在非法作业败露的情形中,当事人被排除合同请求权并遭受刑事追诉和补缴社保费用的风险,已经包含了立法者所期望的一般预防的效果。此外,依据立法者的构想,绝不应当给予在大部分情形中处于更强势经济地位的定作人比处于更弱势经济地位的非法作业者更加优惠的待遇。在这些情形中,以诚实信用为导向的观点具有决定性的分量,即让通过先行给付获益的定作人没有正当理由地保有该利益而无须支付对价是不公

---

① BT-Drucks. 2/1111 S. 3 und 9/192 S. 5.
② BT-Drucks. 15/2573 S. 1, 17 f.
③ Tiedtke, DB 1990, 2307; BGH, Urteile vom 10. November 2005-III ZR 72/05, NJW 2006, 45 Rn. 11 f. und vom 13. März 2008-III ZR 282/07, NJW 2008, 1942 Rn. 8 ff.; Staudinger/Lorenz, BGB, Neubearbeitung 2007, § 817 Rn. 10.
④ VII ZR 336/89, BGHZ 111, 308, 312.

平的。

（7）与1990年5月31日的判决所表达的观点相反的是，合议庭认为，在非法作业败露的情形中，当事人被排除合同请求权并遭受刑事追诉和补缴税款以及社保费用的风险已经包含了立法者所期望的一般预防效果的猜想未被证实，仍有大量的手工业给付是以非法作业的方式被提供的。① 2004年7月23日颁布的新《制止非法作业法》的官方释义指出，德国的非法作业已经达到了足以引起人们警示的程度，其并非微不足道的违法行为，而是对社会造成严重损害的具体经济犯罪行为。② 新版本旨在在民众中树立起一种针对非法作业的新的违法意识，以使得民众对非法作业的接受度明显降低，并促进合法行为的形成。因此，不能以此为由放弃对《德国民法典》第817条第2句的严格适用，即如果给予非法作业者对于价值赔偿的不当得利请求权——尽管可能有所削弱——立法者所追求的一般预防效果也能达到。

（8）依据诚实信用原则，也不允许对《德国民法典》第817条第2句进行限缩解释。因为自身违反法律或者与他人一起违反法律的定作人在一些情形下可以保有获得的给付，而不用支付对价。

在这种情形中，当事人之间不需要进行价值赔偿。根据立法者的意图，故意违反《制止非法作业法》的人不应当受到保护，且不应当允许被禁止的交易进行。③

立法者认为，定作人的行为方式与非法作业者的行为方式具有同样程度的可谴责性，并因此未对其进行优待。④ 立法者至少在1954年的官方理由中认为，定作人往往是经济上的强势一方，其出于自利和营利的动机经常会利用经济上弱势一方所处的困境。不能忽视的是，《德国民法典》第817条第2句的适用不仅可能会对承揽人造成严重打击，也会损害定作人的利益。因为定作人既不享有瑕疵请求权，也不享有合同的瑕疵结果请求权，在个案中该请求权所指向的价值可能

---

① VII ZR 336/89，BGHZ 111，308，312.
② BT-Drucks. 15/2573 S. 1 und 17.
③ BGH，Urteil vom 5. Mai 1992-X ZR 134/90，BGHZ 118，182，193.
④ BT-Drucks. 2/1111 S. 4.

超出约定报酬的好几倍。如果瑕疵之后才显现出来,允许授予不当得利请求权甚至会导致这样的结果,即非法作业者被置于比守法的承揽人更好的地位。①

排除不当得利请求权伴随着与其相适应的威慑效力,也是一个借助民法的工具以促进立法理由中明确表达的立法者目的设定的适当手段(Lorenz,NJW2013,3132,3135)。② 第817条第2句导致非法作业隐藏着巨大的承担责任的潜在风险(Tiedtke,DB1990,2307,2309)。

(9)原告也不享有基于《德国民法典》第951条第1款、第812条第1款第1句第1种情形产生的请求权。因为第951条第1款第1句包含对不当得利法的法律指引(MünchKommBGB/Schwab,6. Aufl.,§812Rn.278)。即使前述请求权的其他要件得到满足,该请求权也会如同基于《德国民法典》第812条第1款第1句第1种情形、第818条第2款的请求权那样,因为《德国民法典》第817条第2句的规定而被阻却。

(二)

原告对于被告2也不享有费用支付请求权。它不能由《德国民法典》第951条第1款第1句、第812条第1款第1句得出。

尽管被告2作为原告进行电气安装作业的排屋所在土地的共有人,根据《德国民法典》第946条享有原告提供的材料的(共有)所有权。然而,基于《德国民法典》第951条所包含的法律基础指引,不当得利请求权必须满足《德国民法典》第812条第1款第1句规定的不当得利请求权的所有要件③,在本案中这些要件并未得到满足。如果导致权利移转的物的附合被定性为先前材料所有人向第三人的给付,则《德国民法典》第951条不适用④,本案就属于这种情形。原告基于与被告1缔结的合同进行了电气安装,且因此客观上只向被告1提供了给付。对于被告2来说,原告执行的作业作为对被告1的给付,缺

---

① Kern, JuS 1993,193,195.
② MünchKommBGB/Schwab, 6. Aufl., §817 Rn. 13.
③ BGH, Urteil vom 13. Mai 1955-V ZR 36/54, BGHZ 17, 236, 238 f.; Urteil vom 11. Januar 1971-VIII ZR 261/69, BGHZ 55, 176, 177; Staudinger/Gursky, BGB, Neubearbeitung 2011, §951 Rn. 1.
④ Staudinger/Gursky, BGB, Neubearbeitung 2011, §951 Rn. 7.

乏合同上的当事人合意。在这种情形中,就如同错误的个人给付情形一样,须将其置于客观受领人的视角下进行分析。① 被告 2 并未通过原告的给付,而是由其承担费用、以其他方式获得了材料的(共同)所有权。基于非给付型不当得利的辅助性原则②,原告原则上对被告 2 不享有请求权。原告根据《德国民法典》第 817 条第 2 句对被告 1 享有的基于给付型不当得利的价值补偿请求权被排除,这一结论不受影响。③

三

诉讼费用的裁判基于《德国民事诉讼法》第 97 条第 1 款作出。

(孙鸿亮 译)

---

① BGH, Urteil vom 31. Oktober 1963-VII ZR 285/61, BGHZ 40, 272, 276 ff.; MünchKommBGB/Schwab, 6. Aufl., §812 Rn. 179, 184.
② MünchKommBGB/Füller, 6. Aufl., §951 Rn. 9.
③ BGH, Urteil vom 5. Oktober 1961-VII ZR 207/60, BGHZ 36, 30, 32.

判例五

承揽合同:违反"打黑工"的禁止性规定导致合同无效时排除瑕疵请求权

《联邦最高普通法院民事判决选》第 198 卷,第 141 页以下
BGH,BGHZ198,14

【要旨】

(1)《制止非法就业和非法雇佣法》(Gesetz zur Bekämpfung der Schwarzarbeit und illegalen Beschäftigung,以下简称《制止非法就业法》)第 1 条第 2 款第 2 项包含当合同中含有以下约定,即负有纳税义务的合同一方当事人不履行基于该合同负有的承揽给付之纳税义务时,禁止该承揽合同的缔结。

(2) 无论如何,当承揽人故意违反该禁止性规定,且定作人对此明知并有意对此加以利用为自己牟利时,该禁止性规定将导致合同归于无效。

(3) 在此情形中,原则上不产生定作人的瑕疵请求权。

【主文】

驳回原告针对石勒苏益格—荷尔斯泰因州高等法院第一民事合议庭于 2012 年 12 月 21 日在石勒苏益格作出的判决提起的上告请求。

原告应承担上告程序的费用。

【事实】

原告基于其自身享有的以及其丈夫让与她的权利,请求法院判令

被告预先支付消除瑕疵的费用并确定被告对于进一步发生的损害的赔偿义务。

原告是北面第 5 单元土地的所有权人。原告与同住在一个地点的被告于 2008 年 5 月约定，被告应当在该土地上新建 170 平方米的大型引道（Auffahrt），该引道要能够承受一辆 40 吨卡车行驶的负荷。原告提供了材料和设备，但属于被告的一台轮式装载机（Radlader）除外。

被告于 2008 年 5 月和 6 月进行了这项工作。在那之后路面就出现了不平整，被告进行了修补，但是没有起到任何效果。由原告启动的独立证明程序显示，造成不平整的原因是被告在铺路石下面铺了一层过厚的沙子，预计排除妨害（Beseitigung）所需的必要费用为 6069 欧元。

原告声称，双方当事人曾缔结一份承揽合同。该合同中约定的承揽报酬为 1800 欧元。就此双方约定，以现金方式支付，不开具发票，也不扣除增值税，原告声称其已经向被告支付了该金额。被告声称，他只是出于好意施惠（Gefälligkeit）而帮助铺设引道，作为回报，其只是希望能够得到被告的允诺，由被告的丈夫供应更便宜的木柴。

州法院判决被告向原告支付连同利息以及诉讼前产生的费用在内的费用共 6069 欧元。此外，州法院支持了原告的确认申请。经被告上诉，上诉法院推翻了州法院的判决。原告希望通过上告恢复州法院的判决。

上告的理由不充分。

【判决理由】

一

上诉法院在证据调查后认为，当事人已经订立了一份承揽合同，在该合同中被告允诺执行铺设工作，原告有义务支付 1800 欧元的承揽报酬作为对价。

然而，根据《德国民法典》第 134 条，该合同归于无效。双方当事人违反了《制止非法就业法》第 1 条第 2 款第 2 项的规定，就非法收入达成了合意,即双方约定承揽给付以不开具发票的方式被提供,由此可以向税收机关隐瞒相应的营业额,且原告获得了价格上的优待。这一点是基于原告在上诉法院听证过程中的陈述被认定的。《制止非法就业法》第 1 条第 2 款是《德国民法典》第 134 条意义上的禁止性法律,如果双方当事人均违反该规定,那么将导致承揽合同无效。然而,即使人们认为《制止非法就业法》第 1 条第 3 款第 2 项只是完善了在此之前已经作为禁止性法律存在的《增值税法》(UStG)第 1 条和第 13 条,进而对非法收入协议的法律判断没有任何改变,则人们仍然可以得出合同整体无效的结论。因为协议对于约定的承揽报酬产生直接影响,所以不存在认定合同部分有效的空间。基于同样的考量,《德国民法典》第 139 条的适用也能导致合同整体无效。

合同无效意味着原告对被告不享有担保给付请求权。联邦最高普通法院的不同判决已经过时[①],因为这些判决是在 2004 年之前作出的,那时只有税收规定可以单独作为禁止性法律规定。虽然在此期间《制止非法就业法》和《增值税法》进行了修订,但联邦最高普通法院借以为其偏离的裁判提供论据的《德国民法典》第 242 条的适用遭遇了根本性的质疑。

原告不享有不当得利请求权。

二

该判决经得起法律的检验。

1. 双方当事人订立的合同依据《德国民法典》第 134 条和《制止非法就业法》第 1 条第 2 款第 2 项归于无效

(1) 如果承揽合同包括一些规则,这些规则服务于负有纳税义务的一方合同当事人不履行其依据该合同负有的承揽给付而产生的纳税义务,则《制止非法就业法》第 1 条第 2 款第 2 项包括关于订立承揽合同的禁令(Verbot)。如果承揽人故意违反此禁令,且定作人对此明知并有意识地加以利用从而为自己牟利,则该禁令无论如何将导致合同无效。

---

① Urteile vom 24. April 2008-VII ZR 42/07, BGHZ 176,198 und VII ZR 140/07, BauR 2008,1330=NZBau 2008,436.

a) 对于 2004 年 8 月 1 日前有效的《制止非法就业法》的版本，联邦最高普通法院认为如果双方当事人违反该法律，将导致承揽合同基于《德国民法典》第 134 条归于无效。① 就此，联邦最高普通法院将在这些早期版本中仅有的违反秩序的构成要件视为《德国民法典》第 134 条意义上的禁止性法律。在当时的《制止非法就业法》版本中，其第 1 条"非法就业"提及了违反秩序的构成要件，这些构成要件以雇佣或承揽给付为调整对象。第 2 条"委托非法工作"中包含了一个关于发包人的违反秩序构成要件，该发包人委托他人执行雇佣或承揽给付，即违反第 1 条第 1 款中提及的规范提供给付。尽管该规范明显不是针对非法就业给付提供者，而是针对非法作业的发包人，联邦最高普通法院还是往这方面靠近，认为双方当事人均违反《制止非法就业法》。②

《制止非法就业法》并不包括关于"打黑工"的明确禁令。该法的意涵和目的以及第 1 条和第 2 条中包含的罚款恐吓只是支持将该法作为禁止性法律并认为违反该法的法律行为依据《德国民法典》第 134 条归于无效。该法的意涵和目的主要是基于经济秩序的考量，应当否认该法所规制的法律行为的效力，唯有如此，方可达到实际制止"打黑工"的目的。③《制止非法就业法》的目的在于完全禁止"打黑工"，并阻止"合同当事人"之间的给付交换。④

被同样评价的还有一些案例，尽管发包人自身没有违法行为，但其知道合同相对人违反了法律，并有意识地对此加以利用从而为自己牟利。⑤

b) 对于自 2004 年 8 月 1 日起生效的《制止非法就业法》，合议庭也坚持前述评价。依据《制止非法就业法》第 1 条第 1 款，该法旨在强

---

① BGH, Urteil vom 23. September 1982-VII ZR 183/80, BGHZ 85, 39, 44 m. w. N.；Urteil vom 19. Januar 1984-VII ZR 121/83, BGHZ 89, 369, 372.
② BGH, Urteil vom 31. Mai 1990-VII ZR 336/89, BGHZ 111, 308, 310 f；BGH, Urteil vom 23. September 1982-VII ZR 183/80.
③ BGH, Urteil vom 23. September 1982-VII ZR 183/80, BGHZ 85, 39, 44.
④ BGH, Urteil vom 31. Mai 1990-VII ZR 336/89, BGHZ 111, 308, 311.
⑤ BGH, Urteil vom 19. Januar 1984-VII ZR 121/83, BGHZ 89, 369, 375；auch BGH, Urteil vom 20. Dezember 1984-VII ZR 388/83, BauR 1985, 197, 198；Beschluss vom 25. Januar 2001-VII ZR 296/00, BauR 2001, 632＝NZBau 2002, 149.

化制止"打黑工"。这已经表明,对于旧法的修改只是为了起到强化制止"打黑工"的法定措施的效果。根据联邦最高普通法院的判决与主流观点,《制止非法就业法》的先前版本要求在双方当事人参与的特定情形中,违反秩序构成要件的合同应当归于无效。在此之后,没有证据表明现行有效的新法不应当产生同样的法律效果。《制止非法就业法》也是禁止性法律。其不仅要制止非法就业的实际过程,而且要在经济秩序的利益范围内否定以此为基础实施的法律行为的效力。①

因此,《制止非法就业法》没有包含明确的禁令也无妨。其首次定义了"打黑工"的概念(《制止非法就业法》第1条第2款)并采纳了先前法律所确定的违反秩序构成要件(《制止非法就业法》第8条),为强化公民的违法意识并由此预防性地抵制"打黑工"做出了贡献。②

此外,该法的新版本还定义了其他"打黑工"的构成要件。特别是新版《制止非法就业法》第1条第2款规定的关于"打黑工"的给付,"打黑工"的内容为提供雇佣或承揽给付且"打黑工"符合第1项至第3项规定的主体资格特征。

此外,在当下如果由纳税义务产生的、基于雇佣或承揽给付的税收义务未被履行,依据《制止非法就业法》,提供或执行雇佣或承揽给付也属于非法就业。在定作人向独立手工业者支付报酬而不开具发票的情形中,通常至少违反了《所得税法》(EStG)第25条第3款和《增值税法》第18条第1、3款规定的经营者的声明和通知义务以及《增值税法》第14条第2款第1句第1项规定的开具发票义务。③ 立法者明确将违反纳税义务的构成要件引入对"打黑工"形式的描述中,因为与"打黑工"有关的纳税义务违反通常是为了逃税。④ 该规则也特意将首先促成或支持非法就业的发包人纳入其调整范围,因为如果没有该发

---

① MünchKommBGB/Armbrüster, 6. Aufl., §134 Rn. 77.
② BT-Drucks. 15/2573, S. 18.
③ Bosch, NJOZ 2008, 3044, 3049.
④ BT-Drucks. 15/2573, S. 19.

包人就完全不会发生"打黑工"的情形。① 该新的构成要件也体现为一项禁止性法律。②

（2）被告从事了《制止非法就业法》第1条第2款第2项规定的被禁止的"黑工"。由于其因提供承揽给付而负有缴纳增值税的义务，其对于承揽报酬负有缴纳所得税的义务，因此其还是《税收条例》（AO）第33条第1款所规定的纳税义务人，违反了《税收条例》第370条且实施了逃税行为（Steuerhinterziehung）。其还违反了2006年12月13日版本的《增值税法》第14条第2款第1句第1项，因为其作为承揽人实施了一项与不动产相关的其他给付，且没有履行在执行该给付后的6个月内开具发票的义务。

原告是否如上诉法院没有详细说明理由所认为的那样，也提供了《制止非法就业法》第1条第2款第2项规定的被禁止的"黑工"？对这个问题的回答是开放的，因为即使原告的行为不属于《制止非法就业法》第1条第2款第2项所规制的行为，其行为与被告违反《制止非法就业法》第1条第2款第2项结合在一起也足以导致承揽合同归于无效。

从合议庭先前的判决中已经可以得出定作人认识到了经营者实施了违法行为并有意识地对之加以利用而为自己牟利的判断，足以认定合同无效。依据新版《制止非法就业法》，定作人的这种参与行为无论如何足以导致承揽合同归于无效。

立法者在颁布新版《制止非法就业法》的同时一并修改了《增值税法》，以拓宽开具和保管发票的义务范围并更全面地加以制裁。③ 对此，立法者显然已经意识到只有通过这种方式才能达到有效地制止"没有发票的交易"这种非法就业形式的目的。④ 鉴于如此大规模的税收损失，这种行为方式是无法令人接受的，必须同时给承揽人和给付接受者施加相应的义务。除了承揽人负有开具发票的义务外，私人给

---

① BT-Drucks. 15/2573, S. 18.
② Bosch, NJOZ 2008, 3044, 3049; Fricke, Zivilrechtliche Folgen von Verstößen gegen das SchwarzArbG, S. 227; Stamm, NZBau 2009, 78, 86; Jooß, JR 2009, 397, 398.
③ Art. 12 des Gesetzes zur Intensivierung der Bekämpfung der Schwarzarbeit und damit zusammenhängender Steuerhinterziehung vom 23. Juli 2004, BGBl. I S. 1842.
④ BT-Drucks. 15/2573, S. 34.

付接受者还负有保存发票的义务①,该义务导致双方对于以开具发票的方式合法地进行交易均享有明显的利益。②

这表明,无论这些法律修订应当如何被系统地归入到《增值税法》中,这些法律修订并非孤立地服务于征税,而是与新版《制止非法就业法》一起完全遏制这些为立法者所不允许的法律交易形式。就此,定作人显然也受这些法律约束。如果定作人知道经营者实施了相应的违法行为,并且有意识地加以利用而为自己牟利,则应当适用《制止非法就业法》所规定的无效后果。

本案就是这种情形。违反税收规定的行为是被故意实施的,当事人显然达成了合意。原告通过此种方式节省了一部分增值税额。

2. 承揽合同的无效导致原告不享有瑕疵请求权

联邦最高普通法院作出的对于来自包含"不开具发票之合意"的建设工程合同的瑕疵请求权的判决不涉及违反《制止非法就业法》的相关情形。③ 联邦最高普通法院在这些情形中所认可的不被允许的权利行使的抗辩④仅仅消除了符合《德国民法典》第139条规定的特定条件而导致的整个合同由于"不开具发票之合意"归于无效,其所伴随的法律效果是产生了瑕疵请求权。

在本案中,这种权衡不在考虑范围内。正如所阐释的那样,符合《制止非法就业法》第1条第2款第2项规定的"打黑工"的构成要件导致违反税法上的义务已经很容易得出整个以此为基础的承揽合同归于无效,孤立地审查"不开具发票之合意"是不会发生的。

不同于《德国民法典》第139条所规定的无效后果,依据《德国民法典》第134条,为了公共利益且为了保护一般权利交易所规定的无效后果至多在非常狭窄的范围内可以通过诉诸诚实信用原则而被消

---

① § 14b Abs. 1 Satz 5 UStG in der Fassung vom 23. Juli 2004.
② BT-Drucks. 15/2573, S. 34 f.
③ BGH, Urteile vom 24. April 2008-VII ZR 42/07, BGHZ 176, 198 und VII ZR 140/07, BauR 2008, 1330=NZBau 2008, 436; BGH, Urteil vom 24. April 2008-VII ZR 42/07, BGHZ 176, 198, 204 unter III. Rn. 19.
④ 参见《德国民法典》第242条。

除。① 但以下情形无论如何不在该范围内,即承揽人的矛盾行为体现为其根据建设工程合同对定作人履行建造给付义务,但此后却为了对抗定作人的瑕疵请求而主张建设工程合同无效,即使定作人由于返还的困难通常会保留承揽物。更多的是,原则上由于合同的无效自始就不发生瑕疵请求权。② 在很大程度上受到诚实信用原则影响的不当得利请求权③对于阻止令人无法忍受的结果是适当的,在这些情形下基于无效的承揽合同所提供的给付是有瑕疵的。

三

费用的判决基于《德国民事诉讼法》第 97 条第 1 款作出。

(孙鸿亮 译)

---

① BGH, Urteil vom 24. April 2008-VII ZR 42/07,同上 S. 202 m. w. N.; Urteil vom 23. September 1982-VII ZR 183/80, BGHZ 85, 39, 47 ff.; ganz ablehnend etwa Münch Komm BGB/Armbrüster, 6. Aufl., §134 Rn. 112.

② BGH, Urteil vom 31. Mai 1990-VII ZR 336/89,同上,314。

③ 参见《德国民法典》第 812 条以下。

第二编
瑕疵权利

判例一

《承揽合同法》：承揽人的赔偿责任归因于另一承揽人的先行给付的不足而导致其工作的功能匹配性上有瑕疵；承揽人的说明和证明责任

《联邦普通高等法院民事裁判集》第 174 卷，第 110—126 页
BGHZ174,110-126
《新法学周刊》2008 年，第 511—515 页
NJW2008,511-515

【要旨】

(1)《债法现代化法》(Gesetz zur Modernisierung des Schuldrechts)修改后,《德国民法典》第 633 条也被修正,其规定如果工作不具备约定的功能匹配性(Funktionstauglichkeit),那就是不符合约定的品质(Beschaffenheit)。

(2) 如果功能匹配性方面的瑕疵是由另一承揽人不合格的先行给付造成的,那么根据《承揽合同法》(Werkvertragsrecht),当承揽人履行了检查和告知的义务(Prüfungs-und Hinweispflicht)时,不承担瑕疵责任。

(3) 承揽人对履行检查和告知的义务负有说明和证明责任(Darlegungs-und Beweislast)。

(4) 由于另一承揽人建造的热电联产机组(Blockheizkraftwerke)未产生足够的热量,供暖设备无法工作,提供该供暖设备的承揽人承担瑕疵责任。

【主文】

2005年6月28日,慕尼黑州高级法院第二十八次民事法庭的判决驳回被告的上告和原告的反诉。

该案被发回上诉法院重新审理和裁决。

【事实】

原告起诉被告要求支付安装供暖设备的剩余报酬。通过反诉,被告要求偿还已经支付的报酬。

被告住在树林中的小屋D中,该屋未接入公共电网。2002年,被告打算建立一个热电联产机组,以满足林中小屋的取暖和热水需求。其联系了G公司,该公司提交了一份建造热电联产机组的报价,该机组的热输出为30千瓦。因为G公司的缘故,原告也参与进来并提交了一份建造供暖设备(包括缓冲罐、管道、分配器、配件、热水器、散热器、保温层)及其与热电联产机组连接的报价。原告计算出树林小屋的热量需求为25千瓦。被告于2002年10月委托G公司建造一个热输出为12千瓦的热电联产机组。G公司完成了该热电联产机组的建造。

被告于2002年11月委托原告安装供暖设备。但被告拒绝验收该供暖设备,因为存在各种所谓的瑕疵,同时被告认为林中小屋并没有得到足够的供暖。在该法律纠纷中,很明显,仅仅通过热电联产机组不可能为林中小屋供暖,即使这个机组能够产生更高的热输出。这是因为供暖所必需的电力供应不足。被告指责原告未提供相关信息,导致了热输出不足。被告要求解除合同,同时控诉G公司,称其履约行为不符合合同规定。被告认为,由于G公司未提供相应信息,其不知道该热电联产机组的设计输出功率会低于最初提供的功率,而且由于缺乏足够的电力供应,该机组无法满足树林小屋的供暖和热水需求。

原告认为拒绝验收和解除合同是不合理的,要求被告支付剩余的工作报酬共计10152.68欧元。被告提出反诉,要求原告偿还其已经支付的 19280 欧元的报酬。

州法院依据诉讼请求进行了判决,并驳回了被告的反诉。在被告的上诉中,上诉法院驳回了部分上诉,并判决原告的请求毫无根据。随着合议庭(Senat)受理上告,被告申请进行二审。原告提出反诉,其目的是要求被告付款。

【判决理由】

被告的上告和原告的反诉导致上诉判决被驳回,案件被发回上诉法院重新审理和裁决。

一

上诉法院认为,参照州法院的判决,被告关于解除合同的请求是没有根据的。州法院曾表示,原告的给付并没有瑕疵。原告不对热电联产机组未产生足够的热量承担责任。被告也不享有合同解除权,因为他没有告知热电联产机组的尺寸偏小。应当适用的条款不是《德国民法典》第 323 条,而是《德国民法典》第 324 条,因为违反告知义务(Hinweispflichtverletzung)应被列为《德国民法典》第 241 条第 2 款意义上的违反行为义务(Verletzung einer Verhaltenspflicht)。然而,原告并没有违反告知义务。原告与 G 公司商定,必须涵盖 25 千瓦的热量需求。原告有权相信,被告不会订购一个不能提供所需供热的设备。

上诉法院补充说明,原告对整个热电联产机组的概念及其无瑕疵和匹配性不承担责任。原告只对其自身承诺的给付行为的瑕疵负责。可以认为原告没有违反任何告知义务。热电联产机组的瑕疵是由被告的电力需求不足造成的;由于电力消耗不足,该装置没有产生足够的热量用于供暖和热水。根据专家的评估,评估热电装置所需的特殊知识不是供暖和管道专业公司必备的标准要求,而且原告也不可能知道被告实际的电力消耗量。因此,被告未能提供证据证明原告对该机组装置的概念有全面的了解,并应提出对该问题(即电力消耗量)的顾虑。由于在取证后,原告是否有权信赖该概念的适当性(Tauglichkeit des Konzepts)仍未有定论,所以不能责怪原告没有要求对该概念进行详细解释或要求专业规划师的参与。

由于无相关依据,原告关于支付工程报酬的诉求应予驳回,因为原告尚未将匹配的设备与供热源进行适当的安装,被告也没有义务验收这项工作。由于原设计的热电联产机组无法使用,被告不得不安装另一种提供能源的装置,以便原告能够履行其合同义务。原告必须创造验收定作物(Werk)的条件,或必须确保被告会被如此对待——如同其已经接收了原告的定作物一般。之后,才能确定其所要求的报酬在多大限度上是应该被支付的。

二、被告的反诉

上诉判决经不起法律的推敲,因其判决对被告不利。(1)上诉法院否认被告有效解除合同的理由是不能成立的,并且其不当地否定了原告建造的供暖设备存在重大瑕疵。(2)上诉法院关于承揽人违反检查和告知义务的证明责任有认识错误。

如果定作物有瑕疵,定作人可以根据《德国民法典》第 323 条、第 636 条、第 634 条第 3 款的条件解除合同。上诉法院否认定作物存在的瑕疵是不当的。

1. 根据《德国民法典》(旧版)第 633 条第 2 款第 1 句,如果定作物具有约定的品质,则不存在物的瑕疵

(1)上诉法院认定原告对热电联产机组的瑕疵不承担责任,这没有法律错误。根据《德国民法典》(旧版)第 633 条第 1 款,承揽人必须向定作人提供无物的瑕疵和权利瑕疵的定作物。上诉法院认为,原告和 G 公司既没有组成投标共同体(Bietergemeinschaft),也没有以其他方式联合起来共同承担建造热电联产机组和供热设备的责任。相反,被告分别委托两个承揽人提供不同的给付。虽然这些给付必须在一定程度上互相配合,但被告认为两个承揽人应当共同负责是不合理的,即原告也应对热电联产机组的瑕疵负责。[①]

(2)然而,这并不意味着热电联产机组的瑕疵不会某种程度上影响原告的定作物,以至于其也必须被评估为有瑕疵。下级法院显然认

[①] BGH, Urteil vom 16. Mai 1974-VII ZR 35/72, BauR 1975, 130, 131; MünchKommBGB/Busche, 4. Aufl., § 631 Rdn. 40.

为,原告建造的供暖设备是否存在瑕疵,只能根据在供暖源充足的情况下,该设备是否能为林中小屋充分供暖进行评估。其判决是对《德国民法典》第 633 条第 2 款第 1 句意义上的"约定品质"的错误理解。

a) 当事人约定的工作品质应依据承揽合同的解释来确定。《德国民法典》(旧版)第 633 条第 2 款第 1 句意义上的"约定品质"(vereinbarten Beschaffenheit)包括工作的所有属性,根据双方的协议,这些属性应能带来合同约定的成果(Erfolg)。合同约定的成果不仅取决于实现约定的给付或履行方式,还取决于双方想要通过该工作实现哪些功能(Funktion)。因此,联邦最高普通法院认为,如果生产作品的合同所追求的目的没有实现,作品没有实现其约定的功能,则是对约定品质的偏离,属于《德国民法典》(旧版)第 633 条第 1 款意义上的瑕疵。① 无论双方是否约定了某种履行的方式或遵守公认的技术规则,都适用这一规定。如果合同约定了功能匹配性(Funktionstauglichkeit),而合同约定的履行方式或公认的技术规则无法达到该成果,则承揽人应负有实现约定的功能匹配性的义务。②

b) 这种对"约定品质"的理解并没有因为《债法现代化法》的出台而改变。然而,法律不再像《德国民法典》(旧版)第 633 条第 1 款那样,将瑕疵责任与工作的缺陷联系起来。相反,《德国民法典》(新版)第 633 条第 2 款规定了评估物的瑕疵(Sachmangels)的优先顺序。根据这一顺序,必须首先审查工作是否具备约定的品质(第 1 条),若未明确约定品质,那么工作符合合同预设的用途(第 2 条第 1 款),或者适用于常规用途并且具有与同类作品通常相同的品质,以及具有定作人根据作品性质可以合理期待其应当具备的品质的,该作品即被视为无质量瑕疵(第 2 条第 2 款)。这样,承包商的瑕疵责任就与销售商的

---

① BGH,Urteil vom 17. Mai 1984-VII ZR 169/82,BGHZ 91,206,212;Urteil vom 16. Juli 1998-VII ZR 350/96,BGHZ 139,244,247;Urteil vom 11. November 1999-VII ZR 403/98,BauR 2000,411,412=NZBau 2000,74=ZfBR 2000,121;Urteil vom 15. Oktober 2002-X ZR 69/01,BauR 2003,236,238=NZBau 2003,33=ZfBR 2003,34;Beschluss vom 25. Januar 2007-VII ZR 41/06,BauR 2007,700=NZBau 2007,243=ZfBR 2007,340.

② BGH,Urteil vom 16. Juli 1998-VII ZR 350/96,aaO;Urteil vom 11. November 1999-VII ZR 403/98,aaO.

瑕疵责任相匹配[《德国民法典》(新版)第 434 条第 1 款]。对销售商瑕疵责任的重构是为了贯彻 1999 年 5 月 25 日颁布的《消费品销售指令》(1999/44/EC)的规定。

《德国民法典》(新版)第 633 条第 2 款规定的优先顺序并未质疑联邦最高普通法院的判例法中针对"约定品质"的理解。① 相反,根据《德国民法典》(新版)第 633 条第 2 款第 1 句第 2 项的规定,只有在没有约定品质的情况下,才会考虑合同预设的用途(Vertragvorausgesetzte Verwendung),但这一规定也未与前款规定相矛盾。立法者无意在承揽合同中将有关工作的功能匹配性的约定排除在《德国民法典》(新版)第 633 条第 2 款第 1 句的适用范围之外,从而为该条款的解释开辟了道路。根据该条款,只有各自约定的给付,如被记录在给付目录(Leistungsverzeichnissen)或其他给付描述(Leistungsbeschreibungen)中的约定,才能成为评估约定品质多大程度得以实现的基础。对《德国民法典》(新版)第 633 条第 2 款第 1 句的这种解释将会导致这样一个事实,即如果合同中规定的给付或履行的方式不能保证工作成果的功能匹配性,承揽人的履行仍被视为无瑕疵。它将把约定的功能排除在约定品质的评估之外,从而无视了双方的意愿,而这通常是判断工作是否已完成的决定性的标准。②

立法者并不打算就关于品质约定问题上的当事人意愿(Parteiwillen)的含义进行深度的限制,这一点从立法程序上得以体现。《债法现代化法》的法律草案的解释性备忘录中指出,《德国民法典》(新版)第 434 条第 1 款和《德国民法典》(新版)第 633 条第 2 款的措辞贯彻的是以往的主观瑕疵概念(Subjektiven Mangelbegriff)。③ 它还澄清,如果当事人同意购买标的须以具备某种用途为前提,一般而言,所

---

① MünchKommBGB/Busche, 4. Aufl., §633 Rdn. 13 f.; Bamberger/Roth-Voit, BGB, §633 Rdn. 5; Werner/Pastor, Der Bau-prozess, 11. Aufl., Rdn. 1457; Kniffka/Koeble, Kompendium des Baurechts, 2. Aufl., 6. Teil, Rdn. 23; Ingenstau/Korbion-Wirth, VOB-Kommentar, 16. Aufl., §13 Nr. 1 Rdn. 13 ff.; Franke/Kemper/Zanner/Grünhagen, VOB, 3. Aufl., §13 Rdn. 27; Kapellmann/Messerschmidt-Weyer, VOB, §13 Rdn. 32.

② Weyer, BauR 2003, 613, 616 f.; Merl, Festschrift für Jagenburg, p. 597, 601; Mundt, NZBau 2003, 73, 76.

③ BT-Drucksache 14/6040, S. 212.

购买标的的"约定品质"应符合《德国民法典》(新版)第 434 条第 1 款的含义。① 这表明,《德国民法典》(新版)第 434 条第 1 款第 1 句中的"约定的品质"与《德国民法典》(新版)第 633 条第 2 款第 1 句所指的一样,并未设立任何新的标准。这一点也从立法者避免在法律中列入必须遵守公认的技术规则的规定之理由中得到了明确。立法者担心这样的规定会导致歧义,使得权利主体认为只要遵守了这些规则,承揽人就已经履行了给付义务,即使工程并没有因此达到合同规定的品质。② 这一推理可以说是参考了联邦最高普通法院的判例法,当公认的技术规则因不能保障实现约定的功能而导致达不到约定品质的要求时,这一点就特别重要。

2. 因此,原告安装的供暖设备是有瑕疵的

根据上诉法院的调查结果,被告委托建造供暖设备并将其与热电联产机组连接,以便为林中小屋进行充分供暖,并为其提供热水。但该系统无法实现这一合同约定的使用目的,暖气片在整个过程中没有得到充分的加热。原告要安装的供暖设备部分,除了仍然缺失的隔热材料外(这一点是不重要的),其建造是合规的,但这并不意味着约定的功能得以实现。供热系统的功能的瑕疵完全是由于热电联产机组无法提供足够的热量这一理由也无法排除被告的责任,因为如果一项工程仅仅因为定作人的其他承揽人提供的工程给付不充分而不能实现约定的功能,那么该工程也是有瑕疵的。但是,在这种情况下,承揽人可以通过履行检查和告知的义务来避免对其工作中的瑕疵承担责任。如果未满足这个条件,其仍然应当对功能不匹配的瑕疵承担责任。因此,其必须完善自己的给付,直到达到约定的功能匹配性。如果仍有并不在约定或履行方式范围内的必要的给付,则必须检验定作人是否在损益相抵(Vorteilsausgleichung)的范围内承担其必要成本(Sowiesokosten)。③ 然而,只有当定作人向其提供合适的先行给付

---

① BT-Drucksache 14/6040, S. 213.
② BT-Drucksache 14/6040, S. 261.
③ BGH, Urteil vom 17. Mai 1984-VII ZR 169/82, BGHZ 91, 206, 211; Beschluss vom 25. Januar 2007-VII ZR 41/06, BauR 2007, 700＝NZBau 2007, 243＝ZfBR 2007, 340 m. w. N.

(Vorleistungen)时，承揽人才能履行其合同义务。因此，定作人必须在其合作范围内确保对前一个承揽人不当的工作进行修改，后一个承揽人才能够按照合同规定完成其工作。

3. 上诉法院认为，原审在法律上是错误的，原告没有违反其检查和告知的义务，因为被告没有提供其应当举证的证据

（1）根据联邦最高普通法院的判例法，如果是可归责于定作人的有约束性的规定或可归责于其他承揽人提供的材料或部件或先行给付的原因，并且承揽人已经履行了检查和告知的义务，则不承担该工作的瑕疵责任。① 在上述有约束性的规定和先行给付的情况下，承揽人自己对所承担的工作所负的自我责任（Eigenverantwortung）是受到限制的，因此，承揽人的无过错瑕疵责任并非无限制地符合利益正当性（Jnteressengerecht）。如果承揽人已经履行了其进一步的、旨在正确履行合同的义务，则其也不符合《德国民法典》（新版）第645条②所表述的法律风险分配所指的内容。因此，出于诚信原则（Treu und Glauben），在已经履行了符合合同约定义务的情况下，有必要免除承揽人的瑕疵责任，当承揽人事先向定作人指出对相关问题的顾虑（Bedenken）时，应当检验其有约束力的规定是否得到了满足，其他承揽人交付的材料或部件或先行给付是否已经交付或者在合规性检查时已经交付。

与文献和一些法院判决中的误导性的表述相反，违反检查和告知的义务并不是瑕疵责任的构成要件。无过错的瑕疵责任（Verschuldensunabhängige Mängelhaftung）只能由承揽人生产的工作中的物的瑕疵或权利瑕疵来证明。履行检查和告知的义务反而是免除承揽人对物的瑕疵或权利瑕疵的责任的一个构成要件要素。这一点在《通则B》第13条第3款与第4条第3款中得以明确规定。《通则B》第13条第3款以承揽人的工作存在瑕疵为前提，首先明确了承

---

① BGH, Urteil vom 11. April 1957-VII ZR 308/56, LM BGB §633 Nr. 3; Urteil vom 23. Oktober 1986-VII ZR 48/85, BauR 1987, 79, 80=ZfBR 1987, 32; Urteil vom 12. Mai 2005-VII ZR 45/04, BauR 2005, 1314, 1316=NZBau 2005, 456=ZfBR 2005, 667.

② MünchKommBGB/Busche, 4. Aufl., §634 Rdn. 79; Bamberger/Roth-Voit, BGB, §633 Rdn. 19; Staudinger/Peters (2003) §631 Rdn. 76.

揽人在遵循瑕疵的无过错原则下,即使瑕疵可归责于定作人的任务要求或告知、其提供或指定的材料或部件或者其他承揽人的先行给付时,也应承担责任。然后,作为这一原则的一个例外,制订了以下豁免条款。① 如果承揽人已经根据《通则 B》第 4 条第 3 款的规定给出了提示,则不承担任何责任。因此,如果承揽人在工作开始前就以书面形式通知定作人,对预定的履行方式或者类型(也是为了防止意外事故)、定作人提供的材料或部件的质量或其他承揽人的成果有疑虑,则尽管其交付成果有瑕疵,也不承担责任。《通则 B》第 13 条第 3 款明确表明,即使瑕疵是由定作人的工程说明或指令、定作人提供或指定的材料或构件或者其他承揽人的先前工程的质量导致的,承揽人仍然需要遵循无须过错的瑕疵责任原则,承担相关责任。②

这也适用于 2002 年 1 月 1 日后签订的合同和通过《债法现代化法》修正的承揽合同。就福维克(Vorwerk)③的观点而言,在《债法现代化法》出台之后,不再将违反提供信息义务的成果理解为有瑕疵,而是理解为违反《德国民法典》第 241 条第 2 款规定的义务的后果,他的出发点是错误的,即违反提供信息的义务(Hinweispflicht)构成物的瑕疵或权利瑕疵。由此可见,评估定作人是否有理由因工程有瑕疵而解除合同,也必须依据《德国民法典》第 323 条作出判断,即瑕疵是否由定作人不充分的约束性规定或其他承揽人不充分的先行给付造成。因为唯一的问题是承揽人的给付是否符合合同约定。在这方面,州法院主张《德国民法典》第 324 条没有适用的余地。

(2) 检查和告知义务(Prüfungs-und Hinweispflicht)的范围及界限的界定来自于期待可能性的原则(Grundsatz der Zumutbarkeit),因

---

① BGH, Urteil vom 14. März 1996-VII ZR 34/95, BGHZ 132, 189, 192; Urteil vom 12. Mai 2005-VII ZR 45/04, BauR 2005, 1314, 1316 = NZBau 2005, 456 = ZfBR 2005, 667; Kapell-mann/Messerschmidt-Weyer, VOB, § 13 Rdn. 59.

② BGH, Urteil vom 11. April 1957-VII ZR 308/56, LM BGB § 633 Nr. 3; Urteil vom 23. Juni 1960-VII ZR 71/59, NJW 1960, 1813; Urteil vom 23. Oktober 1986-VII ZR 267/85, BauR 1987, 86, 87 = ZfBR 1987, 34; Hdb. Priv. BauR (Merl), 3. Aufl., § 12 Rdn. 116; Kniffka/Koeble, Kompendium des Baurechts, 2. Aufl., 6. Teil, Rdn. 57; Werner/Pastor, Der Bauprozess, 11. Aufl., Rdn. 1519; Ingenstau/Korbion-Wirth, VOB, 16. Aufl., § 13 Nr. 3 Rdn. 2; § 4 Nr. 3 Rdn. 2.

③ BauR 2003, 1, 6 f.

为它是根据个别案件的特殊情况提出的。① 对此首先要求的是承揽人具备可期待的专业知识,以及承揽人进行了足够仔细的审查这一重要的、便于识别的情节。② 如果承揽人的工作与另一承揽人的前期工作密切相关,或将在后者的规划基础上进行,其必须进行审查,必要时还应进行适当的询问,以确定这些前期工作、材料或部件是否能为其工作提供合适的基础,并且不具有任何可能危及其工作成功的特性。③ 即使其向定作人指出其工作必须满足某些先决条件,原则上也必须在履行其工作之前确定这些先决条件是否得到满足。④ 通常而言,其不能仅仅因为与分包人(Vorunternehmer)讨论过这些先决条件,就信赖这些先决条件会得到满足,而是必须在期待可能性的范围内独立审查条件是否得到满足。

(3) 据此,原告有义务告知热电联产机组的瑕疵,这些瑕疵是其作为专业的管道和供暖承揽人所能识别的,况且这些瑕疵损害了供暖设备的功能。在这种情况下,当原告开始履行时,机组是否已经完成,并由此能更好地评估其特性,这一点并不重要。即使热电联产机组几乎与供暖设备同时建成,原告也有义务查明它是否能够满足25千瓦这一必要的热能需求。原告不能任由G公司按照最初报价时提出的方式建造热电联产机组。相反,原告必须给出告知,确定哪个最终规划可以成为安装热电联产机组的基础。只有如此,其才能保证其给付具有功能匹配性。原告应当根据G公司或被告提供的信息,或根据自己遭遇的或其可期待的调查确认,告知被告相关顾虑。双方主要争论的是,原告是否事先就知晓由于被告没有提供足够的电力消耗,导致热电联产机组无法产生足够的余热,所以该热电联产机组从概念设想(konzeptionell)上来说就不适合(林中小屋的)供热。他们进一步争论

---

① BGH, Urteil vom 23. Oktober 1986-VII ZR 48/85, BauR 1987, 79, 80 = ZfBR 1987, 32.

② BGH,Urteil vom 23. Oktober 1986-VII ZR 48/85, aaO; Urteil vom 12. Dezember 2001-X ZR 192/00, BauR 2002, 945, 946.

③ BGH, Urteil vom 23. Oktober 1986-VII ZR 48/85, BauR 1987, 79 = ZfBR 1987, 32.

④ BGH, Urteil vom 14. September 1999-X ZR 89/97, BauR 2000, 262, 264 = NZBau 2000,196 = ZfBR 2000, 42.

的是,原告是否在早期阶段就认识到 12 千瓦的热电联产机组的设计规划太小,无法满足 25 千瓦的供热需求。

(4) 上诉法院没有作出任何结论。它认为,在取证之后,原告是否有权信赖该概念的匹配性(Tauglichkeit des Konzepts),仍然是个开放性的问题。因此,被告未能证明原告违反了告知义务。这一判决基于对证明责任的错误判断。应由承揽人证明符合事实情况的先决条件,并证明在诚信原则的情况下,以例外方式免除其瑕疵责任的事实。德国联邦最高普通法院因此要求承揽人承担说明和证明责任,认为其有责任证明已经履行了检查和告知的义务。① 这种说明和证明的责任在 2002 年的《通则 B》第 13 条第 3 款中已被明确。

4. 上诉法院没有处理原告是否提供了所需的证据的问题

法庭不能自行决定这个问题。在上告中认定原告已经违反了其告知义务,因此可能存在解除权(Rücktrittsrecht)。上诉法院也没有作出是否存在其他符合解除权行使的前提条件的结论。由于不能排除这一点,一旦判决对被告不利,则上诉判决不能成立。

三、原告的反诉

上诉判决也经不起法律的推敲,该诉讼由于目前毫无根据而被驳回。

(1) 当被告宣布验收该工程时,工程报酬(Werklohnforderung)的支付请求就到期了。按《德国民法典》第 641 条第 1 款的规定,即使被告最终认为不当而拒绝验收,该报酬支付也已到期。② 即使承揽人没有给订购人设置合理的验收期,这并不影响《德国民法典》第 640 条第 1 款第 3 句的适用。如果定作人最终拒绝验收,则无须设定期限。

(2) 上诉法院显然认为被告拒绝验收并非不当,因为原告仍需将其设备与合适的热源设备进行连接。反诉正确地指出,上诉法院的做法与其理由自相矛盾的是,它拒绝了被告有效解除合同的请求。

a) 定作人拒绝验收是不当的,如果承揽人履行了符合合同约定的

---

① BGH, Urteil vom 4. Juni 1973-VII ZR 112/71, BauR 1973, 313, 315; Urteil vom 29. November 1973-VII ZR 179/71, BauR 1974, 128.

② BGH, Urteil vom 25. Januar 1996-VII ZR 26/95, BauR 1996, 390, 391 = ZfBR 1996, 156.

给付,那么上诉法院应该在其意见的基础上加以认定。因为上诉法院已经认定了原告的无瑕疵的给付,所以被告就无权要求原告将供暖设备连接到另一个热源上。

b) 上诉判决得不到其他理由的支持。固然供暖设备没有实现其约定的功能,但是,原告有可能已经履行了检查和告知的义务。在这种情况下,其履行也应被视为符合合同的规定。因此,被告有义务验收,而其却错误地拒绝这样做。

四

因此,上诉判决必须全部撤销。此案将被发回上诉法院重新审理。

对于新的审判,合议庭预先作出如下指示:

上诉法院必须审查是否具备解除的前提。为此,首先必须澄清原告在多大限度上履行了其检查和告知义务。被告通过设定最后期限以要求原告消除瑕疵这一事实不能被作为唯一依据。因为如果被告没有采取或至少没有提供那些能够实现(与供暖设备)有效连接的合作行为,那么这种请求是无效的。[①] 根据原告的主张,供暖设备与其他供暖源连接的话是具备功能匹配性的。上诉法院在决定驳回原告毫无根据的索赔时,本身就认定被告必须安装另一种能源来源,以便原告能够实现无瑕疵的给付。被告不能反驳说,根据合同原告应当独自承担与热电联产机组的接通责任。就像定作人必须根据承揽人及时发出的关于其他承揽人先行给付存在不合格情况的通知,及时作出反应要求对不当的先行给付进行修改一样,如此承揽人才有可能履行合同,因此定作人还必须允许其他承揽人能够通过修改先行给付来实现事后补充履行。

被告在其上诉中的陈述指出,现在不能为供暖设备安装合适的供热源,那么这一决定将导致合同履行不能。如果定作人导致履行不能,因为其无法保证合格的先行给付,则应解除承揽人的履行义务。在这种情况下,必须审查承揽人是否保留了根据《德国民法典》第326条第2款第1句和第2句规定的报酬请求权。根据《德国民法典》第

---

① BGH, Urteil vom 23. Januar 1996-X ZR 105/93,NJW 1996,1745。

326条第2款第1句的规定,承揽人享有获得报酬权,如其及时通知定作人因先行给付不合格而放弃履行合同,即承揽人根据《德国民法典》第649条第1款终止合同,则在这种情况下,承揽人有权根据《德国民法典》第649条第2款获得合同报酬。

如果合同的履行仅仅是因为先行给付不能以非可用(Nichtbrauchbar)方式提供,那么根据《德国民法典》第326条第2款第1句或《德国民法典》第649条第2句给予承揽人报酬是具有利益正当性的(Interessengerecht)。定作人必须承受那些因其在委托承揽人时仍不能确定其他承揽人是否能以适当的方式提供先行给付而产生的不利后果(Nachteile)。原则上,承揽人不承担这种风险。如果承揽人在签订合同时可能认识到先行给付的不合格性,则需要进行不同的评估。在这些情况下,其可能违反了先合同的解释义务(Vorvertragliche Aufklärungspflicht)。由此产生的损害赔偿请求权可能会导致合同被视为未签订。

(申柳华 译)

判例二

工程合同:钢筋混凝土玻璃幕墙中安装了会自发破裂的钢化安全玻璃的瑕疵请求权

《联邦普通高等法院民事裁判集》第 201 卷,第 148—157 页
BGHZ201,148-157
《新法学周刊》2014 年,第 3365—3367 页
NJW2014,3365-3367

【要旨】

如果玻璃外墙的约定功能(这里指:无受限的抗破损性)在技术上无法实现,发包人完全有权根据《德国民法典》第 634 条第 4 款和第 311a 条第 2 款的规定,以瑕疵权(Mängelrechte)请求损害赔偿。

【主文】

关于被告方的第一号诉讼参与人(Streithelferin)提出的上告,杜塞尔多夫高级地方法院第五民事法庭于 2011 年 7 月 14 日作出的判决因费用问题与判决对被告不利而被撤销。

在撤销的范围内,该案被发回上诉法院重新审理,包括上告程序的费用。

【事实】

原告对被告提出有瑕疵时的权利的原因是被告建造了存在瑕疵(Mangelhaft)的玻璃外墙。

原告通过 2005 年 4 月 7 日的《总承包协议》(Generalunternehmervertrag)委托被告建造一栋即交即用的综合办公楼,并配有机动车停车位和室外设施。外墙将在钢筋混凝土支架、钢筋混凝土护栏和屋顶区域的钢筋混凝土支架的区域内使用搪瓷热强化玻璃板(在5352平方米区域内使用超过3000块玻璃板)。此要求被规范于《总承包协议》第2.3.1节中:"承包人应证明所使用的钢化玻璃板中未含有任何破坏性的夹杂物(如硫化镍)。所有钢化玻璃板都应按照《建筑规则清单》中的规定由第三方监督实施热浸试验(Heat-Soak-Test)。热浸试验的实施应得到工程证书(Werksbescheinigung)的证明。烘箱记录必须能对每一片单独的玻璃进行追踪。"

此外,原告和被告在《总承包协议》第1.8.7节约定:"承包人保证只使用全新的、无瑕疵的建筑材料和符合约定品质的材料,即便这些材料是由发包人提供的,因为其有义务在加工前检查这些材料。"

被告方的第三号诉讼参与人设计了玻璃外墙,外墙的玻璃是由被告方的第四号诉讼参与人提供的,被告的第一号诉讼参与人建造了玻璃外墙。

原告于2006年9月28日验收了该办公大楼。

2007年2月26日、2007年5月18日、2007年5月29日、2008年7月6日、2008年8月31日和2009年6月10日,外墙包层上的玻璃片在不同位置破裂并导致碎片跌落。

在此背景下,原告认为玻璃外墙整体上存在瑕疵,并认为有必要更换所有的玻璃墙板以消除瑕疵。其要求支付240000欧元的预付款作为补救瑕疵的费用,并认为被告有义务承担超过240000欧元的费用,同时认为被告有义务赔偿其因"玻璃外墙板更易破碎"的瑕疵而发生的损害赔偿费用以及采取必要措施以消除该瑕疵。

上诉法院在专家的建议下,批准了这些申请。被告方的第一号诉讼参与人就此向合议庭提出上告。

【判决理由】

上告导致上诉判决被撤销并将此案发回上诉法院,因上诉判决对被告不利。

一

上诉法院指出，原告对被告提出用以消除瑕疵的预付费用金额约为 240,000 欧元，因为玻璃外墙会因玻璃的经常破损导致整体上存在瑕疵。根据专家 S. 的检查，证明在最后一次口头听证时，至少有六块玻璃墙板因含有硫化镍夹杂物而破碎。硫化镍夹杂物在技术上是不可避免的，并会导致玻璃墙板断裂，特别当其受热时。双方约定的热浸试验并不能排除这种风险，只能降低这种风险，因为有硫化镍夹杂物的玻璃在试验中通常会破裂。因此，以这种方式测试的含硫化镍夹杂物玻璃的自发性破损风险会明显较低。根据专家 S. 的结论，可以认定根据约定所进行的热浸试验，在 20000 平方米的玻璃墙板上，只有一个硫化镍夹杂物出现，厚度为 8 毫米。而在本案中，玻璃墙板总面积为 5352 平方米，因此，从算术上看，只应出现 0.27 处断裂。由于在最后一次口头听证会上，已经有六块玻璃因硫化镍夹杂物而破损，并且硫化镍夹杂物极有可能是导致另外两块玻璃破损的原因，因此玻璃外墙的破损风险远超预期。一个玻璃外墙的破损频率如此之高，将会被纳入关于整个外墙验收是否有瑕疵的考量中，因为它不能再实现其功能。这一结论与以下事实并不矛盾：在不破坏外墙的情况下，不能确定也无法确定是否会有更多的玻璃墙板破裂。诚然，玻璃墙板暴露在温度波动中的时间越长，破损的概率就越小。因此，所有含有硫化镍夹杂物的玻璃墙板都有可能破碎。同时，根据专家 S. 的解释，其无法对此作出可靠的估计（Keine verlässlichen Angaben）。由于该墙板已经具备相当高的破损风险，不可能再认为这是一个运行正常（Funktionsfähig）的外墙，这就有理由将这样的外墙整体归类为有瑕疵。在这种背景下，热浸试验是否得到了适当的履行的问题，可以说是悬而未决。此外，原告是否意识到硫化镍夹杂物窗玻璃的残留破损的一般风险，还有待观察。因为本案中使用了这种玻璃外墙，导致了更高的破损风险。

因此，被告有义务更换整个玻璃外墙。这导致预付款索赔的合理性和请求得以确认，即被告必须承担消除瑕疵的额外费用。

此外，确认请求权的申请（Feststellungsantrag）是有理由的，被告必须偿还原告因消除"升高了的玻璃外墙的玻璃破裂的可能性"瑕疵而产生的维修费用。根据《总承包协议》第1.8.7条,无论原告是否有过错,被告都应对此类瑕疵导致的损害负责。

二

这经不起法律的推敲。诚然,上诉法院认定外墙有瑕疵是正确的。但是,想要消除该瑕疵是不可能的,因此原告请求的法律后果(Rechtsfolgen)难以得到支持。

(一)

1. 根据《德国民法典》第633条第2款第1句,如果成果不具备约定的品质,就是有瑕疵

(1)《德国民法典》第633条第2款第1句意义上的"约定的品质"包括根据双方的协议,为实现合同约定的成果而应履行的所有工作的属性。这不仅由为实现成果而约定的给付(Leistung)或履行方式(Ausführungsart)所决定,而且也由双方计划实现的工作的功能所决定。无论各方是否就某种特定的履行方式达成一致,或是否遵守了公认的技术规则,都适用。如果双方已经就合同的前提条件与常规用途的功能匹配性达成一致,然而却无法通过合同约定的给付或履行方式或公认的技术规则来实现,那么承揽人应承担实现约定的功能匹配性的责任。①

(2)上诉法院认定运用硫化镍夹杂物玻璃设计的玻璃外墙在统计学上的破损风险大大增加,因此该外墙是有瑕疵的。然而,合议庭并不同意这一观点。各方未就只有当玻璃的破损超过了统计学上的概率,给付才有瑕疵这一标准达成一致。这也不能因为双方同意进行热浸试验而直接认定原告接受了此风险。虽然该试验减少了玻璃破损的风险,但它并没有改变硫化镍夹杂物玻璃可能会在一个建筑物中破损得更多,而在另一个建筑物中破损得更少的这一事实。因此,仅依据破损概率并不能说明问题,只有当实际破损的玻璃数量高于统计平均数时,该合同方才必须承担风险。

(3)相反,这更多取决于双方当事人根据合同约定或作为合同前提的工作委托所要实现的功能。这要根据普遍接受的解释规则,即

---

① BGH, Urteil vom 8. November 2007-VII ZR 183/05, BGHZ 174, 110 Rn. 15.

《德国民法典》第133、157条来确定。所有情况都要被考虑到,尤其是发包人所表达的意图,其意欲将建筑物用于何种目的,以及根据这一目的,建筑物所必须满足的那些要求。合议庭可以根据《总承包协议》本身作出这些解释,因为不能期望有更多的结论。该解释导致的结论是,合同方就玻璃外墙中使用的玻璃已经达成合意,即硫化镍夹杂物玻璃板没有导致玻璃破裂的风险。

a) 关于玻璃板的品质,双方在《总承包协议》第2.3.1条第1句的给付说明中约定,使用的钢化玻璃板中不得含有任何破坏性的夹杂物(如硫化镍)。这表达了原告的意愿(Wille),而被告也能认识到这一点,即应当完全排除因玻璃板爆裂和坠落可能对路人的生命和肢体造成的巨大危险。

b)《总承包协议》第2.3.1第2句规定,所有钢化安全玻璃板都要进行外部监控的热浸试验。诚然,根据上诉法院的调查结果(并未受到质疑),热浸试验不能保证玻璃板不含硫化镍夹杂物。然而,这并不意味着双方为已被明确表达出的玻璃外墙的功能匹配性设置了其他的前提或约定。相反,极有可能的是,原告选择的设计无法实现其明确想要实现的功能。

如果这种变化涉及发包人显然不想承担的风险,而承包人也不想承担这种风险,则必须根据合议庭的既定判例,向发包人指出这一点,并与之在合同中约定排除该风险。[①] 合议庭正是根据约定的履行是否能够实现符合合同要求的功能这一情况作出裁决。[②] 如果合同中约定的功能明显有风险或无法通过所述的执行方式实现,承包人不能让发包人处于不知情的状态,并且在风险已经实现的情况下,可以选择特定的执行方式,即使会导致约定的功能的匹配性与发包人所想象的不同。

c) 在此基础上,是否合规实施热浸测试并不重要。此外,即使经过合乎规范的热浸测试,仍存在安全风险。因此,瑕疵的确定与在专

[①] BGH, Urteil vom 17. Mai 1984-VII ZR 169/82, BGHZ 91, 206, 213; Urteil vom 11. November 1999-VII ZR 403/98, BauR 2000, 411, 413＝NZBau 2000, 74.

[②] BGH, Urteil vom 16. Juli 1998-VII ZR 350/96, BGHZ 139, 244, 247; Urteil vom 4. Juni 2009-VII ZR 54/07, BGHZ 181, 225, 230.

业圈中是否已知(也就是原告聘请的专家雇员或外部顾问中是否已知)无关。

(4)基于约定的外墙应当具备完全排除硫化镍夹杂物玻璃的风险功能,被告制作的外墙存在着瑕疵,因为安装的 3000 多块玻璃板中的每一块都存在因硫化镍夹杂物而爆裂的风险。尚未更换的玻璃板中有可能未含有硫化镍夹杂物。然而,根据上诉法院未被提出异议的裁决,这只能通过已损坏的玻璃板来确定。因此,外墙的断裂强度仍然存在不确定性,根据合同约定的功能,外墙的破损程度属于被告的风险范围。不能期待原告继续等待是否会发生更多的玻璃破裂,因为这对路人的生命和身体构成了相当巨大的风险,而其对此负有责任。

2. 然而,根据已确定的瑕疵,原告无法行使发包人的有瑕疵时的权利,因为不可能消除瑕疵

(1)根据上诉法院的调查结果(未受到质疑),在技术上无法保证完全排除硫化镍夹杂物。出现了《德国民法典》第 275 条第 1 款所描述的永远客观不可能(Dauerhafte Objektive Unmöglichkeit)的情况。因此,约定的功能是无法实现的。原则上,障碍发生的时间点对这种评估具有决定性意义。① 根据专家的陈述,十年时间将会实际上排除破损的可能性,但这一事实并不能阻碍永久不可能的认定。暂时的履行障碍(Zeitweiliges Erfüllungshindernis)应等同于永久性障碍,当合同目的的实现因暂时不可能而受到阻碍时,不能期待合同双方在合理地权衡了利益后,仍能够按照诚信原则遵守合同。② 由于原告关注的是排除因玻璃板中的夹杂物而导致的破损风险,以避免成为使用该建筑物的人和行人的危险源,让其等待十年看是否会出现这种情况是不可期待的。被告的主张可能与这一平衡结果(Abwägungsergebnis)相矛盾,因此主张不合理。

(2)给付不能(Unmöglichkeit)的后果是,丧失履行请求权以及事后补充履行请求权(《德国民法典》第 634 条第 1 款、第 635 条第 1 款)和自行除去瑕疵(Selbstvornahmerecht)并请求偿还必要费用权,包括

---

① BGH, Urteil vom 11. März 1982 VII ZR 357/80, BGHZ 83, 197, 200.
② Ibid.

根据《德国民法典》第 634 条第 2 款、第 637 条提出的预付款要求。①因此,原告不能要求将玻璃板换成其他玻璃板,即使合规地进行了热浸试验,也会有破损的风险,故不符合"约定的功能"。根据相关的确认判决,任何一种类型的履行或符合各方利益的事后补充履行都是不可能的。

3. 然而,根据《德国民法典》第 634 条第 4 款、第 311a 条第 2 款的规定,原告有权请求损害赔偿

由于上诉法院没有就《德国民法典》第 634 条第 4 款和第 311a 条第 2 款中的损害作出必要的确认,因此,上诉判决必须全部撤销,也就是说,关于瑕疵造成的间接损害的宣告性判决要求,只要该判决对被告不利,就必须将该问题发回上诉法院重新审理和裁定。对于新的听证会,合议庭指出了以下几点:

(1) 当事人应当有机会根据《德国民法典》第 311a 条第 2 款提出主张。应注意:

a)《德国民法典》第 311a 条第 2 款规定的损害赔偿的义务(Schadensersatzpflicht)通常也包括对间接损害的补偿。② 根据立法者在构建《德国民法典》第 311a 条第 2 款时的意图③,其意欲用《德国民法典》第 311a 条第 2 款取代第 280 条,成为独立的请求权基础,因此没有必要就间接损害诉诸这一条款。

b) 因此,《德国民法典》第 311a 条第 2 款中的过错标准(Verschuldensmaßstab)统一适用于所有的损害事由。因此,只有在被告没有意识到存在硫化镍夹杂物的风险,并且对这种无知不负责任的情况下,才能排除被告的责任。如果在这种背景下,被告是否承担无过错责任仍有争议的话,就应当举行进一步的听证,使得上诉法院有机会再次就关于是否可以从《总承包协议》第 1.8.7 条中得出被告

---

① BGH,Urteil vom 23. November 2000 VII ZR 242/99,BauR 2001,425,426 = NZBau 2001,97.

② Staudinger/Löwisch/Feldmann, BGB, Neubearbeitung 2013, § 311a Rn. 40; MünchKommBGB/Ernst, BGB, 6. Aufl., § 311a Rn. 65; Erman/Kindl, BGB, 13. Aufl., § 311a Rn. 8; Ball, ZGS 2002, 49, 51 f.; a. A. Jauernig/Stadler, BGB, 15. Aufl., § 311a Rn. 13; Dötsch, ZGS 2002, 160, 161 f.; Ehmann/Sutschet, JZ 2004, 62, 70.

③ BT-Drucks. 14/6040 S. 166,linke Spalte.

对玻璃外墙的约定品质承担无过错责任的问题进行裁定。在这样做的时候,它必须考虑到由于瑕疵导致的损害赔偿的前提条件在《总承揽协议》第13.7条中有规定,并且必须以被告有过错为前提。《总承揽协议》第1.8.7条的例外情况排除了第13条。因此,《总承揽协议》第13.7条不适用于对所用建筑材料与物质的瑕疵承担责任这一核心区域。此外,对于被告人而言,其难以辨认这种关联性,因为是原告向被告提供了合同。

(2)根据被告提出的意见,原告的顾问应当知悉即使正确地进行了热浸泡试验,仍然存在一定的风险,上诉法院将不得不考虑是否应将共同过失(《德国民法典》第254条)归咎于原告。

(申柳华　译)

判例三

判断建设工程合同中有瑕疵的隔音效果；公认技术规定作为验收时点的最低标准；德国工业标准规范的法规范质量和有条件的说服力

《联邦最高普通法院民事判决选》第139卷，第16页以下
BGHZ139,16

【要旨】

（1）应当通过合同解释探究当事人负有保障什么样的隔音效果（Luftschallschutz）。如果特定的隔音标准被明确约定，或者至少通过合同约定的执行来达到，则当没有达到这些效果时，工程给付是有瑕疵的。

（2）如果不存在这样的约定，则当工程给付不符合验收时点作为合同最低标准的公认技术规定时，工程给付通常是有瑕疵的。

（3）德国工业标准规范（DieDIN-Normen）不是法律规范，而是带有推荐属性的私人技术规则。其可以符合公认的技术规定或者低于公认的技术规定。

【主文】

根据原告的上告，慕尼黑州高等法院第十三民事合议庭于1997年3月4日作出的判决被撤销。

本案发回上诉法院另行审理并作出裁判，包括就上告程序的费用另行审理并作出裁判。

【事实】

一

原告声称建设工程存在隔音瑕疵,由此要求被告消除瑕疵并赔偿鉴定费用。

二

原告从被告那里购买了由被告建造的楼房公寓。这些楼房公寓于 1988 年和 1989 年完成了设计和建造。该集体财产于 1990 年 2 月 1 日被验收。原告发现其中存在瑕疵,即在这些楼房公寓中可以听到来自附近住房的具有干扰性的细小声音。住房的隔墙和天花板没有达到隔音的最低标准。被告认为这些住房有足够好的隔音效果。被告还认为这些房子符合应当被适用的《1984 年版德国工业标准 4109》(DIN4109/1984)的要求。

三

州法院支持了原告的诉讼请求,上诉法院驳回了原告的诉讼请求。原告在就此提起的上告中继续坚持其请求。

【判决理由】

支持上告。其导致待处理的判决被废止,并将本案发回上诉法院重新审理。

一

上诉法院认为住房的隔音没有瑕疵。双方当事人没有提出应当执行被提高的隔音标准的协议。对于建设工程计划适用《1984 年版德国工业标准 4109/1984》(DIN4109/1984)而不是《1989 年版德国工业标准 4109/1989》(DIN4109/1989)。根据专家的解释,不能认为《1989 年版德国工业标准 4109/1989》仅仅是对长期以来通用的技术状态的调整,建设工程参与者在计划和建造建设工程时就必须将该技术状态考虑在内并加以注意。专家们没有预料到 1984 年标准草案的数值会提高。从技术角度看,在判断声音技术测量结果时须以《1984 年版德国工业标准 4109/1984》为基础。根据巴伐利亚州内政部 1991 年 2 月 23 日的介绍性法令,自 1991 年 5 月 15 日起,在提出建设工程申请时须以《1989 年版德国工业标准 4109》为隔音标准。

二

这在很大程度上经不起法律的检验。

尽管上诉法院认为,隔音程度首先应当按照当事人在合同中的约定进行判断。但其误认为验收的时点对于建设工程适用性的判断起到决定性影响,且单纯遵守德国工业标准规范并不意味着就符合公认的技术规则。

(1) 根据《德国民法典》第 633 条,被告负有如下义务,即建设具有所允诺的品质并且不具有对于通常或合同约定的用途来说价值和适用性不存在或被减损等缺陷的承揽物,即。依据审判委员持续的判决[1],承揽人负有使承揽物达到标准(也可能被提高)隔音效果的义务,并应当通过合同解释进行判断。如果特定的隔音标准被明确约定,或者通过合同约定的执行而达到,则当工程未达到这些约定的标准参数时,承揽给付就有瑕疵,而不用考虑当时公认的技术规定的水平。

根据上诉法院的认定,双方当事人并没有提出明确的有关执行高标准的隔音效果的协议。诚然,原告援引了在独立举证程序中鉴定人 M. 发表的鉴定意见,该鉴定意见得出的结论是,如果更仔细地执行建设工程作业,则可以达到比实际隔音效果更好的效果。废止上诉法院的判决并将本案发回上诉法院给了当事人补充说明是否可从中推断出特定的隔音效果作为合同要求的机会。

(2) 如果上诉法院没有对此作出认定,则取决于承揽物是否以如下方式被建造出来,即不具有对于通常用途来说适用性不存在或被减损的缺陷。

因此,公认的技术规定具有显著意义。定作人可以真诚地期望在完成和验收的时点,承揽物符合可比较的其他同时期完成和验收的建

---

[1] Urteile vom 19. Januar 1995-VII ZR 131/93＝BauR 1995, 230＝ZfBR 1995, 132; vom 24. April 1997-VII ZR 110/96＝BauR 1997, 638＝ZfBR 1997, 249; vom 30. April 1998-VII ZR 47/97.

设工程的质量标准和配备标准。经营者通常在合同缔结时以默示的方式允诺会遵守这些标准。因此,工程标准通常取决于验收时点的公认技术规定。

上诉法院对此没有足够重视。其部分地提到了巴伐利亚州内政部的介绍性法令,但该案具有决定性的依据并不是公法上被确定的要求。此外,上诉法院没有注意到验收时间,而是以计划和建造建筑物的时点为基础,因此不能支持上诉判决。

(3) 上诉法院关于适用德国工业标准规范的考虑在法律上也是错误的。其误解了德国工业标准规范以及公认技术规定的概念这两者的法律属性和意义。

a) 德国工业标准规范并非法律规范,而是具有推荐属性的私人技术性规则。[①] 上诉法院轻易地认定德国工业标准规范是无瑕疵的,事实上赋予了德国工业标准规范本身不具有的法规范属性。

b) 就何为公认的技术规定这一问题,上诉法院同样作出了错误的判断,就像鉴定人 F 所认为的那样,主要看什么是现行的德国工业标准规范。

具有决定性的依据并非现行有效的德国工业标准规范,而是在验收的时点建设工程作业是否符合公认的技术规定。德国工业标准规范可能符合公认的技术规定,或者低于公认的技术规定。在该案中,显然《1984年德国工业标准 4109/1989》中的住房隔墙和天花板的隔音标准不再符合公认的技术规定。

三

因为待处理的判决是基于上述适用法律错误而作出的,故其须被撤销。本案须发回上诉法院另行审理并作出裁判。

(孙鸿亮 译)

[①] BGH, Urteil vom 6. Juni 1991-I ZR 234/89=NJW-RR 1991, 1445, 1447; Klein, Einführung in die DIN-Normen, 10. Aufl. 1989, S. 13; Dresenkamp, Die allgemeinen Regeln der Technik am Beispiel des Schallschutzes SchlHA 1994, 165, 166.

判例四

合同缔结至受领期间一般公认技术规则的变更；承包人的信息义务；发包人的选择权；承包人拒绝履行时发包人预付款请求权的前提条件

《联邦最高普通法院民事判决选》第 217 卷,第 13 页以下
BGHZ,217,13

【要旨】

(1) 承包人基于《通则 B》第 13 条编号 1 原则上负有遵守一般公认技术规则直至受领时点的义务。这也适用于在合同缔结至受领期间对一般公认的技术规则进行改变的情形。

(2) 在这种情形下,承包人须定期向发包人告知一般公认技术规定的变更以及与之相伴随的建设工程的结果和风险,除非发包人对此明知或者能够根据当时的情形推知。

发包人此后通常拥有两种选择。

发包人一方面可以选择要求承包人遵守新的一般公认技术规则,后果是发包人需要承担双方缔结合同时更加昂贵的制造程序。如果还需要提供报酬合意所未包含的给付,则承包人通常可以要求基于《通则 B》进行报酬调整。

发包人另一方面还可以选择要求承包人不遵守新的一般公认技术规则,从而避免建设施工成本的增加。

(3) 根据《通则 B》第 8 条编号 3 第 1 款和编号 5,基于《通则 B》第 4 条编号 7、第 8 条编号 3 第 2 款第 1 句,请求权原则上以发包人的书面解除声明为前提条件。在承包人严肃而明确地拒绝给付的情形中,

要求预付款的发包人至少要默示地表达其欲终止与承包人订立的合同。①

【主文】

根据被告的上告,斯图加特州高等法院第十民事合议庭于 2014 年 2 月 25 日作出的判决在费用承担方面以及在对被告不利的限度内被撤销。

本案被发回上诉法院,在被撤销的范围内重新进行审理并作出裁判,包括对上告的费用进行审理并作出裁判。

【事实】

原告要求被告支付预付款以消除瑕疵。

基于被告于 2007 年 3 月 14 日发出的附带《通则 B》的要约,原告仍于 2007 年 3 月委托被告——对已于 2006 年 7 月订立的合同进行了修改——在 G 地区以 770000 欧元(包含增值税)的固定价格建造三个镀锌钢结构的带有斜面屋顶的大厅。建筑说明中规定大厅的雪荷载(Schneelast)为 80 千克/平方米,这符合《德国工业标准 1055—5(1975 年)》[DIN1055—5(1975)]和 2006 年被授予的建筑工程许可。根据修订后的、被引入进来对 2007 年 1 月 1 日后提出许可申请的建设工程计划起到约束和监督作用的、在 2005 年提前于白皮书公布的《德国工业标准 1055—5(2005 年)》所规定的技术预给定参数,在 G 地区采用 139 千克/平方米的雪荷载。

被告于 2007 年 8 月前搭建了大厅。在实施预先规划的屋顶光伏设备安装的企业由于屋顶结构向下弯曲而提出担忧之后,原告要求被告对屋顶结构进行加固。但被告并没有按照原告的要求行动,其于 2008 年 6 月 30 日开具了最后一张发票,并于 2008 年 7 月 1 日通知原

---

① BGH, Urteil vom 12. Januar 2012, VII ZR 76/11, BGHZ 192, 190 Rn. 9; Versäumnisurteile vom 9. Oktober 2008, VII ZR 80/07, BauR 2009, 99 Rn. 16 = NZBau 2009, 173 und vom 5. Juli 2001, VII ZR 201/99, BauR 2001, 1577, juris Rn. 6 = NZBau 2001, 623; Urteil vom 20. April 2000, VII ZR 164/99, BauR 2000, 1479, 1481, juris Rn. 21 = NZBau 2000, 421.

告已经完成整个项目。原告拒绝了按照规定的受领。

原告基于由其开启的独立证明程序中所获得的专家鉴定意见估计消除瑕疵的总费用大约为 856800 欧元。就此,原告认为被告负有在符合《德国工业标准 1055—5(2005 年)》预先规定的 139 千克/平方米的雪荷载标准的同时对屋顶结构进行加固的义务。在从承揽报酬债权中扣除了存留款之后,原告起诉了被告,要求法院判令被告支付总额为 518849.24 欧元的预付款。

州法院在主债权的全部范围内支持了原告的诉讼请求。对于被告的上诉,上诉法院部分修改了一审法院的判决,判令被告支付原告 382049.24 欧元,驳回了原告其他的诉讼请求。随着上告被合议庭受理,被告力求完全驳回原告的诉讼请求。

【判决理由】

上告导致上诉判决被撤销,且导致此案件被发回上诉法院重新审理。

一

上诉法院认为:

无论大厅的稳定性是基于 80 千克/平方米的雪荷载,还是基于 139 千克/平方米的雪荷载进行计算,被告建立的大厅都是有瑕疵的。因为即使采用 80 千克/平方米的雪荷载标准,还是存在危及大厅稳定性的建筑瑕疵。

有效的预付款请求权的基础为《通则 B》第 4 条第 7 款和第 8 条第 3 款第 2 项第 1 句。因为建设工程未被受领,发包人据此有权获得完成与(或)消除瑕疵所必要的费用和依据合同须向承包人支付的剩余报酬之间的差额。这些费用是根据对大厅进行加固,使其符合 139 千克/平方米的雪荷载标准计算出来的。

依据《通则 B》第 13 条第 1 款,承包人须在受领的时点使发包人获得没有物之瑕疵的给付。如果给付具有约定的性质且符合公认的技术规定,则给付在受领的时点是没有物的瑕疵的。由于承包人迄今为止既没有进行过受领,存在的瑕疵也没有被消除,因此,须将哪些要求作为执行瑕疵消除措施的基础,取决于最后一次口头辩论终结的时点。

在上诉法院,2010年为最后一次口头辩论终结的时点,《德国工业标准1055—5(2005年)》被视为公认的技术规定。

与此并不矛盾的是,依据当事人的约定,只有80千克/平方米的雪荷载才是决定性的,这也符合《德国工业标准1055—5(1975年)》的标准。毫无疑问的是,就当事人之间的合同缔结而言,其并未提及可以不严格执行公认的技术规定。就此,当事人之间就80千克/平方米的雪荷载达成的明确合意虽然可以作如下理解,即被告所负担的给付由此被确定,但是不可以理解为当事人之间就可以不严格执行有效的技术规定达成了合意。

预付款请求权的形式要件已经得到满足。诚然,《通则B》原则上以带有撤销委托之威胁的期限设置为前提条件,且之后并未发生委托被撤销的法律效果。然而,如果承包人严肃而终局地拒绝根据合同完成工作任务,则根据联邦最高普通法院的判决,这是不必要的。在被告于2022年4月12日发出的诉讼授权的电子邮件中存在这样的严肃而终局的对于根据合同完成工作任务的拒绝,该工作任务包含着在此时点对139千克/平方米雪荷载的考量。

原告据此有权要求预付费用,从而采取措施以使大厅能承受住139千克/平方米的雪荷载,尽管双方当事人就具有决定性的80千克/平方米的雪荷载达成了合意。然而,原告所享有的这一好处并不会导致在考虑到本来就要支出的费用的情形下原告请求权的削减。承包人不用承担的本来就要支出的费用是指对于采取如下措施要支出的费用,即承包人依据合同本来不必采取该措施,且如果从一开始就按照规定执行承揽工作而不采取该措施,承揽物的价值会更高。然而,本案中并不存在这样的情况。因为如果被告从一开始就无瑕疵地提供了给付,那么为了达到139千克/平方米的雪荷载标准而产生的更多费用就不会发生。事实上,其他于2007年基于80千克/平方米的雪荷载标准实施的无瑕疵的建设工程,并不会因为《德国工业标准1055—5(2005年)》的要求已经发生了变化,被告的给付就存在瑕疵。被加强的要求并不适用于基于在2007年1月1日前被提出的建筑工程许可申请而被实施的建设工程计划。在《德国工业标准1055—5(2005年)》最迟自 2010 年起被视为公认的技术规定后,情况才发生了改变。

此外,在利益平衡方面,原告的请求权的削减不被考虑。被告没有说明通过加固大厅使得原告财产上的财产利益增加了多少。

因为原告有权进行进项预付税额抵扣,在此期间其只有权获得净总额为 382049.24 欧元的、作为预付款的、预计的瑕疵消除费用。

二

这经不起法律的检验。根据上诉法院给出的理由,不应当支持原告如此高数额的预付款请求权。

(1)上诉法院确认原告迄今为止没有受领过建设工程。

上诉法院进一步确认,《德国工业标准 1055—5(2005 年)》中有关建设工程雪荷载标准的规定至迟自 2010 年起成为一般公认技术规定。因此,在 G 地,承包人至迟自该时间点起应当采取 139 千克/平方米的标准进行计算。

合议庭审查了就此提出的程序责问,并认为这些质疑没有说服力,依据为《德国民事诉讼法》第 564 条第 1 句。

(2)然而,上诉法院基于这些确认作出的解释,即上诉法院认为依据合同被告应当按照至迟于 2010 年生效的一般公认技术规定以 139 千克/平方米的雪荷载标准建设大厅,而不是按照合同中所约定的 80 千克/平方米的雪荷载标准建造大厅,这样的解释受到适用法律错误的影响。

意思表示的解释原则上是事实审法官所处理的事务。上告法院应当审查上诉法院是否存在对于法定解释规则、公认的解释原则、其他的经验规则或者逻辑规律的违反,或者解释是否是基于程序错误作出的。公认的解释原则包含按照双方当事人的利益解释合同的原则。[①]上诉法院没有对该标准进行充分考量。

a)在出发点上,上诉法院认为,在《通则 B》合同框架中的承包人,依据《通则 B》第 13 条第 1 款负有在受领的时点交付符合约定的品质

[①] BGH,Urteile vom 31. August 2017-VII ZR 5/17,WM 2017,2169 Rn. 24;vom 22. Oktober 2015-VII ZR 58/14,NZBau 2016,213 Rn. 15 f.,und vom 5. März 2015-IX ZR 133/14,BGHZ 204,231 Rn. 21.

以及一般公认技术规定的建设工程的义务。

然后,遵守一般公认技术规则并不取决于在公法上是否对建设工程作业提出了更低的要求。建设工程在公法上被许可且允许投入使用的情况,并不会影响承包人须遵守一般公认的技术规定所反映出的通常的(更高的)质量和安全性要求。

依据《通则 B》第 13 条第 1 款,具有决定性的是受领时点的一般公认的技术规则。[1]

这也适用于在合同订立和受领之间一般公认技术规定发生变更的情形。在这样的情形中,承包人须向发包人告知一般公认技术规定发生变更以及与之伴随的实施建设工程作业的结果和风险。除非发包人表示明知,或者由具体情形可以推断相关结果或风险,否则根据诚实信用原则,对于建设工程合同所作的符合双方当事人利益的理解将导致发包人享有两个选择。

发包人一方面可以要求承包人遵守新的一般公认技术规定,其结果是相较于合同缔结时双方当事人所计划的程序,为了建造该建筑需要一个成本更高的程序,或者须对一个已经竣工的建筑进行加工后再受领。以对工程中没有被报酬协议所包含的给付是必要的为限,通常情况下承包人可以依据《通则 B》要求进行报酬调整。

发包人另一方面还可以拒绝遵守新的一般公认技术规定以及与此相关的可能的建设工程计划的成本增加。

b) 根据联邦最高普通法院的判决,当事人可以在缔结合同的时候达成协议,根据该协议,建筑工程作业不符合当前或未来的一般公认技术规定,只要这些规定的引入已经是可预见的。这要求承包人向发包人指明一般公认技术规定的意义以及不遵守这些规定将导致的后果和风险,除非发包人对此明知或者由具体情形可以推断出来。如果发包人对相关情况并不知晓,则发包人对于不符合一般公认技术规定

---

[1] Kapellmann/Messerschmidt/Weyer, VOB Teile A und B, 5. Aufl., §13 VOB/B Rn. 55 f.; Beck'scher VOB/B-Kommentar/Ganten, 3. Aufl., §13 Abs.1 Rn. 77; Leinemann/Schliemann, VOB/B, 6. Aufl., §13 Rn. 35 ff.; Kniffka in Kniffka/Koeble, Kompendium des Baurechts, 4. Aufl., 6. Teil Rn. 35; Messerschmidt/Voit/Drossart, Privates Baurecht, 2. Aufl., §633 BGB Rn. 32; BGH, Urteil vom 14. Mai 1998-VII ZR 184/97, BGHZ 139, 16, 19 juris Rn. 11.

的同意通常不被考虑。① 当事人也可以在合同成立后达成这样的协议。

c) 如果上诉法院仅仅因为双方当事人为了缔结合同,而没有就偏离一般公认技术规定的 80 千克/平方米的雪荷载的作业标准达成明确合意而否定这样的协议,则该解释没有考虑到实质性的、符合双方当事人利益的情况。

上诉法院在解释的时候没有充分考虑在上告程序中作为基础的、已经得到部分证明的被告的陈述。依据该陈述,80 千克/平方米的雪荷载标准基于当事人明确的合同磋商达成一致,在该磋商过程中具备专业知识的原告及其建筑师和结构工程师已经知道《德国工业标准 1055—5(2005 年)》中雪荷载标准的预定参数值发生了变化。鉴于原告财务拮据,对原告来说至关重要的是能够采取公法尚且许可的并且成本明显较低的建筑方法,依据《德国工业标准 1055—5(1975 年)》,该建筑方法规定了 80 千克/平方米的雪荷载标准。相应的,相关人员在施工会议上讨论了新的雪荷载标准,并未要求对建设工程作业进行变更。基于该陈述可以发现,原告不需要被告说明雪荷载标准的意义以及按照《德国工业标准 1055—5(1975 年)》规定的较低的雪荷载标准达成协议所伴随的结果和风险,因为这对于原告来说是已经掌握的信息,且原告在知晓该具有决定性意义的情况后出于成本的考量与被告就建设工程作业达成了合意。

(3) 从出发点来看,上诉法院在缺少受领的情形基于《通则 B》第 4 条第 7 款和第 8 条第 3 款第 2 项第 1 句支持了预付款请求权。② 当然,上诉法院认为在该请求权的框架内原告的解除表示并非必要,这一观点受到了适用法律错误的影响。

根据《通则 B》第 8 条第 3 款第 1 项和第 5 款,《通则 B》第 4 条第 7 款、第 8 条第 2 款第 2 项第 1 句规定的请求权原则上以发包人的书面解除通知(Schriftliche Kündigungserklärung)为前提条件。当然,当

---

① BGH, Urteil vom 7. März 2013-VII ZR 134/12, BauR 2013, 952 Rn. 15 = NZBau 2013, 295; Urteil vom 4. Juni 2009-VII ZR 54/07, BGHZ 181, 225 Rn. 14; Kniffka in Kniffka/Koeble, Kompendium des Baurechts, 4. Aufl., 6. Teil Rn. 37.

② BGH, Urteil vom 20. April 1989-VII ZR 80/88, BauR 1989, 462, 464, juris Rn. 15。

承包人严肃而终局地拒绝履行时,基于《德国民法典》第 242 条规定的诚实信用原则,联邦最高普通法院应当认为发包人的解除通知是不必要的。联邦最高普通法院对解除通知的不必要性进行了说理,认为承包人通过其终局的拒绝失去了履行合同的权利,从而使得有关不再继续实施建设工程的情况变得清晰。① 合议庭不是无限制地坚持这一判决。承包人失去履行合同的权利本身并不会限制发包人坚持要求承包人履行合同以及在必要时提起给付之诉的权利。根据《通则 B》第 4 条编号 7、第 8 条编号 3 第 2 款第 1 句规定的请求权,除了承包人严肃且终局地拒绝履行外,发包人的、与该规定所追求的目的相适应的、使情况变得清晰的行为也是必要的。要求预付款的发包人至少以默示的方式表达其打算与承包人终止合同关系就属于这种情形。

三

因为作出终局裁判的时机尚未成熟,所以将本案在被撤销的范围内发回上诉法院重新审理并作出裁判,依据为《德国民事诉讼法》第 563 条第 1 款第 1 句。上诉法院必须作出必要的认定。

在此范围内合议庭预先作出如下指引:

如果上诉法院在澄清后仍然得出结论,认为存在预付款请求权的前提条件,且考虑到 139 千克/平方米的雪荷载标准,被告负有建设大厅的债务,那么须审查斟酌本来就要支出的费用,原告的请求权应当被削减多少。根据上诉法院给出的理由,削减是不能被否认的。

(1) 如果当事人在合同中除了约定承揽结果,根据发包人的要求还约定了特定的建设类型,则承包人只有按照该特定的建设类型施工才会定期得到协议报酬。如果承包人为了达到约定的承揽结果而额外支出了未被报酬协议所涵盖的建设费用,则给付与对待给付之间的等价关系(Äquivalenzverhältnis)遭到了破坏。在《通则 B》的合同框架内,《通则 B》第 1 条第 3 款和第 4 款、第 2 条第 5 款和第 6 款中的规

---

① BGH, Urteil vom 12. Januar 2012-VII ZR 76/11, BGHZ 192, 190 Rn. 9; Versäumnisurteile vom 9. Oktober 2008-VII ZR 80/07, BauR 2009, 99 Rn. 16 = NZBau 2009, 173 und vom 5. Juli 2001-VII ZR 201/99, BauR 2001, 1577, juris Rn. 6 = NZBau 2001, 623; Urteil vom 20. April 2000-VII ZR 164/99, BauR 2000, 1479, 1481, juris Rn. 21 = NZBau 2000, 421.

则对此创造了一个平衡。据此,发包人可以就完成承揽结果所必要的额外建设费用作出允诺。承包人由此享有根据《通则B》第2条第5款或第6款确定的补充报酬,或者在缺少发包人允诺的情形下,享有根据《通则B》第2条第8款确定的补充报酬。如果在这样的情形中,对于赔偿措施框架中可预见的将要支出的累积消除瑕疵费用的预付款请求权的构成要件得到满足,则本来就要支出的费用框架内的额外建设费用须被考虑。在《通则B》第4条第7款、第8条第3款第2项第1句规定的请求权或者在瑕疵消除请求权的框架内,没有理由将发包人置于更优越的地位。[①] 据此,适当地执行建设工程作业使得建设工程自始价值就更高的额外支出费用须作为本来就要支出的费用被考虑。

(2) 如果在确定所负担的承揽结果时须考虑在受领前发生的一般公认技术规则的变化,且对于达到承揽结果所必要的额外建设费用没有被约定的报酬所涵盖,则这同样适用。在此情形下,根据《通则B》第1条第3款和第4款、第2条第5款和第6款,或者考虑到本来就要支出的费用,对此累积的费用也须由发包人承担。

(3) 如果上诉法院进一步得出结论,合同约定的报酬只涉及80千克/平方米的雪荷载标准,则应当拒绝接受上诉法院的如下观点,即考虑到本来就要支出的费用应当削减预付款请求权,因为在2007年建立能承受80千克/平方米雪负荷标准的无瑕疵的大厅而不用支出额外的建设费用是无法做到的。就此以下观点是错误的,即考虑到原告要求的消除瑕疵,原告应当获得能承受139千克/平方米雪负荷标准的建筑物,但对于该建筑物,原告由于没有给付原报酬协议中的额外建设费用自始就须支付更多的报酬。

(孙鸿亮 译)

[①] BGH, Urteil vom 25. November 1999-VII ZR 468/98, BauR 2000, 571, 573, juris Rn. 18=NZBau 2000, 131; §4 Nr. 7, §8 Nr. 3 Abs. 2 Satz 1 VOB/B (2006); BGH, Urteile vom 27. Juli 2006-VII ZR 202/04, BGHZ 168, 368 Rn. 25; vom 17. Mai 1984-VII ZR 169/82, BGHZ 91, 206, 209 ff., juris Rn. 17 ff., und vom 22. März 1984-VII ZR 50/82, BGHZ 90, 344, 348, juris Rn. 34.

判例五

确定一个店铺是否适合作为咖啡馆

《联邦最高普通法院新法学周刊》2001年第3476页以下
BGH,NJW2001,3476

【要旨】

店铺通常的使用用途（Die Eignung zum Gewöhnlichen Gebrauch）应在遵守诚信原则的前提下根据一般的商业用途来确定，并考虑当地具体情况。

【主文】

根据原告的上告，上诉法院第二十四民事审判庭于1999年1月18日所作的判决被撤销。

该案件以及涉及上告程序的费用问题被发回上诉法院重新审理和裁决。

【事实】

原告要求撤销一份建设工程合同，并要求法院宣布不对其进行强制执行(Zwangsvollstreckung)。

根据1994年12月28日的公证合同(Notariell Beurkundeter Vertrag)，原告以797117马克的价格获得了一个尚未建成的住宅和商业综合体的部分所有权(Teileigentum)一个停车位的完全所有权(Sondereigentum)。该部分所有权在合同中被指定为商店，在分割声明所附的计划中被标记为1号商店。根据分割声明(Teilungserklärung)

所附的社区条例（Gemeinschaftsordnung），部分所有权单位可用于"商业用途，包括餐饮"。购房合同中附有一张地面草图（Grundrißskizze），并写明"1号店建议作为咖啡馆使用"。该建筑于1996年11月1日准备就绪供人使用。在无须提供证据证明分期付款到期的情况下，被告可以对约定的购买价格进行强制执行。

原告于1997年5月21日以所谓的瑕疵为由拒绝接受该房。根据上诉法院的说法，原告给被告设定的补救瑕疵的最后期限为1997年6月20日。被告于1997年9月初首次向主管建筑监管部门（Bauaufsichtsamt）申请将1号店用作咖啡馆。1997年10月底，它被批准作为一个咖啡馆使用，其中最多可以放置四张桌子，每张桌子可以有四个座位，并且该咖啡馆可以设置四个站位。

原告要求被告偿还已经支付的601823马克的部分购房款，并要求被告宣布不对原告因雇用木工和玻璃工而产生的分期付款进行强制执行。双方争论的焦点是，被告建造的应用于餐饮业的店铺是否有瑕疵。原告在前两审中的请求均被驳回，因而提出上告。

【判决理由】

上告成功。前两审的判决被驳回，并将该案发回上诉法院重新处理。

一

原告在上诉中首次提出，1994年12月28日的合同是无效的，因为公证员没有对该合同进行完整适当的公证。就此，他指出在合同所附的分割声明中的建筑说明中提到了"P.办公室的土地调查"。在公证合同时，该土地调查结果并没有被出示。由于这一公证瑕疵，在临时禁令（Einstweilige Verfügung）程序中被告被禁止将土地登记簿上登记的土地部分所有权转让给原告。在主诉讼程序中，地方法院就合同的无效性问题指出这一法律纠纷具有优先权。

合议庭应对这一争议点进行裁决（《德国民事诉讼法》第561条第1款）。双方的购买合同及其附件可供查阅，然而，建筑说明中提到的土地调查报告却没有被出示。因其内容是首次在上诉程序中提交的，且作为一个新的事实材料与本裁决不相关，所以合议庭不能评估公证程序是否完整。

二

上诉法院根据双方提交的信息对合同进行了解释，大意是双方共同打算将店铺作为咖啡馆、小酒馆或冰激凌店等小型规模的餐饮店铺。原告宣称其已与被告达成一致，可以在更大范围内提供热食等餐饮服务，但这一点并没有在双方提交的信息和原告描述的合同谈判过程中得以体现。在任何情况下，该店铺使用范围都是明确的，因为根据分割声明，该商店的总面积只有103.4平方米。

合议庭对上告的反对意见进行了审查，即在对合同的解释是正确的情况下，被告应提供一个可以完全用于提供任何餐饮服务的店铺，但是合议庭并不认为此反对意见是有效的。合议庭对此无须给出理由（《德国民事诉讼法》第565a条）。

三

上诉法院根据《德国民法典》第635条拒绝了原告的赔偿请求。原告在1997年6月6日的一封信中指出了具体的瑕疵，并要求被告在1997年6月20日的最后期限前对这些瑕疵进行补救，然而未果。被告将出售的店铺作为咖啡馆、小酒馆或冰激凌店来建造，没有任何瑕疵。虽然建筑监管部门在1997年10月底才批准该店作为咖啡馆使用，并对其使用设定条件限制，但是这种条件限制并不是一个瑕疵，因为双方没有就这一使用范围达成一致。合同签订后讨论的40个或36个座位的可能性，是原告的一厢情愿，被告只是对此发表了意见。

这并不能完全经得起法律的检验。

原告在1997年6月6日的信中并没有规定补救瑕疵的最后期限，只是要求被告在1997年6月20日之前声明其愿意这样做。这样的请求不符合《德国民法典》第634条第1句的要求。[①]

根据上诉法院的调查结果，设定一个期限并不是将合同转化为和解关系的必要条件，因为补救原告提出的瑕疵，即店铺可用性的不足

---

① BGH, Urteil vom 16. September 1999-VII ZR 456/98, BGHZ 142, 278.

是不可能的(《德国民法典》第634条第2款)。因此,法院对被告的行为是否构成明确的义务不履行,无须作出明确裁决。

原告认为,该店作为咖啡馆的可用性太低,因此该房屋有瑕疵。

根据《德国民法典》第633条第1款,房屋的瑕疵不得使其价值降低或降低其习惯用途或合同要求用途的适合性。根据上诉法院的解释,双方没有就可容纳客人座位的数量达成一致,也没有默认这是一个店铺用作咖啡馆的重要标准。然而,上诉法院并没有讨论最多允许20个客人座位的店铺是否适合作为咖啡馆的普通用途的问题。适合性应在遵守诚信原则的前提下根据一般的商业用途来确定,并考虑当地具体情况。上诉法院没有就餐厅的建筑面积与客人数量的比例是否有普遍接受的标准作出任何结论。由于个别联邦州规定,每位客人的餐桌座位应计算为1平方米,站立空间为0.5平方米,[1]因此不能由此计算得出一般情况下咖啡馆可以容纳的客人数量。该条例只确定了公法对于餐饮店铺的要求。

如果无法确定某个标准,也可以考虑对商业地产进行经济性评估。在这个方面,一个基本参考点是其盈利能力。原告认为,一个最多只有20个座位的咖啡馆是不盈利的。上诉法院需考虑此原告陈述。如果有必要,上诉法院也需对原告在上告中提出的其他瑕疵进行裁决。

四

上诉法院指出,原告申请要求宣布对公证合同不进行强制执行是没有法律根据的。如果原告参照联邦法院的判例援引该条款的无效性[2],则属于恶意行为(Treuwidrig),因为该判例是在口头听证会结束后才知道的。尽管商定的无限制强制执行声明无效,但被告仍有权根据实质性理由获得有争议的分期付款。因此,如果被告及时了解到联邦法院的判决,就可以通过交叉上诉(Anschlußberufung)的方式提出辅助性反诉(Hilfswiderklage),要求原告支付可执行的分期付款。如果原告可以从联邦法院在最后一次口头听证会后才知道的裁决中获

---

[1] §20 Abs. 3 GastBau VO NW-GV NW 1984 S. 4.
[2] Urteil vom 29. Oktober 1998-VII ZR 99/97, BGHZ 139, 387.

得没有客观理由的利益,那么这从诉讼程序上来说是不经济的。

这一点经不起法律的检验。

如果双方的合同在形式上是无效的,或者由于无法补救的瑕疵而被转化为和解关系,那么强制执行反诉仅可因这些理由获得成功。

就上诉法院拒绝原告关于因条款无效而宣布基于无限制强制执行声明而进行的强制执行无效的请求而言,这在法律上是错误的。这样一来,原告在口头诉讼结束后又在诉讼中引入了新的主题。① 上诉法院不允许在不重开口头诉讼的情况下对此进行裁决。

合议庭指出,上诉法院指责原告的行为是恶意的,程序经济性并不要求这一评估。从一开始,被告就想根据无效的赋予强制执行效力的条款来强制执行合同,但被告并没有这样做的权利。

(刘易洲　译)

---

① BGH, Urteil vom 14. Mai 1992-VII ZR 204/90, BGHZ 118, 229, 236.

判例六

承揽合同:履行辅助人欺诈性地隐瞒瑕疵

《联邦最高普通法院民事判决选》第 62 卷,第 63 页以下
BGH,BGHZ62,63

【要旨】

对承揽人的履行辅助人(Erfüllungsgehilfe)欺诈性地隐瞒瑕疵的问题进行解释。

【主文】

驳回被告对 1972 年 5 月 4 日哈姆地区高等法院第二十一民事审判庭判决的上告。

被告需承担上告程序的费用。

【事实】

原告的先前法律主体(Rechtsvorgänger)在 1956 年至 1960 年期间,在其位于霍尔大街 E-A 段(E-A,Höstraße)的房产上分四期建造了两座仓库。每个被告人都进行了一个施工阶段的砌砖和铺设钢筋混凝土工作(Maurer-und Stahlbetonarbeiten)。合同中约定,《德国民法典》和《通则 B》中的关于瑕疵担保的规定将适用于本合同。

截至 1960 年,原告对被告的全部工作进行验收,并将仓库的房间对外出租。

自 1967 年秋季以来,建筑物的混凝土柱和横梁越来越多地出现

不同程度的混凝土层剥落。此外,墙壁出现了裂缝。原告委托专家Ra和Ma对缺陷的原因进行调查。在1969年5月28日由专家出具的意见书中,Ma得出的结论是,这些缺陷是由于被告工作中的严重失误造成的,特别是在施工过程中钢嵌板的混凝土覆盖不足,从而导致其腐蚀进而出现混凝土层剥落。

1969年6月23日,原告向被告发送了专家Ma出具的意见书,并要求其在1969年9月20日之前对瑕疵进行补救,并警告被告,如果其在这一期限之前没有对瑕疵进行补救,将拒绝由被告对瑕疵进行补救。被告拒绝补救瑕疵,认为专家Ma出具的意见书的内容不正确,并认为诉讼时效已过。

在1970年1月提起的诉讼中,原告请求被告支付以下金额及利息,以赔偿补救瑕疵以及因专家出具意见书并从事其他辅助性工作所产生的费用:H公司支付59687.22马克,Sp公司支付50908.41马克,S和Wo公司支付85411.03马克,R公司支付50944.91马克。原告还请求法院认定,被告有义务赔偿其他由其造成的损失。原告指出,被告以欺诈方式向原告隐瞒了其工作的缺陷。被告必须考虑到被告的包工头知道工人的工作是"有问题的"。因此,对损害赔偿的请求没有超过诉讼时效。

被告否认其工人工作不当,并继续坚持诉讼时效已过。

地区法院驳回了该诉讼。地区高等法院裁决被告需支付以下金额以及相应的利息,并驳回了原告其余的请求。H公司支付38696马克,Sp公司支付27578马克,S和Wo公司支付52026马克,R公司支付19216马克。地区高等法院进一步认定,各被告有义务赔偿原告因其所建的支撑梁和横梁的钢筋嵌条的混凝土覆盖层存在瑕疵而造成的损失。

被告针对地区高等法院的判决提出上告并请求恢复地区法院的判决,原告请求驳回被告的上告。

【判决理由】

一

上诉法院根据专家希尔德(Schild)的解释指出,在这两栋楼所有的建筑物中,支撑梁和横梁的钢插件没有被充分覆盖混凝土,这一方式并不符合 DIN1045 规范①第 14 条第 3 项的规定,这导致了腐蚀和混凝土剥落。这一情况并不是受采矿或者其他环境公害的影响,而是因为被告的工人在浇筑混凝土时,至少有一部分没有在钢插板和模板之间放置间隔物(根据 DIN1045 规范第 11 条第 2 项,这一间隔物可以是混凝土块或者其他与混凝土块类似的物品),这些瑕疵出现在由被告负责的工作领域。上述情况已经满足了《德国民法典》第 634 条的前提条件,因为原告要求被告补救瑕疵,并为被告设定了最后期限并警告如果被告在这一期限之前没有对瑕疵进行补救,将拒绝由被告对瑕疵进行补救,但是原告的努力无果而终。根据《德国民法典》第 635 条,被告应向原告履行损害赔偿责任。

上诉法院的上述观点是没有法律错误的。

二

上诉法院认为,原告的损害赔偿请求没有超过诉讼时效。本案适用的不是 5 年的时效,而是 30 年的时效,因为被告欺诈性地隐瞒了至少有一部分混凝土的浇筑没有间隔物的事实(《德国民法典》第 638、195 条)。根据庭审取证的结果,被告的包工头意识到其工人(工人主要由铁工和模板工组成)在施工过程中犯了明显的工作错误,并对这一工作错误进行包庇隐瞒,以使工人们能够获得他们所寻求的更高的计件工资。根据《德国民法典》第 278 条,在作为被告履行辅助人的包工头知情的情况下,被告也应被视为对这一工作错误知情,因为被告请包工头来检查工人的工作,以便能够履行被告对原告的披露义务。这一义务并不因为包工头没有被委托向原告披露瑕疵而被排除。包工头应该将检查结果告知作为其雇主的被告,这样被告就可以根据包工头的汇报履行向原告的披露义务。

针对上诉法院这一观点提出的上告无法获得本院支持。

"欺诈性隐瞒"(Arglistiges Verschweigen)是指一个人如果知道

---

① 本判决中的 DIN 1045 德文全称为 Tragwerke aus Beton, Stahlbeton und Spannbeton DIN 1045,即《混凝土、钢筋混凝土和预应力混凝土结构 DIN 1045-1》,是一份建筑技术规范,由德国技术规范协会发布。(译者注)

某种情况对其合同方作出决定有着至关重要的影响,他虽然有义务真诚地披露这种情况,但却没有对此进行披露。①

上述欺诈性隐瞒的条件也适用于当事人雇用履行辅助人的情况,因此,如果履行辅助人欺诈性隐瞒该情况,则承揽人根据《德国民法典》第278条也被视为欺诈性隐瞒该情况。如果承揽人想利用履行辅助人来履行其对合同方的(瑕疵)披露义务,那么承揽人也应被视为自己欺诈性隐瞒该瑕疵。②

另一方面,参与工程的雇员知晓建筑物有瑕疵但对该瑕疵进行隐瞒,不能将此也归咎于承揽人向定作人对该瑕疵进行"欺诈性"隐瞒,这些雇员确实是承揽人在工程中的履行辅助人,但是这些雇员并不是承揽人履行向定作人披露义务的履行辅助人。

在另一案件中,承揽人的一名履行辅助人在机器的批量生产过程中违反禁令焊接了一个机器零件,并隐瞒了这一情况,联邦最高普通法院否认了承揽人的"欺诈性"隐瞒,因为承揽人只委托该履行辅助人生产机器,但是没有委托其向客户交付机器并履行承揽人向客户的披露义务。③

同样,上告法院在一起案件中否定了承揽人的"欺诈性"隐瞒。在该案件中,抹灰工人在生产外墙抹灰时将石膏加入灰浆中。④ 上告法院指出,抹灰工人不存在"欺诈性"隐瞒,因为承揽人只是委托这些工人完成抹灰工作,而没有委托抹灰工人履行披露义务。然而,如果承揽人雇用的施工现场管理人参与了工程验收,他可以被视为承揽人披露瑕疵的履行辅助人。

大多数学者都同意这一观点。⑤ 然而,也有观点认为,承揽人应被

---

① Urteile des Senats vom 2. Mai 1963-VII ZR 233/61-=Schäfer/Finnern Z 3.01 Bl. 230, und vom 4. Mai 1970-VII ZR 134/68-=WM 1970,964=Schäfer/Finnern Z 3.01 Bl. 435.

② Reichsgericht in WarnRspr 1934,14. 在这一判决中,法院没有认定承揽人欺诈性隐瞒瑕疵,因为履行辅助人没有意识到瑕疵的重要性。

③ Urteil vom 8. Mai 1968-VIII ZR 62/66-=LM BGB Nr. 13 zu §463.

④ BauR 1970,242.

⑤ Soergel/Siebert/Ballerstedt BGB 10. Aufl., §638 Rn. 6; RGRK BGB 11. Aufl., §638 Anm. 1; Staudinger/Riedel BGB 11. Aufl., §638 Rn. 11; Palandt/Heinrichs BGB 33. Aufl., §278 Anm. 4 a, bb.

视为知晓工程有瑕疵,只要任何一位参与工程的履行辅助人知晓工程有瑕疵,哪怕承揽人事前没有委托他履行披露义务(Offenbarungspflicht)。①

然而,在履行辅助人未受承揽人委托向定作人披露重要瑕疵的情况下,履行辅助人隐瞒该瑕疵,承揽人因此而承担责任,似乎是没有道理的。它不符合《德国民法典》第278条所传达的思想,根据该条规定,承揽人对第三方的过错只有在其委托第三方履行某些合同义务的情况下负有责任。

通常,只有被委托或协助向定作人交付工作的人,才能被视为"承揽人披露义务的履行辅助人",从而被视为"欺诈性隐瞒瑕疵的履行辅助人",因为工作交付的时间点也是承揽人进行"欺诈性隐瞒瑕疵"的时间点。

然而,这一规则并不是在所有案情下都适用。例如,在一些有着严格的工作分工的大公司中,一个检查、发现和隐瞒瑕疵的履行辅助人可能并不参与工作交付,而另一个参与交付并验收工作的履行辅助人可能没有参与工作检查,因此不知道存在瑕疵。在这种情况下,承揽人根据《德国民法典》第242条规定的诚信原则不能辩称其委托作为"检查员"(Prüfer)的履行辅助人没有参与工作交付,因此承揽人不应根据《德国民法典》第278条被视为对瑕疵进行"欺诈性隐瞒"。

在判定承揽人是否因为履行辅助人的行为被视为"欺诈性隐瞒"的时候,需要考虑到个案的具体案情,因此这一裁定应由事实审法官来完成。在本案中,上诉法院认为事实审法官考虑到的判定前提及条件是没有法律错误的。并且上诉法院也在下述的判定过程中注意到了应当遵守的限制。

"包工头"(Polier)这一称呼本身对这里要裁决的问题没有任何意义。在判定"欺诈性隐瞒"时,并不是每个"包工头"都自然而然地是承揽人的履行辅助人,对此无须赘述。因为这取决于"包工头"在个案中所受委托的具体工作职责范围。

在一个大公司里,往往会有几个"检查员",他们往往是上下级关

---

① Hoffmann JZ 1969,372;Jagenburg NJW 1971,1425。

系。下级"检查员"需要监督和检查的环节只是工作的一小部分,上级"检查员"则需要负责监督并检查较大的生产工作环节。然而并不是每一个在大公司里有监督责任的下级"检查员"都是承揽人履行披露义务的履行辅助人,哪怕他在自己的生产工作之外,他的唯一任务就是检查一部分工人的工作。例如,在一个大型工程承揽人的施工现场,承揽人雇用的"工地经理"(örtlicheBauleiter)通常会被视为承揽人在该工程施工现场的最高负责人。(值得一提的是,工地经理通常也会参与工程的交付与验收。)通常情况下,根据《德国民法典》第278条,在工地经理"欺诈性"隐瞒瑕疵时,承揽人则也应被视为欺诈性隐瞒瑕疵。另一方面,在工地经理手下工作的人,如果受委托负责较小范围内的检查任务,其"欺诈性"隐瞒行为往往不足以根据《德国民法典》第278条将其归责于承揽人。

在本案中,被告并没有在工程的施工现场雇用工地经理。

同样值得注意的是,瑕疵是否容易被发现也是一个重要的判断标准。一般而言,瑕疵越是在短时间内可以被发现,就越有理由将承揽人视为对瑕疵进行"欺诈性"隐瞒,因为作为"检查员"参与检查这一阶段工作的履行辅助人往往更容易发现该瑕疵。

这一点在本案中得到了体现。插入模板的钢丝垫是否有间隔物,可以在很短的时间内确定。混凝土浇筑完毕后,网眼被覆盖,瑕疵则不再可见。在施工现场没有工地经理的情况下,被告公司中唯一有检查任务的人,而且也是实际上唯一能够检查是否有垫片和发现垫片缺失的人,是模板和铺线组的组长。他们的特殊任务之一是确保这种垫片被正确安装。在这种情况下,上诉法院根据《德国民法典》第278条将模板和铺线组组长的"欺诈性隐瞒"归咎于被告,这一裁决是没有错误的。

根据上诉法院的调查结果,这一裁决也符合履行辅助人"欺诈性隐瞒"的其他要求。特别是,模板和铺线组的组长知道,他们容忍并隐瞒的、后来导致了混凝土剥落的"搞砸的工作"(Pfuscharbeit),对原告在验收工程时有重大意义。此外,他们也知道哪怕在受原告委托的设计人在施工监督过程中有疏忽的情况下,他们也有义务将该瑕疵告知被告,以便使原告能够通过被告知晓该建筑瑕疵,然而他们并没有履行这一义务。

然而上告法院认为,被告因原告委托其设计人监督施工而免除了被告的披露义务,这种观点是不正确的。工作有瑕疵的工程承包人不能辩称说他没有受到发包人充分的监督。因此,承包人因工作瑕疵而产生的披露义务不因发包人或其设计人不充分的施工监督而改变。

三

上诉法院对因混凝土覆盖层不足而造成的损失的计算基于补救瑕疵所需的费用以及因专家出具意见书并从事其他辅助工作而产生的费用。上诉法院认为,仍然需要的费用是根据专家 Ko 的意见确定的,专家希尔德已经审查了这些费用并认为这些费用是适当的。

上诉法院对专家意见的评估没有发现任何法律错误。

针对上诉法院允许的针对确认之诉的上告也不成功。不能因为这一部分损害赔偿还不能被量化(如搬运可能产生的费用或者补救瑕疵可能产生的费用),并且现在的损害赔偿请求只基于已经可以量化的损害,确认之诉中的利益。宣判诉讼判决的主文部分没有对"付款请求之外的进一步损害"作出明确限制。但是应根据上诉法院的裁判理由将其理解为主文部分将判决范围限制在"付款请求之外的进一步损害"。

四

上告人还指出了许多程序错误。合议庭对其进行了审查,但认为其毫无根据(根据《德国联邦最高普通法院减负法》第 1 条第 4 项)。

上告因此被驳回。关于上告程序费用的裁决基于《德国民事诉讼法》第 97 条第 1 款。

(刘易洲 译)

判例七

承揽合同:未受领时瑕疵权利的形式

《联邦最高普通法院民事判决选》第213卷,第349页以下
BGHZ213,349

【要旨】

(1) 根据《德国民法典》第634条,定作人原则上只有在成功受领承揽物后才可行使瑕疵权利。

(2) 如果定作人不能再要求(补充)履行合同,且合同关系已经转化为清算关系,则定作人有权根据《德国民法典》第634条第2至4项在不进行受领的情形下行使瑕疵权利。仅仅要求以自我采取措施的方式消除瑕疵支付预付款并不足以达到这个目的。相反,在这一情形下,如果定作人明示或者默示表达无论在何种情形下都不再愿意与向其提供已经完成待受领的承揽物的承揽人合作,则清算关系由此产生。

【主文】

根据原告的上告,慕尼黑州高等法院第十三民事合议庭于2013年10月1日作出的裁定被撤销。

本案发回上诉法院重新审理并作出裁判,包括就上告程序的费用另行审理并作出裁判。

【事实】

原告行使于2012年4月24日死亡的 M.(定作人)的继承人团体

(Erbengemeinschaft)的被让与权利的请求权。

定作人于 2008 年委托被告对两座列入文物保护的建筑的外墙进行修复。合同当事人约定,外墙工程应采用蒸汽扩散型砂浆材料和蒸汽扩散型涂料系统。

一座建筑的外墙应该用 Keim 或 Sikkens 涂料,另一个建筑的外墙在抹灰工作完成后应该用 Keim 涂料。

被告进行了施工,但工程未被成功受领。定作人在 2009 年 9 月 4 日的书信中指出外墙存在的瑕疵,并设置了一个瑕疵消除期限,即 2009 年 9 月 30 日前。在 2009 年 10 月 29 日的律师函中,被告知定作人,在咨询了一位私人专家后,无法确定由其所完成的工程是否存在瑕疵。该律师函写道:"我们的客户没有使用错误的颜色,而只是在报价中列出了两个品牌名称作为例子。专家 K. 也明确表示,被告所使用的颜色无可指摘。"

2009 年 11 月,定作人启动了独立的证明程序。法院指定的专家得出的结论是,外墙没有用约定的材料涂抹。实际使用的材料在质量上与约定的材料有偏差。专家估计翻修费用为 28917 欧元。在一份补充专家意见中,其表示,在主要专家意见中提出的翻修情形,石膏有可能在合同的瑕疵担保责任期限(Vertragliche Gewährleistungsfrist)外被破坏。

定作人在独立的证明程序结束后撒手人寰。其生前与原告的女儿结为夫妻,定作人的继承人是 Sa. S. 和他的孩子(G. S.)。2013 年 1 月 29 日,原告和定作人的妻子签订了一份债权让与协议,其中约定如下:

继承人团体 Sa. S. /G. S. 将下列请求权让与 Sa. S. 女士的父亲 L. S. 先生(原告):

……

(签名)L. S. /Sa. S.

V. ,2013 年 1 月 29 日

原告提起诉讼还要求被告支付消除缺陷的费用,同时考虑到剩余的工程报酬 16461.48 欧元,他请求法院判令被告支付预付费用

43493.90欧元。为了说明理由,原告援引了独立证明程序的结论,并附加说明为什么需要额外支出约30345欧元才能完全消除有瑕疵的工程。

在一审程序中,双方就是否可以在受领已完成的工程前要求预付费用存在争议。在这方面,原告的一审律师在2013年3月15日的书面声明中表示,如果州法院同意被告一方的法律意见,即在受领之前不能提出预付费用的请求,原告将选择请求损害赔偿而不是预付费用。

州法院支持了该诉讼请求。上诉法院根据《德国民事诉讼法》第522条第2款裁定驳回上诉。被告在经合议庭同意的上告程序中继续主张驳回原告的诉讼请求。

【判决理由】

被告的上告导致上诉法院的裁判被撤销以及本案被驳回。

一

上诉法院认为,决定性的因素是客户将补救缺陷的最后期限定为2009年9月30日,被告在这一期限内没有采取任何行动。这就为原告开辟了两条道路,要么采用《德国民法典》第280条,但该条只规定了损害赔偿,要么行使承揽合同的瑕疵担保权利,基于该权利也可根据《德国民法典》第637条第3款要求预付费用。但在哪些情形下承揽合同的瑕疵担保权利在受领前就可以行使尚无定论。主流观点认为如果承揽人已经提供了给付,即承揽物已经完成,那么承揽合同权利具有优先性。如果在这样的情形下将定作人的权利限于《德国民法典》第280条规定的那些权利,则定作人的地位将比其在不知道存在瑕疵的情形下受领了承揽物或者在受领承揽物时对瑕疵持保留意见的情形更差。

二

原告作为诉讼债权的持有者,有权行使这些权利。尽管2013年1月29日的债权让与协议(悬而未决地)无效,然而,经家事法院指定的补充监护人在上告程序期间对债权让与协议进行了追认,协议由此变为有效。合议庭必须考虑到这一点。

(1) 债权让与协议(悬而未决地)无效,因为定作人五岁大的孩子在债权让与协议订立时没有被依法代理。

a) 根据《德国民法典》第 2040 条第 1 款,继承人只能共同处置遗产中的某一标的物。因此,根据《德国民法典》第 398 条,为了转让属于遗产的债权,每个共同继承人必须与受让人签订合同。"质权让与协议"相应地包含两个合同。一个是原告与定作人的妻子之间达成的让与合意,另一个是原告与定作人的孩子之间达成的让与合意,定作人的妻子代理定作人的孩子实施法律行为。

b) 就此,定作人的妻子没有代理权。

尽管在定作人去世后,其妻子享有独立的监护权(《德国民法典》第 1680 条第 1 款、第 1626 条第 1 款第 1 句),并且根据《德国民法典》第 1629 条第 1 款第 1 句原则上有权代表定作人的孩子。但是,这样的权利却根据《德国民法典》第 1629 条第 2 款第 1 句、第 1795 条第 1 款第 1 项被排除了。基于该代理权的排除,定作人的妻子作为孩子的代理人没有权利代表孩子行动。这导致债权让与协议的效力根据《德国民法典》第 177 条第 1 款取决于有权代表孩子的主体作出的追认。

(2) 该追认可以由家事法院就此指定的补充监护人在上告程序中作出。因此,根据《德国民法典》第 184 条第 1 款,债权让与协议溯及自始有效。

(3) 合议庭须考虑补充监护人在上告程序中作出的追认,而不用考虑债权让与协议的效力是否涉及原告提起诉讼的权利或者实质适格(Aktivlegitimation)。

a) 依职权对起诉权利进行的审查不限于向上诉法院提交的事实和证据,这符合联邦最高普通法院的既有判决。更确切地说,上告法院在考虑到上告程序中新提出的意见后,原则上可以独立认定,在事实审阶段最后一次口头审理的时点,起诉能力的前提条件是否已经得到满足。①

虽然指定补充监护人以及其作出的对债权让与追认的决定表明

---

① BGH, Urteile vom 7. Juli 2008-II ZR 26/07, NZG 2008, 711 Rn. 12; vom 24. Februar 1994-VII ZR 34/93, BGHZ 125, 196, 200 f., juris Rn. 15.

了在最后一次口头辩论结束后才在上诉法院发生的事实,但是,如果补充监护人对债权让与进行了追认,则根据《德国民法典》第184条第1款,追认的效力溯及至2013年1月29日订立债权让与协议的时点。因此,一份有效的"债权让与协议"所应具备的前提条件溯及至最后一次口头辩论的时点就存在。

b) 关于实质适格,以下观点符合联邦最高普通法院的既有判决,即如果事实不存在争议且与对方当事人值得保护的利益不冲突,则《德国民事诉讼法》第559条应当朝着在上告程序中新发生的、考虑到实质法律状况时相关的事实可以被考虑的方向进行解释。这一前提条件是,新的事实在上告程序期间或者在上诉程序最后一次口头辩论终结后才发生。①

对原告和定作人的孩子之间的债权让与进行追认的事实——不受法律溯及力的影响——直到上告程序才出现,并因此须加以考虑。

三

然而,根据上诉法院目前的认定,不能确认诉讼债权的存在。

(1) 上诉法院的论述经不起推敲,因为其认为《德国民法典》第634条第2项、第637条第3款所规定的对于预付款的请求权在受领前已经存在。

a) 对于《债法现代化法》于2001年11月26日生效前订立的承揽合同,根据联邦最高普通法院的判决,定作人根据旧版《德国民法典》第633条所享有的请求权不以受领为前提条件。在受领前,这些请求权与根据《一般给付障碍法》(Das Allgemeine Leistungsstörungsrecht)产生的请求权并行不悖。②

《债法现代化法》的规则和立法资料(Gesetzesmaterialien)③都没有

---

① BGH, Urteil vom 23. September 2014-VI ZR 358/13, BGHZ 202, 242 Rn. 21.
② BGH, Urteile vom 16. November 1993-X ZR 7/92, BauR 1994, 242, 244, juris Rn. 21; vom 2. November 1995-X ZR 93/93, juris Rn. 22; vom 27. Februar 1996-X ZR 3/94, BGHZ 132, 96, 100 f., 102 f., juris Rn. 10 und 15; vom 26. September 1996-X ZR 33/94, NJW 1997, 50, juris Rn. 12; vom 4. Dezember 1997-IX ZR 247/96, BauR 1998, 332, 334, juris Rn. 14; vom 25. Juni 2002-X ZR 78/00, juris Rn. 7; vom 14. Januar 2016-VII ZR 271/14, BauR 2016, 852 Rn. 33＝NZBau 2016, 304.
③ BT-Drucks. 14/6040, S. 261 ff.

明确说明从哪个时点开始适用《德国民法典》第 634 条规定的瑕疵权利。

定作人在受领前是否已经可以行使《德国民法典》第 634 条规定的瑕疵权利,这一问题在判决和文献中均尚无定论。①

合议庭到目前为止对此问题持开放态度。② 然而,根据合议庭的判决,原则上对承揽物的受领标志着决定性的时点,自该时点起定作人基于《德国民法典》第 634 条开始享有瑕疵权利。③

b) 部分学者认为,《德国民法典》第 634 条规定的瑕疵权利在受领前就已经产生。就此,有些学者希望在制造承揽物的期间就授予这些瑕疵权利。④ 其他学者将此问题与承揽给付的期限届至相联系。⑤ 认为一旦承揽人制造完成了承揽物,就应当授予《德国民法典》第 634 条规定的瑕疵权利。⑥

大多数学者以及州高等法院的判决认为,原则上受领承揽物对于《德国民法典》第 634 条规定的瑕疵权利的产生是必要的,但是在特定的情形即使没有受领承揽物,也应当授予这些权利。这些例外包括,承揽人已经制造完成了承揽物且定作人由于承揽物存在瑕疵而合法

---

① Jordan, Der zeitliche Anwendungsbereich des allgemeinen Leistungsstörungsrechts und der besonderen Gewährleistungsrechte beim Kauf-, Werk-und Mietvertrag, 2015, S. 129 ff; K. Jansen, Die Mangelrechte des Bestellers im BGB-Werkvertrag vor Abnahme, 2010, S. 35 ff.

② BGH, Urteile vom 8. Juli 2010-VII ZR 171/08, BauR 2010, 1778 Rn. 28＝NZBau 2010, 768; vom 24. Februar 2011-VII ZR 61/10, BauR 2011, 1032 Rn. 17 a. E. ＝NZBau 2011, 310; vom 6. Juni 2013-VII ZR 355/12, NJW 2013, 3022 Rn. 16; vom 25. Februar 2016-VII ZR 49/15 Rn. 41.

③ BGH, Urteile vom 6. Juni 2013-VII ZR 355/12, aaO; vom 25. Februar 2016-VII ZR 49/15, aaO.

④ Vorwerk, BauR 2003, 1, 10 f.; Weise, NJW-Spezial 2008, 76 f.; BeckOK VOB/B/Fuchs, Stand: 1. Juli 2016, § 4 Abs. 7 Rn. 2; OLG Brandenburg, NJW-RR 2011, 603, 604, juris Rn. 8.

⑤ Kapellmann/Messerschmidt/Weyer, VOB Teile A und B, 5. Aufl., § 13 VOB/B Rn. 6; Merl in Kleine-Möller/Merl/Glöckner, Handbuch des privaten Baurechts, 5. Aufl., § 15 Rn. 317 f.; Sienz, BauR 2002, 181, 184 f.; Jordan, Der zeitliche Anwendungsbereich des allgemeinen Leistungsstörungsrechts und der besonderen Gewährleistungsrechte beim Kauf-, Werkund Mietvertrag, 2015, S. 133 ff., 178; Fuchs in Englert/Motzke/Wirth, Baukommentar, 2. Aufl., § 634 BGB Rn. 5 f.; wohl auch Schwenker in Erman, BGB, 14. Aufl., § 634 Rn. 1 mit § 633 Rn. 21 f.

⑥ MünchKommBGB/Busche, 6. Aufl., § 634 Rn. 3 f.; Ott in Festschrift für Merle, 2010, S. 277, 286 f.

地拒绝受领。①

另一方面,也有其他观点认为,受领前的瑕疵权利在承揽物被制造完成后并经定作人合法拒绝受领的情形也应被排除。②

c)合议庭认为,定作人原则上在成功受领承揽物后才能行使《德国民法典》第634条规定的瑕疵权利。这涉及如下权衡:

aa)承揽物是否无瑕疵,原则上应当在受领的时点加以判断。直到受领的时点为止,承揽人原则上可以自由选择其如何满足定作人基于《德国民法典》第631条第1款享有的对于无瑕疵的承揽物制造的请求权。如果定作人在制造承揽物的阶段就已经能够行使《德国民法典》第634条规定的瑕疵权利,则这可能与侵犯承揽人的这一权利有关。当然,定作人在制造承揽物阶段享有履行请求权和一般性的给付障碍权利,就像《德国民法典》第323条第4款所规定的那样,这些权利在具体情形下于履行期限届至前就可能产生。

bb)《德国民法典》第634条第1项、第635条规定的概念"补充履行"已经表明,《德国民法典》第634条规定的权利在承揽物被制造出来后才产生。在承揽给付的情形下,根据《德国民法典》第640条第1款、第631条第1款规定的制造承揽物请求权得到实现通常与受领承揽物同时发生,从而只有在受领承揽物后才可以讨论"补充履行"。

cc)从仅适用于补充履行请求权的《德国民法典》第635条第3款

---

① OLG Celle,BauR 2016,1504,1509 f.,juris Rn. 68 ff.;OLG Brandenburg, Urteil vom 22. Dezember 2015-4 U 26/12,juris Rn. 59 f.;OLG Hamm,BauR 2016,677, 684,juris Rn. 90=NZBau 2015,480;OLG Stuttgart,Urteil vom 25. Februar 2015-4 U 114/14,juris Rn. 96 ff.;OLG Hamm,BauR 2015,1861,1863,juris Rn. 45 = NZBau 2015,155;OLG Köln,NZBau 2013,306,307;Palandt/Sprau,BGB,76. Aufl.,Vor § 633 Rn. 7;Messerschmidt/Voit/Drossart,Privates Baurecht,2. Aufl.,§ 634 BGB Rn. 3 f.;BeckOGK/Kober,BGB,Stand:1. November 2016,§ 634 Rn. 32 f.;Folnovic,BauR 2008,1360,1363 f.;BeckOK BGB/Voit,Stand:1. Februar 2015,§ 634 Rn. 3,23; Beck'scher VOB/B-Kommentar/Kohler,3. Aufl.,§ 4 Abs. 7 Rn. 6;Voit,BauR 2011, 1063,1072 f.;Kniffka/Krause-Allenstein,Bauvertragsrecht,2. Aufl.,§ 634 Rn. 9 ff.

② Staudinger/Peters/Jacoby,2014,BGB,§ 634 Rn. 11;Joussen,BauR 2009,319, 323 ff.;K. Jansen,Die Mangelrechte des Bestellers im BGB-Werkvertrag vor Abnahme, 2010,S. 75-77;Hutter,Die Mängelhaftung vor und nach der Abnahme im österreichischen und deutschen Bauvertrag,2013,S. 210 ff.,218;Jauernig/Mansel,BGB,16. Aufl., § 634 Rn. 3.

可以得出，《德国民法典》第 631 条第 1 款规定的针对制造承揽物的请求权与补充履行请求权存在差异。在《德国民法典》第 634 条第 1 项规定的有义务采取补充履行措施的情形中，《德国民法典》第 635 条第 3 款给与承揽人较之《德国民法典》第 275 条第 2 款和第 3 款更广泛的权利。据此，制造承揽物的请求权与补充履行请求权不能并存。

dd) 受领表明了履行阶段和可以行使《德国民法典》第 634 条规定的瑕疵权利而非制造承揽物的请求权的阶段之间存在间隙，这一方面得到了《德国民法典》第 634a 条第 2 款结合第 1 款第 1 项的支持，根据这些条文，瑕疵权利的消灭时效在大多数情形下应自受领时起开始计算。

另一方面，受领也表明了一个间隙，因为在该间隙中承揽报酬请求权的履行期届至（《德国民法典》第 641 条第 1 款），给付风险移转给定作人（《德国民法典》第 644 条第 1 款第 1 句），且对于存在瑕疵的证明责任被倒置，但以根据《德国民法典》第 640 条第 2 款没有保留为限。

ee) 此外，对承揽合同的如下解释，即定作人原则上在受领承揽物后才享有《德国民法典》第 634 条规定的瑕疵权利，也导致了符合利益的结果。

d) 定作人在受领前享有《德国民法典》第 631 条第 1 款规定的制造承揽物的请求权，该请求权与《德国民法典》第 634 条第 1 项规定的补充履行请求权均旨在无瑕疵地制造承揽物。定作人可以诉至法院请求被告履行相应义务，在必要的时候通常还可以根据《德国民事诉讼法》第 887 条申请强制执行。

如果定作人行使《德国民法典》第 631 条第 1 款规定的制造承揽物的请求权，则承揽物意外灭失的风险保留在承揽人那里，工程报酬的履行期没有届至，且存在瑕疵的证明责任没有移转给定作人。

e) 在受领前，定作人的利益通过基于《一般给付障碍法》所获得的权利得到了充分保障。例如，《德国民法典》第 280 条第 1 款规定的与给付并存的损害赔偿，《德国民法典》第 280、281 条规定的替代给付的损害赔偿，《德国民法典》第 280 条第 2 款、第 286 条规定的给付迟延的损害赔偿，《德国民法典》第 323 条规定的解除或者《德国民法典》第 314 条规定的基于重大理由的中止，等等。

虽然《德国民法典》第 281 条第 1 款规定的替代给付的损害赔偿

请求权与《德国民法典》第 634 条第 2 项和第 3 项规定的瑕疵权利不同,前者以过错为构成要件①,但是,如果承揽人故意违反《德国民法典》第 281 条第 1 款第 1 句规定的期限要求,则也存在导致损害赔偿请求权产生的义务违反。②

据此,定作人有权选择行使履行阶段的权利,或者选择行使《德国民法典》第 634 条规定的以受领为条件的瑕疵权利。与普遍的观点相反,对于客观上无法接受的承揽物,定作人不在事实上被强制宣布受领。此外,在瑕疵保留的情形,宣布受领的定作人可以通过《德国民法典》第 640 条第 2 款、第 641 条第 3 款得到保护。

(2) 根据调查结果,受领并非没有意义。

a) 定作人当然有权在特定情形根据《德国民法典》第 634 条第 2 至 4 项在未受领的情形下行使瑕疵权利。如果定作人不能再要求履行合同且合同关系转变为清算关系,则这一结论须得到赞同。如果定作人要求承揽人以轻微损害赔偿的形式实施代替给付的损害赔偿,或者向承揽人表示减少承揽报酬,则根据联邦最高普通法院针对旧债法的先前判决,须对双方的请求权进行清算。③ 在《债法现代化法》生效后,合议庭在该判决中还是坚持认为,在该情形下承揽人将承揽物以完成好的形式提供给了定作人,以待定作人受领。如果定作人根据《德国民法典》第 281 条第 1 款、第 280 条第 1 款请求替代给付的损害赔偿,则《德国民法典》第 281 条第 4 款规定的给付请求权被排除。如果定作人只想通过减价的方式减少承揽报酬,则前述结论仍然适用。在这种情形下,对于定作人而言,给付请求权以及相关的合同的履行不再重要。④

b) 相反,如果定作人根据《德国民法典》第 634 条第 2 项、第 637 条第 1、3 款对于自行采取措施消除瑕疵而支出的必要费用要求承揽

---

① 参见《德国民法典》第 280 条第 1 款第 2 句。

② BGH, Urteil vom 29. April 2015-VIII ZR 104/14, NJW 2015, 2244 Rn. 12; Urteil vom 17. Oktober 2012-VIII ZR 226/11, BGHZ 195, 135 Rn. 11 ff.

③ BGH, Urteil vom 11. Mai 2006-VII ZR 146/04, BGHZ 167, 345 Rn. 26; Urteil vom 10. Oktober 2002-VII ZR 315/01, BauR 2003, 88, 89, juris Rn. 11 = NZBau 2003, 35; Urteil vom 16. Mai 2002-VII ZR 479/00, BauR 2002, 1399, 1400, juris Rn. 13; jeweils m. w. N.

④ BGH, Urteile vom 19. Januar 2017-VII ZR 235/15 und VII ZR 193/15.

人支付预付款,则定作人的履行请求权没有被消灭。因为自行采取措施的权利和对于预付款的请求权并不影响履行请求权(《德国民法典》第631条)和补充履行请求权(《德国民法典》第634条第1项)。定作人在要求预付款之后,也有权请求补充履行。[1]

如果定作人出于其他理由不再能成功地行使(补充)履行请求权,则定作人要求承揽人支付消除瑕疵所必要的预付款的债权能够引起清算关系。

例如,定作人以明示或者默示方式表达其无论如何不再想与向其提供已经完成好的承揽物以待其受领的承揽人合作,即终局且严肃地拒绝(补充)履行,或者自行采取措施消除瑕疵。在这种情形下,定作人不能再选择对承揽人行使(补充)履行请求权。

因为定作人剩余的权利仅针对金钱给付,故清算关系由此产生,在这一清算关系的框架下无须受领即可行使《德国民法典》第634条第2至4项的权利。[2]

c) 根据上诉法院先前的认定,清算关系的前提条件并不存在。

原告仅辅助性地行使了损害赔偿请求权,并主要要求被告根据《德国民法典》第634条第2项、第637条第1、3款支付预付款。此外,无法从这些认定中推断出原告表明其无论如何不再允许被告对承揽物实施其他作业。

四

因此,上诉法院的裁判不成立,须被撤销,本案须被发回上诉法院。根据《德国民事诉讼法》第563条第3款,合议庭就本案无法独立作出裁判。必须给与当事人针对上诉法院的法律观点作出回应的机会。

(孙鸿亮 译)

---

[1] OLG Stuttgart, BauR 2012, 1961, 1962 f., juris Rn. 56=NZBau 2012, 771; Palandt/Sprau, BGB, 76. Aufl., §634 Rn. 4; Messerschmidt/Voit/Drossart, Privates Baurecht, 2. Aufl., §634 BGB Rn. 16, 45; Staudinger/Peters/Jacoby, 2014, BGB, §634 Rn. 73.

[2] BGH, Urteile vom 19. Januar 2017-VII ZR 235/15 und VII ZR 193/15.

判例八

消除瑕疵与支付承揽报酬须同时被履行

《联邦最高普通法院民事判决选》第 61 卷,第 42 页以下
BGHZ61,42

【要旨】

如果定作人在工程验收后有权要求消除瑕疵,且因此对于承揽人提出的要求支付报酬的诉讼援引了《德国民法典》第 320 条的抗辩权,则定作人须被判决在承揽人消除瑕疵的同时支付报酬。

【主文】

根据原告的上告,撤销斯图加特州高等法院第十三民事合议庭于 1971 年 3 月 25 日在费用问题方面和驳回上诉方面作出的裁判。

在此范围内,将本案发回上诉法院重新审理并作出裁判,包括就上告程序的费用另行审理并作出裁判。

驳回上告的其余部分。

【事实】

原告根据 1965 年 12 月 21 日的合同为被告建造了一栋厂房。《建筑工程发包与合同规则》的效力和原告提供的有关出卖和交付的一般交易条款在合同中被约定。对于瑕疵责任(Mängelhaftung),原告须根据其选择修补或者重新交付所有有瑕疵的部件。然而,前提条件是定作人事先履行其所负担的合同义务,特别是约定的付款条件。留置权(Zurückbehaltungsrechte)、抵销权(das

Recht zur Aufrechnung)和定作人基于瑕疵而享有的所有其他请求权均被排除。

与合同约定相反,原告没有用 Sillanplatten,而是用 Rigipsplatten 建造了厂房的天花板,并且没有铺设 Duralit 地板,而是铺设了 Brikadur 地板。

该厂房还存在以下瑕疵:天花板没有与屋檐和侧墙连接,而且回填有缺陷,这导致了冷凝水的形成。地板上形成了裂缝,原因是部分混凝土地板上有裂缝,且混凝土地板没有设置必要的伸缩缝。

被告只支付了原告 297764.95 马克账单中的 257000 马克。

原告起诉要求被告赔偿剩余款项连同利息 40764.95 马克。被告拒绝支付这笔款项,因为其对原告享有修复所指出的瑕疵的请求权。被告提起反诉,请求权法院判令原告改善厂房天花板的隔热性能,使之不可能出现冷凝现象,即天花板必须与外墙相接,以防止空气进入外墙与天花板之间的地板空间。

州法院判令被告支付 40764.95 马克。然而,它使付款义务取决于原告修复天花板和地板的缺陷。此外,州法院受理了反诉。

州法院驳回了原告的上诉请求,并驳回被告的上诉。其对反诉涉及的裁判的理解与州法院不同。

在原告提起的、被告要求依据实体法驳回请求的上告中,原告请求法院就被告的付款请求作出裁判,并驳回反诉。

【判决理由】

一

上诉法院否定了有关出卖和交付的一般交易条款的有效性,如果被告没有履行其支付义务,则原告有权拒绝修复有瑕疵的承揽物。

对此提出的上告没有获得成功。

(1) 合议庭在一种情形认为在关于不可替代物的承揽合同和承揽物交付合同中一般合同条件所包含的条款是无效的,根据该条款如果定作人没有履行其合同义务,特别是支付义务,则承揽人不需要修补承揽物的瑕疵。在该情形中,定作人的权利经承揽人评价后限于采取补救措施或者补充交付新的部件,排除包括可能的留置权在内的其他权利。① 此外,在一个案件中,定作人因为承揽人违反补救义务而享有的损害赔偿请求权也被解除权所取代。②

对于原告出卖和交付条件中的相应条款,上诉法院也认定了这一法律效果。如下内容具有决定性:原告根据其出卖和交付条件,仅负有根据其选择修补或者重新交付其已交付的承揽物的瑕疵部件。定作人的其他请求权被排除。

鉴于承揽给付存在瑕疵所导致的定作人权利的强烈削减,如果合理权衡双方当事人的利益,允许承揽人在承揽报酬方面援引定作人的绝对先给付义务是不符合诚实信用原则的。如果像这里一样,瑕疵是没有争议的,则这一点更加适用。如果承揽人考虑到一般合同条件对其权利的广泛保护,可以不考虑这些缺陷而要求定作人支付承揽报酬,尽管承揽给付存在没有争议的缺陷,但这与诚实信用原则并不冲突。

(2) 上告法院对于其相反观点提出的理由是没有说服力的。

a) 原告愿意在被告支付剩余的承揽报酬后消除瑕疵并不排除如下事实,即援引被指摘的合同条款是不被允许的权利行使。

b) 上诉法院没有重视以下事实是正确的,即双方当事人是商人。上面提到的合议庭的判决也涉及商人间的合同。

c) 联邦最高普通法院于1957年11月26日作出的判决 VII-IZR314/56③ 不适用于承揽合同权利,因为其涉及买卖合同,且买受人的瑕疵担保权利没有像本案中定作人的权利那样受到如此广泛的限制。

二

上诉法院认为原告有义务消除裂缝(除了暖气管上方的裂缝)和其他地板的损害,并修复天花板。因为双方当事人已经就《建筑工程发包与合同规则》的效力达成了合意,所以请求权的依据是《通则 B》

---

① BGH Urteil vom 18. Juni 1959-VII ZR 181/58-.
② BGHZ 48,264,268-271.
③ NJW 1958,419.

第 13 章第 5 条,而不是如上诉法院所认为的那样,是《德国民法典》第 633、634 条。

上告法院认为,该请求权由于可归责于被告的建筑师 L 和 L 雇用的工头 S 有过失的共同行为而被排除。指责不能成立。

(1) 如果建筑师 L 或者工头 S 作为其履行辅助人对于建筑监督的执行有瑕疵,则无须考虑可归责于被告的共同过失。

a) 在《德国民法典》第 254、278 条规定的损害赔偿请求权的情形和《德国民法典》第 242、278 条规定的消除瑕疵请求权的情形中,被允许的共同过失以违反业主须向承揽人履行的合同义务或者职责(Vertragliche Pflichten oder Obliegenheiten)为前提。上诉法院的解释是:建筑师通过对施工进行监督并非履行业主向承揽人负担的义务;承揽人不享有在执行交付给他的给付时请求业主对其加以监督或者派其他人对其加以监督的权利。[1]

b) 因此,建筑师 L 是否只需"以一般方式,特别是在遵守期限方面"监督屋顶隔热材料的安装和铺设并不重要,正如上诉法院参照州法院的判决所认为的那样,或者他的施工监督是否也延伸到了专业执行方面,这也是上告法院所声称的。

c) 地面中的裂缝是由于地板的错误铺设造成的,原告或其承包商自身的计划或执行缺陷[2]也牵涉其中。因此,此处也排除了可归咎于被告的建筑师的共同过失,即使建筑师不得不监督地板的专业铺设。

(2) 混凝土地板底层缺乏伸缩缝导致地板出现纵向裂缝,这也不涉及共同的过失行为。

上诉法院解释道:根据双方当事人的合同,对于地基应当按照原告的要求谨慎且准确地进行施工。如果按照一些人所声称的那样,生土地面也被视为地基的一部分,那么对于生土地面也应当按照原告的要求进行施工。如果生土地面须被视为特殊的施工部分,那么在地面设置伸缩缝被算作工程规划而非工程实施是不合常理的。但是,尽管

---

[1] Urteile des Senats vom 29. November 1971-VII ZR 101/70-= NJW 1972, 447, 448; vom 15. Juni 1972-VII ZR 64/71-und vom 18. Januar 1973-VII ZR 88/70-= WM 1973, 393, 394.

[2] 参见《德国民法典》第 278 条。

建筑师 L 必须提出总体规划,为原告工作的 B 公司和 K 公司仍负有主要职责,即在安装地板前以书面形式指出混凝土生土地面中可能存在的伸缩缝的缺陷或数量不足。因为没有提供这种书面或口头形式的通知,所以原告不能依据《通则 B》免于对因底层地面不足而造成的纵向裂缝承担瑕疵担保责任。

上诉法院的这些解释不存在法律上的缺陷。

a)如果伸缩缝的规划和设置属于原告的合同义务,那么纵向裂缝是由其给付的直接瑕疵造成的。那么建筑师最多就是负责监督原告的施工。

b)另一方面,如果建筑师必须在混凝土底层地面中规划和设置伸缩缝,就会出现原告的给付所依据①的其他承揽人的给付不合适的情况。那么原告只有在没有认识到且无法认识到有瑕疵的生混凝土天花板所导致的地板的纵向裂缝②,或者被告已经书面指出对于生混凝土天花板适当性的顾虑③时,才不对该瑕疵负责。根据上诉法院的认定,原告责任豁免的两个条件都被排除。

aa)由此,仅通过未进行口头警告的不作为对于共同过失的援引原则上并没有被排除。④

bb)在本案中,可归责于被告的建筑师 L 在规划和设置混凝土底层地面中伸缩缝的共同过失被排除,因为与原告的过失相比,这种过失根本没有分量,上诉法院指出生混凝土地面中缺少伸缩缝的义务"主要"是由为原告工作的 B 公司和 K 公司承担的任务时,显然也是这样认为的。但是,根据《德国民法典》第 278 条,原告必须对这些承包商负责。作为被委托铺设地板的专业公司,其本身有特别的义务确保生混凝土地面是合适的。

在这种情况下,相较于原告的重大过失,建筑师 L 在伸缩缝的规划和设置方面的任何过失都应当被忽略。

---

① 参见《通则 B》第 4 章第 3 条。
② BGH Urteil vom 11. April 1957-VII ZR 308/56-=LM Nr. 3 zu § 633 BGB.
③ 参见《通则 B》第 4 章第 3 条、第 13 章第 3 条。
④ BGH Urteil vom 23. Juni 1960-VII ZR 71/59-= NJW 1960, 1813 Nr. 9; BGH Urteil vom 18. Januar 1973-VII ZR 88/70-=WM 1973, 393, 394.

cc) 最后，上告法院认为，原告是否至少以口头方式履行了通知义务由被告承担证明责任，因为原告的不作为是被告享有补救请求权的条件。

事实恰好相反。

《通则 B》第 13 章第 3 条是《通则 B》第 13 章第 1、2 条规定的原则性的瑕疵担保义务的例外。① 因此，承揽人（即本案的原告）须证明其已经发出了其根据《通则 B》第 4 章第 3 条所负担的通知。②

dd) 合议庭审查了上告法院提出的其他程序上的指责。这些指责没有得到支持。③

三

根据上诉法院的观点，定作人通过行使消除承揽物瑕疵的请求权援引的未履行合同的抗辩权④不会导致其在承揽人消除瑕疵的同时被谴责，而是导致承揽人的诉讼请求被驳回，因为承揽人对于约定报酬的请求权此时尚未成立。

上告法院就此提出的指责不能成立。

(1) 根据合议庭的判决和文献中的主流观点，如果定作人没有接受承揽物且其有合理的理由拒绝接受，则定作人享有的消除承揽物瑕疵的权利⑤导致承揽人提起的支付报酬的诉讼请求被驳回。另一方面，根据《德国民法典》第 320 条、第 322 条第 1 款的规定，在承揽物被验收后，只允许判决定作人在承揽人消除缺陷的同时支付报酬。⑥ 这也适用于受《建筑工程发包与合同规则》调整的合同。⑦

(2) 相反，上诉法院认为，尽管接受了承揽物，但存在《德国民法

---

① Ingenstau/Korbion, 6. Aufl., § 13 VOB (B) Rn. 31.
② BGH Urteil vom 15. Januar 1968-VII ZR 84/65-＝Schäfer/Finnern Z 2.50 Bl. 24, 26 Rs.
③ 参见《联邦最高普通法院减负法》第 1 条第 4 项。
④ 参见《德国民法典》第 320 条。
⑤ 参见《德国民法典》第 633 条第 2 款第 1 句、第 634 条第 1 款第 2 句。
⑥ BGHZ 26, 337, 339; 55, 354, 358; BGH Urteile vom 10. Mai 1962-VII ZR 204/60-und vom 18. Januar 1965-VII ZR 155/63-; OLG Nürnberg OLGZ 1965, 12; Korintenberg, Erfüllung und Gewährleistung beim Werkvertrag, 1935, S. 182; Palandt/Heinrichs, BGB, 32. Aufl., § 320 Anm. 2 c, bb und Palandt/Thomas aaO. Vorbem. 4 a vor § 633.
⑦ BGHZ 55, 354, 357, 358; Ingenstau/Korbion, 6. Aufl., § 13 VOB (B) Rn. 85.

典》第 322 条第 2 款规定的情形,其结果是,在根据《德国民法典》第 320 条、第 633 条第 2 款以及《通则 B》第 13 章第 5 条提出合理抗辩权的情形,承揽人要求支付报酬的诉讼请求被驳回。[1]

然而,这一观点在法律上是错误的。其与《德国民法典》第 322 条第 1 款的法定规定相矛盾,并且会在实际上导致该规定在承揽合同领域无效。

a) 与《德国民法典》第 322 条第 1 款相反,《德国民法典》第 322 条第 2 款仅适用于原告须先行给付的情形。考虑到承揽人所负有的生产承揽物的义务,直到承揽物被接受才属于这种情形。随着定作人接受承揽物,正如从《德国民法典》第 641 条第 1 款所得出的那样,承揽人的先行给付义务被免除。从承揽物被接受时起,双方的合同义务应当同时履行。

b) 上诉法院没有认识到根据《德国民法典》第 641 条第 1 款,承揽人的先行给付义务不一定在定作人接受有瑕疵的承揽物的情形中被免除。因为定作人接受一项给付仅仅意味着承认承揽物在主要内容方面符合合同约定。[2] 因此,定作人接受承揽物并不排除瑕疵的存在以及其对瑕疵的指责。[3]

c)《德国民法典》第 633 条第 2 款第 1 句规定的消除瑕疵的请求权通常被视为定作人对于生产约定的承揽物的履行请求权[4],由此并不能得出相反结论。从中只能得出,有权要求消除瑕疵的定作人在接受承揽物后针对承揽人的报酬请求权享有《德国民法典》第 320 条规定的给付拒绝权。[5] 起决定作用的是,履行请求权通过承揽物的接受在内容上被改变。一方面其限于被接受的承揽物,从而承揽人仅须消

---

[1]　auch Schneider, Betrieb 1969, 115; OLG Breslau SeuffA 59 Nr. 77.

[2]　BGHZ 48, 257, 262; 50, 160, 162; BGH Urteil vom 24. November 1969-VII ZR 177/61-=NJW 1970, 421, 422.

[3]　BGHZ 54, 352, 354; BGH Urteil vom 2. März 1972-VII ZR 146/70-= VersR 1972, 640.

[4]　参见《德国民法典》第 632 条第 1 款。

[5]　BGHZ 26, 337, 339, 340; Korintenberg aaO S. 177 bis 187; Larenz, Schuldrecht II, 10. Aufl., §53 II, S. 226 f; Palandt aaO; Soergel/Ballerstedt BGB, 10. Aufl., §633 Rn. 7; Staudinger BGB, 11. Aufl., §633 Rn. 7.

除承揽物的瑕疵。① 另一方面,承揽人的先行给付义务被免除。这同样也适用于受《通则 B》调整的合同。②

d) 因为对承揽物的验收消除了承揽人的先行给付义务,所以判令定作人"在消除瑕疵的同时"支付报酬意味着承揽人仅能要求支付报酬,并在证明已经成功进行补救的情况下可以基于可能取得的执行名义对之加以强制执行(《德国民事诉讼法》第 756 条)。由此就将对承揽人是否按照要求进行修补的审查转移到了强制执行程序。这是立法者在《德国民法典》第 322 条第 1 款中特意作出规定的必然结果。

e) 针对同时履行的判决,不能够认为这样的判决"根据事物的本质"相当于承揽人的先行给付。在任何同时履行判决的情形中,只有在同时履行自己提出的给付时才可行使其债权的当事人,须在强制执行程序中证明其已经提出该给付。此外,承揽物已经被接受与同时履行判决并不矛盾;因为恰恰是在承揽物有瑕疵的情形下,定作人在接受承揽物后才享有《德国民法典》第 320 条规定的抗辩权。

f) 尽管承揽人在消除瑕疵前不能就承揽报酬债权要求利息③,因为留置权使得一项迟延抗辩权得以成立。但是这并没有改变定作人原则上须在接受承揽物时支付报酬。④ 当且仅当瑕疵被消除时,承揽报酬债权才可以被行使。只有这样,定作人才须根据《德国民法典》第 291 条或《商法典》第 353 条支付利息。

g) 最后,以下理由支持同时履行判决:

aa) 接受承揽物是合同执行过程中一个特别重要的事件。

报酬须在接受承揽物时被支付。⑤ 伴随着对承揽物的接受,承揽人的先行给付义务被免除,且定作人的履行请求权限于具体被接受的承揽物,从而承揽人仅须消除承揽物上可能的瑕疵,只要定作人没有因为接受承揽物而完全失去消除瑕疵的请求权。⑥ 伴随着对承揽物的

---

① BGHZ 26,337,340;55,534.
② BGHZ 55,354.
③ BGHZ 55,198,200;auch BGH WM 1973,641,642.
④ 参见《德国民法典》第 641 条第 1 款第 1 句。
⑤ 参见《德国民法典》第 641 条第 1 款。
⑥ 参见《德国民法典》第 640 条第 2 款。

接受,风险移转至定作人①,且对于符合合同履行的证明责任反过来由定作人承担,因为定作人从这时起须证明瑕疵的存在。

从接受承揽物前和接受承揽物后的不同规则中可以看出,在定作人接受承揽物后,承揽人处于比先前更好的地位。这一立法目的只能通过判决定作人同时履行才能实现。

bb) 与上诉法院的意见相反,该同时履行判决也是更合适且在程序法上更好的解决方案,因为其能够在一次审判中更全面地解决争端。定作人被迫集中所有辩论,因为其之后只能在《德国民事诉讼法》第767条第2款规定的更严格的条件下才能对承揽人支付报酬的请求权提出抗辩。

cc) 与上诉法院的意见相反,在执行补救措施后出现的剩余价值减少同样与同时履行判决不冲突。如果这种价值减少是可预期的,但其数额在执行修补前无法具体进行估值,则定作人可以通过提起确认之诉维护其权利。如果在《德国民事诉讼法》第767条第2款规定的时限内无法预见剩余价值的减少,则若该剩余价值的减少在之后被发现,定作人仍然可以在那时主张权利。

与同时履行判决相比,由于"缺乏期限届至"而驳回诉讼请求不会导致对定作人辩论权利的限制。因为如果事实证明瑕疵尚未被完全消除,则承揽人要求支付报酬的任何新的诉讼都必须被驳回,从而导致一连串的诉讼被提起。这将违背诉讼经济原则。

四

反诉:

(1) 上告法院认为,判决原告对天花板采取补救措施欠缺法律保护必要性,因为一旦被告支付了承揽报酬,原告本来就将实施该补救措施。

这一指责不能成立,因为正如上面所阐释的那样,被告不需要先行给付,而原告却负有补救义务。由此不难得出针对要求采取修补措施的反诉的法律保护必要性。②

---

① 参见《德国民法典》第644条第1款。
② RGZ 91,390,398.

（2）上诉法院在涉及反诉的判决中详细说明了消除天花板瑕疵的技术种类和方式，州法院的判决缺少这些细节。上诉法院认为这不是对判决内容的改变，而只是对判决内容的澄清。

上告法院指责上诉法院违反了《德国民事诉讼法》第 308 条，因为上诉法院的判决超出了被告请求的范围。

这一指责是不成立的。

a）判决的表述必须详细到令该判决可以被强制执行的程度。对判决内容的详细确定不能留待强制执行程序再去完成。①

另一方面，债务人的权利不应当被该判决所削减。定作人不享有要求承揽人以特定的方式补救瑕疵的请求权。承揽人原则上享有自己决定以何种方式消除瑕疵的权利。②

因此，根据《德国民法典》第 633 条第 2 款第 1 句或者根据《通则B》第 13 章第 5 条作出的判决一般仅要求对承揽人须消除的承揽物的瑕疵进行详细描述。通常不会要求附加如瑕疵须以技术性的方式加以消除的指令。

b）当然，如果承揽人同意以这种方式消除瑕疵，附加这样的指令是无害的。承揽人没有被这样的指令施加负担。

本案就是这样的情况。上诉法院判决中提到的技术措施与法庭专家鉴定人的建议是相符的。原告向上诉法院陈述，如果其完全负有消除瑕疵的义务，则其愿意根据专家鉴定人的建议采取行动。

五

由于该诉讼请求不能被驳回，因此被撤销的判决在此范围内以及在费用问题上被撤销，并将本案在此范围内发回上诉法院重新进行审理并作出裁判。

上诉法院须就被告的辅助要求作出裁判。就此还需考虑到，被告在第二审中仅仅就修补天花板提出了一个辅助申请，然而进一步以辅助性方式提出的确认申请涉及针对天花板和地板的减价和损害赔偿

---

① RG JW 1906, 240 Nr. 27.
② BGH Urteil vom 19. März 1964-VII ZR 137/62-S. 9 und Urteil vom 5. Mai 1969-VII ZR 26/69-S. 7.

请求权。当然,上诉法院认为,从被告的上诉申请中可以得出,其想要通过要求原告在州法院判决主文的第1b部分第1款所描述的措施范围内消除地板的瑕疵实现自己的利益。被告的申请在庭审记录中并不能体现这一点。被告有机会在新的上诉审中对此加以澄清。

上诉法院也须就上告费用的承担者作出裁判。

(孙鸿亮 译)

判例九

建设工程施工合同：拒绝承揽人不合理地通过定作人消除瑕疵的要约

《新法学周刊》2001年，第1872页以下
NJW 2001，1872

【要旨】

如果只能以有限的方式消除瑕疵，则承揽人负有义务采取该措施。定作人可以从一开始就拒绝与该义务不相符且不合理的要约。①

【主文】

根据原告的上告，位于班贝克的州高等法院于2010年1月21日作出的判决被撤销。

本案发回其他上诉法院合议庭重新审理并作出裁判，包括就上告程序的费用重新审理并作出裁判。

【事实】

当事人对因安装楼梯的合同而产生的相互间的请求权发生争议。

被告在1996年为原告的房屋建造了一个从一楼到二楼的榉木楼梯。2002年，被告将楼梯从二楼继续延伸至顶楼。当事人就合同约定的报酬产生了争议。在粗略安装后，原告声称有瑕疵，拒绝支付账款，并要求消除瑕疵。被告于2002年10月根据《德国民法典》第648a条

---

① BGH，Urteil vom 13. Dezember 2001，VII ZR 27/00，BGHZ 149，289，293.

请求对约定的报酬提供担保。原告因此向被告提供了一份金额为 6648 欧元的银行担保(Bankbürgschaft)。

在独立的举证程序(Beweisverfahren)中,专家认定了楼梯的瑕疵,这些瑕疵在楼梯安装的状态下无法被消除,因此认为 15% 的减价是合理的。在一份补充的鉴定意见中,专家指出了更多的缺陷,他认为消除这些瑕疵的金额为 1762.04 欧元是合适的,包括减价的估值在内。

原告要求法院判令被告支付 11900 欧元的赔偿金,返还 6648 欧元的保证金,并确认被告有义务承担未来安装和拆除楼梯的费用。

被告提出反诉,请求法院判令其在交付楼梯和原始担保的同时,原告应当支付剩余工程款 9400 欧元,并请求法院确认原告存在受领迟延。在提出反诉后,原告扩大了索赔范围,要求返还据称多付的 1850.16 欧元的款项。

州法院驳回了原告的诉讼请求,并在 8847.27 欧元的限度内支持了被告的反诉。

上诉法院驳回了原告的上诉,原告想基于该上诉继续争取其在一审中提出的诉讼请求以及希望法院否定被告的反诉。

在经合议庭批准的上告程序中,原告继续主张其诉讼请求。

【判决理由】

原告的上告导致上诉判决被撤销,本案被发回上诉法院。

一

(1)上诉法院认为该诉讼请求没有理由。

原告于 2004 年 1 月 15 日根据《德国民法典》第 649 条第 1 句通过其诉讼代理人的信件终止了承揽合同。原告因此负有义务在《德国民法典》第 649 条第 2 句规定的范围内支付约定的报酬。原告不因为被告不合理地拒绝补充履行而享有特别终止权。从双方的通信中可以看出,被告原则上已经准备消除瑕疵。补救并未发生,因为原告坚持拆除楼梯以消除瑕疵。承揽人对于其是通过单纯的消除瑕疵,还是通过重新制造承揽物来履行其所负担的补救义务享有选择权。其原则上也有权决定修补的类型和方式。被告因此有权决定,以何种类型和方式消除专家鉴定人确定的瑕疵,但原告剥夺了被告的这一机会。

(2) 上诉法院认为被告所提出的反诉是有理由的。

由于双方当事人没有就报酬的数额达成合意,被告根据《德国民法典》第632条第2款对于适当的报酬享有请求权。根据专家鉴定人的结论,包括栏杆在内的楼梯建造费用为16577.32欧元。没有迹象表明要考虑节省下来的费用和《德国民法典》第649条第2句意义上的其他收入。一审法院从这一数额中正确地扣除了3068.01欧元的预付款、2900欧元的部分付款和1762.04欧元的消除瑕疵的费用,因此剩余的索赔额为8847.27欧元,其他的扣除金额不予考虑。在被告的委托确认书上确实有一个标注,根据该标注,原告在2000年2月15日支付了2644.61欧元,其他款项没有被标注出来。尽管原告提出的关于这笔款项的意见不是决定性的,但被告也提出了异议,而且原告也没有为此提供任何证据。原告没有因为楼梯的缺陷而提出进一步的付款要求,因为他没有为补充履行设定有效的期限。在所有的信件中,他都表示他只接受拆除楼梯的补救方案。

二

这些解释经不起法律的检验。

(1) 基于已经作出的认定,上诉法院认为原告不享有特别终止合同的权利的观点是不正确的。

根据上诉法院的认定,专家在其最初的报告中总结说,其所发现的楼梯瑕疵在安装状态下是无法消除的。在上告程序中,由于上告法院没有得出相反的结论,必须假定本案的情况就是这样。在此基础上,上诉法院关于被告没有明确拒绝消除瑕疵,因此不能合理地期望原告因被告的违约行为而继续履行合同的说法在法律上是错误的。

如果楼梯的瑕疵在安装状态下无法被消除,原则上由承揽人决定其如何实现合同约定的状态。如果瑕疵只能以一种特定的方式被消除,则其有义务以该种方式采取措施。定作人可以自始拒绝与该义务不相符且不合理的要约。[①]

---

① BGH, Urteile vom 13. Dezember 2001-VII ZR 27/00, BGHZ 149, 289, 293 und vom 24. April 1997-VII ZR 110/96, BauR 1997, 638=ZfBR 1997, 249.

如果上诉法院否认被告有违约行为,因为原告通过其行为剥夺了被告消除瑕疵的机会,则缺乏对原告行为方式的认定,也缺乏对为何再次给予专家实地考察时在场的被告消除瑕疵的机会的认定。因此,合议庭无法判断原告的违约行为在多大程度上导致被告没有履行其通过拆除楼梯消除瑕疵的义务,以及这一行为在判断原告是否享有特别终止权(Außerordentliches Kündigungsrecht)的问题上产生了多大程度的影响。

上诉法院没有就被告可以根据《德国民法典》第635条第3款拒绝消除瑕疵作出认定,因此,其也未判断出价值减少。上诉法院未提及的州法院的认定是不完整的。其没有考虑到其他瑕疵,消除这些瑕疵可能对原告有相当大的利益,特别是破坏了与现有楼梯形成的视觉和谐这一瑕疵。专家的分类并不具有决定性,其基本上只评估了减少的价值,但并不表明其是以法律的标准为导向的。

(2)如果报酬是根据《德国民法典》第649条第2句作出的,就不能维持令原告支付8847.27欧元报酬的判决。如果涉及特别终止,据此在上告程序中应当按照现有状况假定有利于原告,则被告仅对被提供的给付享有报酬请求权。此外,不能因为原告要求拆除楼梯,就根据专家的调查结论否定原告因给付存在瑕疵而享有的权利。就上诉法院认为原告在被告实际负有债务的范围内拒绝消除瑕疵而言,缺少对于根据上诉法院的观点被告负有何种消除瑕疵的义务的认定。

a)此外,上告法院还质疑上诉法院的如下观点,即双方当事人未就原告须支付的报酬达成有效的合意,因此应支付通常的报酬。在这一点上,上诉法院援引了州法院的解释。州法院认为,2002年6月28日的委托确认书(Auftragsbestätigung)不能被用于计算报酬,因为委托确认书是在作业开始后制作的,且双方没有就作为争议对象的楼梯的报酬数额达成合意。

委托确认书不会仅因为其是在作业开始后被发出的而失去其法律意义。此外,与已经完成的委托以及若干年后才接受的后续委托相联系的委托确认书的特殊情况没有被考虑到。2002年6月28日的信件如果不包含对已经签订的合同的确认,也不包含对以前提出的要约的承诺,则还可以被理解为以被描述的价格提供被提及的给付的要约。对于这样的要约可以以默示的方式作出承诺。最终,双方当事人都援引 2002 年 6 月 28 日的信件所确认的委托授予的有效性。原告最初就此持有不同的法律观点,但这与在法律评价层面认为合同已经成立并以 2002 年 6 月 28 日的信件的内容为合同内容并不冲突。

b) 上告法院还指出,上诉法院的计算也是错误的,因为它没有考虑原告要求的另一笔 5144.61 欧元的分期付款。上诉法院在这方面指出,在 2002 年 6 月 28 日的委托确认书上只注明了 2644.61 欧元的金额。就此,上诉法院没有认识到,订单确认书显示金额为 2644.61 欧元,另外还有一笔 2500 欧元的款项,总金额为 5144.61 欧元。根据被告在委托确认书中的标注,原告在一审程序中已经于 2007 年 7 月 19 日的书状中援引了该扣减金额并在上诉理由中再次提及了该扣减金额。与上诉法院的意见相反,这一结论是有说服力的。上诉法院没有必要进行证据提交程序,因为被告的支付在 2009 年 12 月 17 日上诉法院的审理后才在一份没有删减的书状中被质疑。

三

因此,该判决不成立。撤销该判决,将本案发回上诉法院重新进行审理并作出裁判。合议庭根据《德国民事诉讼法》第 563 条第 1 款第 2 句,将本案发回上诉法院的另一个合议庭。

(孙鸿亮 译)

判例十

《建筑工程发包与合同规则B部分》合同中的保证：在验收前消除瑕疵或要求新验收；偿还第三方修缮的费用

《联邦普通高等法院民事裁判》2013年3月7日
BGH,Urteilvom07.März2013
《新法学周刊》2013年,第1528—1529页
NJW2013,1528-1529

【要旨】

（1）根据《通则B》第4条第7款第1句，发包人（Auftragbeber）可以要求在验收前消除现有的瑕疵，并按照合同约定制作作品。但是，发包人在验收之后，如果合同也能以其他方式履行，其就不能要求按照合同来进行特定方式的消除瑕疵或者按照合同约定的方式生产。只有当承包人不可能以其他方式履行合同时，发包人才能要求重新生产。[①]

（2）受专家建议的发包人可以定期要求支付其因该建议而产生的第三方补救修缮费用。即使法院后来证明为消除瑕疵而采取的措施是不必要的，承包人也应偿还这些费用。

【主文】

根据原告的上告，罗斯托克州高级法院第二民事法庭于2010年6

[①] BGH, Urteil vom 5. Mai 2011, VII ZR 28/10, BauR 2011, 1336＝NZBau 2011, 413＝ZfBR 2011,550.

月 16 日作出的判决被撤销。该案件被发回上诉法院重新审理和裁决，包括上告程序的费用。

【事实】

原告起诉作为第一被告的建筑师和作为第二被告的承包人，要求其共同偿还更换窗户元件的费用并赔偿损失。第二被告提起反诉，要求原告支付剩余的工作报酬。

原告委托第一被告按照旧版《建筑师和工程师的费用表》（HOAI）第 15 条第 2 款的规定，为 24 栋联排屋的建设提供第 4 至 7 阶段的建筑服务，并为第 8 栋至 13 栋联排屋的装修提供施工监理。2000 年 2 月，第一被告起草了一份木工工程、窗户和外门的功能性能规范（funktionale Leistungsbeschreibung）。在此基础上，原告和第二被告在考虑到《通则 B》的情况下，于 2000 年签订了一份关于供应与安装门窗部件的合同。该工程进行到 2001 年 9 月。

在施工过程中，窗户的区域就已经出现了水和风的渗入，而第二被告无法进行补救。被邀请来的专家 Ib. 表示，由于窗户的结构不严密，必须要更换窗户。第一被告也已经表达了这一意见，并不顾第二被告的反对，建议原告更换窗户，但第二被告认为没有必要更换窗户。于是，原告要求第二被告更换窗户，规定了最后期限并威胁要撤销合同。第二被告没有履行原告的这一要求。

在获得专家鉴定意见后，州法院驳回了诉讼，支持了第二被告的反诉。在获得进一步的专家鉴定意见后，上诉法院确认了州法院的判决。在被合议庭批准的上告中，原告继续坚持其主张，并反对支付第二被告剩余报酬的命令。

【判决理由】

原告的上告导致上诉判决被撤销，案件被驳回至上诉法院。

一

针对第二被告的上告

（1）在专家的建议下，上诉法院驳回了索赔要求，理由是消除瑕疵的费用不合比例。被替换的窗户确实有瑕疵,不符合标书中规定的质量。然而,更换窗户的密封条就足已消除瑕疵。原告无权拒绝履行有关工程付款的要求,因为其要求第二被告对瑕疵采取不合比例的消除措施。

这经不起法律的检验。

(2) 2001年12月31日之前签订的合同中约定的原告和第二被告的债务关系适用《通则 B》(1998)和《德国民法典施行法》第229条第5款第1项。

a) 根据《通则 B》第8条第3款第2句,在合同解约终止后(《通则 B》第4条第7款第3句、第8条第3款第1句),发包人可将尚未完成的部分工作交由第三方进行,费用由承包人承担,并要求承包人赔偿所造成的任何进一步损失。发包人可以要求承包人偿还第三方维修的费用,这些费用是其作为一个建筑物业主在委托时应该支付的。据此,这必须是补救损失的合理措施。如果发包人获得了专家的建议,可以定期要求承包人赔偿根据其建议所产生的损害补救费用,承包人将承担专家作出错误判断的风险。因此,即使后来为消除瑕疵而采取的措施被证明是不必要的,承包人也必须偿还这些费用。[1]

b) 尽管上诉法院参考了合议庭的判决,但其未正确地适用合议庭所提出的原则。

原告根据专家意见作出了更换窗户以消除瑕疵的决定。经各方同意咨询的专家 Ib. 和第一被告都认为有必要将窗户更换为带有加固型材的窗户。更换窗户是合适的,可以消除漏雨现象。因此,如果替代性能的条件存在的话,建筑物业主(原告)可以委托采取这一措施。后来上诉法院指定的专家认为没有必要更换窗户,这对第二被告不利,原告不能以此作为抗辩理由。

c) 因此,上诉法院并不支持驳回上诉,上诉判决必须被撤销。合议庭不能就案件本身作出决定,从其一贯的观点来看,合议庭无权就

---

[1] BGH, Urteil vom 31. Januar 1991-VII ZR 63/90, BauR 1991, 329, 330 = ZfBR 1991, 104, 105; Urteil vom 27. März 2003-VII ZR 443/01, BGHZ 154, 301, 305; Urteil vom 27. Mai 2010-VII ZR 182/09, BauR 2010, 1583 Rn. 19=NZBau 2010, 556 Rn. 19=ZfBR 2010, 664.

《通则 B》第 8 条第 3 款第 2 句中的进一步前提要求作出任何事实性的认定。在进一步的听证会中，合议庭指出了以下几点：

aa) 上诉法院没有就替代性履行的前提条件是否存在作出任何认定。新的庭审会令上诉法院有机会作出认定。可以认为，原告有权要求更换窗户，而不考虑窗户漏水的原因以及即使不更换窗户也能消除瑕疵的程度。根据原告的说法，由于长期潮湿，窗户损坏严重，并有真菌侵袭，仅此原因就必须更换。

bb) 如果不是这种情况，上诉法院将不得不审查尚未进一步说明的瑕疵的总和是否使得更换窗户成为理由正当的措施。

cc) 在这种情况下，上诉法院将必须澄清瑕疵和是否不能满足替代履行的先决条件，因为第二被告不承担更换窗户的责任，是原告要求更换窗户的。在这方面应该指出的是，发包人可以根据《通则 B》第 4 条第 7 款第 1 句，在验收之前要求消除现有的瑕疵并按照合同进行制作。但是，在发包人验收之后[①]，如果合同也可以通过其他方式履行，其就不能要求任何特定类型的消除瑕疵或按照合同进行制作。仅当无法以任何其他方式履行合同时，发包人才能要求重新制作。[②] 因为这取决于承揽人如何履行合同，只要合同履行的细节尚未约定。

如果发包人要求采取措施消除不能归责于承包人的瑕疵，根据联邦最高普通法院发展出的原则[③]，仍然可以产生替代履行的权利。上诉法院可能还要考虑第二被告是否有权依据以下事实：原告要求采取这样的措施，而这一措施是由于第二被告首先尝试消除瑕疵未果；在这些尝试中未能认识到造成瑕疵的真正原因；原告在提交第一份专家意见后提出的消除瑕疵的措施实际上并未有效。

---

① BGH, Urteil vom 5. Mai 2011-VII ZR 28/10, BauR 2011, 1336＝NZBau 2011, 413＝ZfBR 2011, 550; BGH, Urteil vom 24. April 1997-VII ZR 110/96, BauR 1997, 638, 639＝ZfBR 1997, 249, 250.

② Handbuch Privates Baurecht/Merl, 3. Aufl. , §12 Rn. 697; Leinemann/Sterner, VOB/B, 4. Aufl. , §4 Rn. 138; Oppler in Ingenstau/Korbion, VOB Teile A und B, 18. Aufl. , §4 Abs. 7 Rn. 18; Keller in Franke/Kemper/Zanner/Grünhagen, VOB, 4. Aufl. , §4 VOB/B Rn. 250; Kapellmann/Messerschmidt, VOB Teile A und B, 4. Aufl. , §4 VOB/B Rn. 164.

③ BGH, Urteil vom 5. Oktober 2005-X ZR 276/02, BauR 2006, 524＝NZBau 2006, 116＝ZfBR 2006, 226.

二

针对第一被告的上告

（1）上诉法院在听取了一位鉴定专家的意见后指出，根据旧版《德国民法典》第 634、635 条的规定，对第一被告的索赔主张并不成立。虽然第一被告未能指定第二被告提供的窗户的使用范围，但是这个瑕疵并没有产生影响，因为第二被告安装了符合正确使用范围的 C 型号窗户。

这经不起法律的检验。

（2）原告和第一被告之间的债务关系可以适用民法典草案说明（即《德国民法典施行法》的第 229 条第 5 款第 1 项），这适用于 2001 年 12 月 31 日之前签订的合同。

a）上诉法院没有考虑第一被告是否有责任，因其建议原告要求第二被告更换窗户，并认为这是实现无瑕疵给付的唯一途径。第一被告是否因其作为原告的财产管理人（Sachwalterin）而负有义务就瑕疵产生的原因向原告提出建议并提出具体的消除瑕疵的措施，这一点并不重要。第一被告提出了更换窗户的建议，这一建议是错误的。如果第一被告有过错，且该建议对原告要求更换窗户的决定有因果关系，则第一被告应对由此造成的损害负责。

b）因此，上诉法院的考虑不支持驳回上诉，上诉判决必须被撤销。法院无法自行决定此事，因为上诉法院不能就要求损害赔偿的进一步先决条件作出任何事实认定。这尤其依赖上诉法院对第二被告的责任的进一步认定。

（申柳华　译）

判例十一

工作瑕疵:补救瑕疵请求权作为一种重新完成工作请求权

《联邦最高普通法院民事判决选》第 96 卷,第 111 页以下
BGH,BGHZ96,111

【要旨】

即使工作已经被验收,如果长远来看重新完成工作是补救瑕疵的唯一方法,定作人也可以通过补救瑕疵请求权要求承揽人重新完成工作,无论承揽合同是否只受《德国民法典》调整,或者《通则 B》是否适用于该承揽合同。

【主文】

驳回被告针对 1984 年 11 月 6 日柏林上诉法院第二十一民事审判庭所作判决的上告。

被告应承担上告程序的费用。

【事实】

1977 年,原告委托被告为其独门独户房子(Einfamilienhaus)安装铝框门窗,费用为 21607.04 马克。由于原告要求尽可能低的热传导值(Wärmedurchlaßwert),即 K 值,被告提供了一种 K 值为 2.4 至 2.6 的框架结构。该要约以及被告的交货和付款条件(Lieferungs- und Zahlungsbedingungen)作为合同的基础;合同其余部分受《建筑工程发包与合同规则 B 部分》的调整。

1977年,被告完成的工作被验收。定作人验收后,发现门窗框架部分的实际 K 值为 3.8(W/mü)。

原告要求承揽人以更换所有门窗框架和窗扇的形式进行整改,换上 K 值为 2.4 至 2.6 的新门窗,并负责所有必要的辅助工作。为了支持他的主张,原告指出,较差的隔热性能导致了额外的热量需求,而且门窗型材中很容易出现冷凝水。除此之外,这还会导致墙纸和石膏上形成霉菌。

在上述请求不受支持的情况下,原告要求被告支付 25145.13 马克,在这一请求也不受支持的情况下,他要求被告对其他瑕疵进行补救,并向其支付 11078.79 马克及利息。

被告对此提出反驳:更换所有门窗对被告来说是不合理的,并且将产生 22000 马克的工作成本。这实际上意味着完成新的工作,但被告在工作被验收后没有义务重新完成工作。在其合同报价中,被告直接使用了供应商给的 K 值;事实上,在 1977 年,根据当时的技术水平,框架的 K 值根本不可能达到 2.4 至 2.6。不符合原告在要约中被告知的 K 值,只在很大程度上降低了门窗的价值或适用性。窗户上只有在外部温度为零下 5 至零下 10 摄氏度的情况下才会出现冷凝水,并且每年只有几天时间可能出现冷凝水。

地方法院和上诉法院对原告的请求给予支持。被告对此进行上告,原告请求驳回上告并维持原判。

【判决理由】

一

上诉法院认为,根据《德国格式条款法》[①](Gesetzzur Regelungdes Rechtsder Allgemeinen Geschäftsbedingungen)第 11 条第 10 款 b,被告的交货和付款条件中的第 9 条是无效的,因为该条款将对定作人的瑕疵担保请求限制在修理或更换上,而没有通过明确保留赋予合同另一方在修理或更换失败的情况下要求采取其他补救措施或降低价格

---

① 本法已于 2002 年 1 月 1 日废止。(译者注)

的权利。因此,《通则 B》在这方面对该合同进行调整。

被告对此的上告是徒劳的。被告争辩说,《德国格式条款法》在这里不适用,因为双方是在 1977 年 2 月 16 日签订的要约,因早于《德国格式条款法》生效的时间(《德国格式条款法》第 30 条)。

被告的辩称是有法律错误的,因为只有签订合同的时间对截止日期的问题有决定性的意义(《德国格式条款法》第 28 条第 1 款)。然而,在这方面,根据被告于 1977 年 10 月 31 日开具的账单(双方对此均无异议,因此视此账单为无异议并且可以被法院采纳的证据),可以认定该订单是在 1977 年 8 月 30 日,即《德国格式条款法》生效后下的。

二

上诉法院认为,被告在合同中保证门窗框的 K 值为 2.4 至 2.6。被告在要约中对门窗框的质量进行了说明,就应保证由其提供的门窗在验收时将具有上述的 K 值。由于合同上的保证(Zusicherung),被告必须按照《通则 B》第 13 条第 1 款的规定提供保证。另一方面,根据安装时的技术水平,是否有可能达到这一数值,以及该工作是否符合当时公认的技术规则,在本案中都无关紧要。

另一方面,上告方认为,被告在本案中不能考虑保证约定的 K 值,因为他在技术上无法检查框架的 K 值;相反,他不得不完全相信其供应商提供的信息。

这一辩称也是徒劳的。

诚然,并非工程量清单(Leistungsverzeichnis)或要约中对建设工程的每项描述都自动构成对某种质量的保证。例如,合议庭不认为在某一建设工程的详细描述中,如在一个具体案例中,对外墙板(Fassadenblenden)之间的接缝位置的描述是对某种质量,即外墙包层(Fassadenverkleidung)质量的保证,即其质量、抵抗力(Widerstandsfähigkeit)、特殊目的的可用性或类似情况。[①]

相反,对门窗框的这一 K 值的规定,恰恰是为了描述建设工程的一个属性。

---

① NJW 1981,1448.

被告也对这一属性作出了保证。《通则 B》第 13 条第 1 款(和《德国民法典》第 633 条)中规定的保证是指承揽人在合同中作出并被定作人接受的承诺,即工作将具有某种属性。与买卖合同不同的是,承揽人不需要明确表示如果没有达到质量,其将对所有的后果负责。①

提供保证的承揽人是否能够检查从制造商那里获得的框架部件的 K 值,以及承揽人是否因过失而提供该保证,这些都是不重要的。在本案中,在对保证的认定过程中也考虑到,原告无可争议地非常重视最佳的隔热效果,因此对他来说,拥有尽可能低的 K 值是很重要的。②

最后,对承揽人保证的认定并不因其提供该保证时在技术上尚不能达到所述的 K 值而被排除。正如合议庭已经裁定的那样,根据《德国民法典》第 633 条及以下条款,提供保证的人应承担责任,即使在技术层面上,被保证的属性是无法实现的。③ 这也适用于《通则 B》第 13 条第 1 款。

三

上诉法院认为,原告有权要求被告按照保证的 K 值重建门窗;即使考虑到被告的利益,原告也无法通过其他方式获得合理的损害赔偿。被告也不能以其需要付出不合理的努力为由拒绝补救。

针对这一点的上告仍然没有成功。

关于工作验收后是否可以要求承揽人重新完成工作的问题,在判例法和文献中没有统一的答案。

根据《德国民法典》第 633 条第 2 款,德国联邦最高普通法院拒绝了定作人在工作验收后要求承揽人重新完成工作的请求。④ 它指出,《德国民法典》第 633 条第 2 款第 1 句赋予了一种通过验收工作而合同内容上得到改变的履约请求,因为它只限于被验收的工作,所以承揽人只需对其瑕疵进行补救。⑤

---

① Glanzmann in BGB-RGRK, 12. Aufl., §633 Rdn. 12.
② Ingenstau/Korbion, VOB/B, 10. Aufl., §13 Rdn. 33, 34.
③ BGHZ 54, 236, 238.
④ BGHZ 42, 232, 233.
⑤ BGHZ 61, 42, 45.

这也是文献中的主流观点。① 然而,艾瑟和威尔斯(Esser/Weyers)认为,在特殊情况下,即使在工作验收之后,承揽人基于诚信原则也有义务重新完成工作。②

对于《通则 B》的适用范围,合议庭最初也在 1962 年 5 月 24 日的判决中拒绝了验收工作完成后要求承揽人重新完成工作的请求。③ 然而,在后来的判决④中,合议庭质疑这一判例法是否真的对《通则 B》中的特殊规定进行了公正的处理,但对这一问题没有作出最终的定论。⑤

有学者认为,在《通则 B》的适用范围内,对定作人要求承揽人重新工作的请求应予以拒绝。⑥ 另一些学者却认为定作人在验收工作完成后原则上仍然可以要求承揽人重新工作。⑦

主流观点认为该请求只有在特殊情况和特定条件下是可能的。海尔曼、里德尔以及施威博(Heiermann/Riedl/Schwaab)认为定作人在因受到欺诈而对工作进行验收和严重瑕疵的情况下可以请求重新工作。⑧ 有些学者要求工作必须完全不能使用,而且不能以任何其他方式实现公平合理的补救。只有当根据《通则 B》第 13 条第 6 款提出的减价要求或根据《通则 B》第 13 条第 7 款提出的损害赔偿要求不能得到公平的赔偿时,定作人才有权要求承揽人重新工作,"如果这在权衡有利于定作人的利益时,出于个别案件的公平原因而显得必要的

---

① Glanzmann aaO Rdn. 19 u. 44; Korintenberg, Der Mängelbeseitigungsanspruch und der Anspruch auf Neuherstellung beim Werkvertrag, Dissertation (1927), 28 f, 32 f; derselbe, Erfüllung und Gewährleistung beim Werkvertrage (1935), Seite 131; Soergel in MünchKomm, BGB, § 633 Rdn. 79 m. w. N. ; Erman-Seiler, BGB, 6. Aufl. , § 633 Rdn. 30-32; Jauernig/Schlechtriem, 3. Aufl. , § 633 BGB Anm. 6; Larenz, Lehrbuch des Schuldrechts, Besonderer Teil, 12. Aufl. , § 53 II, Seite 284.

② Schuldrecht, Besonderer Teil, 6th ed. , § 32 II 3, p. 234.

③ VII ZR 23/61=LM No. 5 to § 13 VOB/B,以及 NJW 1962, 1569.

④ BGHZ 42, 232, 233.

⑤ BGHZ 58, 7, 9; Urteil vom 27. Januar 1966-VII ZR 278/63=Schaefer/Finnern Z. 2. 414 Blatt 153.

⑥ Wussow, NJW 1967, 953 ff; Daub/Piel/Soergel/Steffani, VOB/B, § 13 ErlZ 13. 415; Kaiser, Mängelhaftungsrecht, 4. Aufl. , Rdn. 77.

⑦ Ganten, BauR 1971, 161 ff.

⑧ Heiermann/Riedl/Schwaab, VOB/B, 3. Aufl. , § 13 Rdn. 62.

话"①。克塞尔(Kiesel)则认为,"工作验收后请求重新工作是否得到法院支持,必须基于定作人在保持工作的可使用性和防止(有瑕疵的)工作的损害方面的合理利益,但也基于承揽人在控制其损害赔偿费用方面的利益"②。

合议庭放弃了以前的判例法,并对这一法律问题作出了如下裁决,这对本诉讼程序的结果也是决定性的,即如果瑕疵只能通过这种方式彻底得到补救,在补救瑕疵时可以要求承揽人重新完成工作,无论承揽合同是否受《德国民法典》或《通则 B》的调整。

在目前的考量中,通常过多地强调了重新完成工作和补救之间(可能存在的)概念差异,而补救瑕疵的目的没有得到充分的关注,虽然补救瑕疵在承揽合同法中有极为重要的意义。

《德国民法典》和《通则 B》没有使用"补救"一词,而只是说可以要求消除瑕疵(参见《德国民法典》第 633 条、第 634 条;《通则 B》第 4 条、第 7 条以及第 13 条)。然而,补救瑕疵的意思无非有瑕疵的工作必须被无瑕疵的工作所取代,只要这对完成一个无瑕疵的整体工作是必要的即可。瑕疵的范围越大,可以要求的补救范围也就越大。因此,全面补救瑕疵的固有性质是,如果其他消除瑕疵的方式无法达到目的,也可以用新的、无瑕疵的工作完全取代以前有瑕疵的工作。在这种情况下,重新完成工作只意味着在最大可能但也是在必要的范围内进行补救。如果最后完成的部分工作也必须被替换,那么补救工作,即只剩下最初完成工作的剩余部分,虽然可能是很小的部分,但是往往也可以无缝衔接进重新完成的工作中。这种补救瑕疵的措施在实质上没有区别,只是范围不同。如果承揽人的瑕疵补救义务可能取决于一种措施或者另一种措施,就为承揽人造成了选择障碍,并且这也经常导致纯粹的巧合,即凑巧在这种情况下只有这一种措施是可能的,从而导致无法令人满意的结果。

上述结果也在合议庭以前作出的裁决中得到支持,根据该判例法,应根据承揽工作的总范围来评估为达到合同中规定的要求而考虑

---

① Ingenstau/Korbion, 10. Aufl., § 13 Rdn. 154-154 b; Vygen, Bauvertragsrecht, Rdn. 530; ähnlich Nicklisch in Nicklisch/Weick, VOB vor § 13 Rdn. 8-10, § 13 Rdn. 122.
② Kiesel, VOB/B, § 13 Rdn. 17.

采取的措施是否仍被视为消除瑕疵或已被视为重新完成工作,重新完成工作的一部分仍属于消除瑕疵。① 这意味着,如果承揽人/承包人拒绝任何瑕疵补救,承揽越是全面,越不容易出现需要重新完成工作的情况,承揽范围越是有限,越是经常出现需要重新完成工作的情况。当整体建设工程合同和部分建设工程合同重合时,这简直是荒谬的。例如,一个总承包人建造一幢即将完工的房子,他必须完全更新覆盖有损坏的瓦片的屋顶;但是,他不能要求他的承包人也这样做,因为其只需要覆盖屋顶。同样的补救瑕疵措施,对于承包人而言是重新完成工作,对于总承包人而言只是对瑕疵进行补救。

这种不一致的情况表明,在补救瑕疵时,为完成满足合同中规定的要求的工作应考虑所有瑕疵补救措施,包括完全替换已经完成的工作。在这种情况下,作为瑕疵的补救措施,重新完成工作造成的成本是不重要的。补救工作的个别部分也可能非常昂贵,往往远远超过整个工作的报酬。另一方面,对承揽人来说,重新完成工作可能比维修单独的部件更便宜。出于这个原因,必须允许承揽人至少在基于诚信原则的前提下重新完成他本来只需要维修的工作,除非在具体案情中对定作人来说是不合理的。②

将重新完成工作纳入工程验收后的瑕疵补救,并不因瑕疵补救请求作为履约请求而被排除,因为履约请求只限于已验收的工程。这一限制并不一定意味着承揽人应采取的瑕疵补救措施在任何情况下都不应该包括重新完成已经完成的工作。没有任何合理的理由让验收对瑕疵补救有如此之大的影响。在验收过程中注意到的并保留的瑕疵必须得到补救,即使所采用的补救措施本质上和重新完成工作没有区别。并且,定作人通常甚至可以拒绝验收。所以没有充分理由可以说明,在验收后才出现瑕疵的情况下,定作人不能够要求承揽人重新完成工作。即使在验收前发现了瑕疵,定作人也不可能总是要求重新完成工作,而是取决于履约状况(如施工进度),至少基于诚信原则的前提下,如果合同规定的要求能够满足的话(即完成没有瑕疵的工

---

① BGHZ 58, 7, 9/10.
② Glanzmann aaO marginal no. 20; Ingenstau/Korbion aaO marginal no. 154 a.

作），只可以要求承揽人对个别部分进行补救。① 反过来说，定作人也必须能够在验收后请求承揽人重新完成工作以消除瑕疵，如果这是消除瑕疵的唯一方法。

这一点不因验收而改变，通过验收，定作人表示他希望接受工作并认可合同的履行。② 此时定作人认可的是他在验收时看到的工作。不言而喻，他也希望验收后出现的但在验收时没有出现的瑕疵得到补救。③ 根据瑕疵的类型、严重程度和范围，甚至瑕疵大到整个工作需要重新完成，这一点并没有被验收所排除。承揽人不得仅因工作被验收而相信定作人只需要补救瑕疵。至少，如果承揽人完成了如此有瑕疵的工作，以至于个别部分的补救也不足以满足合同规定的要求（即无瑕疵的工作），他相信自己只需要补救瑕疵这一点就不值得法律保护。

这并不质疑验收作为将合同双方引入承揽合同下一个重要阶段的功能。验收意味着承揽人先前履行义务（Vorleistungspflicht）的结束，工程款到期，验收后出现的瑕疵的举证责任倒置（Umkehr der Beweislast），以及通常情况下定作人对履行合同的请求仅限于已验收的工作，但这并不意味着定作人不能在补救缺陷的框架内要求承揽人重新完成工作（如果这是必要的），当然这也取决于瑕疵的类型、严重程度和范围。

所有这些都同样适用于受《通则 B》调整的建设工程合同。这方面建设工程合同与《德国民法典》规定的承揽合同没有区别。当然，在《通则 B》中规定的合同类型中认为可以通过重新完成工作来补救瑕疵是没有说服力的，因为根据《通则 B》第 13 条第 5 款提出的补救请求，与根据《德国民法典》第 633 条提出的补救请求是不一样的，前者是一种单纯的瑕疵担保请求。④ 显然，作为派生请求权的瑕疵担保不可能比（尽管是因为瑕疵而出现的）履约索赔管得更远，因为履约索赔是最强的索赔形式。⑤

---

① § 4 Nr. 7 VOB/B; Glanzmann aaO Rdn. 36.
② NJW 1985, 731, 732 m. N.
③ ähnlichen Ansatzpunkt bei Nicklisch aaO vor § 13 Rdn. 8 und Kiesel aaO.
④ Hereth NJW 1959, 483.
⑤ Nicklisch aaO vor § 13 Rdn. 8; Kaiser aaO.

合议庭达成的结果也符合各方的利益。在不考虑《德国民法典》或《通则 B》是否调整该合同的情况下，它实现了承揽合同双方利益的适当平衡。

补救瑕疵所涉及的主要利益是，定作人/发包人的主要利益是一个承揽人/承包人完成没有瑕疵的工作。相反，从验收时起承揽人/承包人的责任只局限于被验收的工作并且只有补救瑕疵义务，这一点并不符合定作人/发包人的主要利益，所以无法优先考虑。并且，承揽人在合同中承诺完成一项无瑕疵的工作，他只对被验收的工作负责的利益也不值得保护。因此，在通过完全替换已经完成的工作（即重新完成工作）来实现补救瑕疵的情况下，定作人/发包人在完成无瑕疵的工作中的利益需被优先考虑。

在这种情况下，面对定作人/发包人重新完成工作的请求，承揽人/承包人绝非毫无还手之力。他只需要重新完成工作，如果这对彻底消除瑕疵确实是有必要的，而房屋整体保温系统中门"是一个相当大的弱点，并使保温效果变差"。

在这种情况下，原告的利益无法仅通过重新完成部分工作得到满足；相反，只有在彻底更换门窗的情况下，被告才能完成具有他保证的属性的工作，即没有瑕疵。并且，原告也可以提出这样的请求，而不是仅仅要求被告减少报酬。他还可以在一定程度上要求损害赔偿，这一点在此无关紧要。

此外，上诉法院裁定，被告无权拒绝所要求的补救类型（重新完成工作），因为他需要付出不合理的成本（参见《通则 B》第 13 条第 6 款）。

被告只有在衡量所有情况后，认为补救瑕疵所需的成本与补救瑕疵所能取得的成功不相称的情况下，才可以拒绝补救瑕疵。[①] 在这种情况下，重要的不仅是发生的费用数额，还有这些费用与定作人通过补救瑕疵获得的利益之间的关系。据此实现的 K 值的提高对原告来说是一个相当大的优势，因为建筑保温系统的一个重要"薄弱点"被消除了。原告希望通过高隔热性能来消除在较长的霜冻期内发生冷凝的风险。这样，目前安装的框架每年平均有多少天发生冷凝就不重

---

① BGHZ 59, 365, 367/368.

要了。

另外,关于所产生的额外供暖费用,在供暖费用意外大幅增加的情况下,原告有可能遭受相应损失。考虑到所有的情况,重新安装符合 K 值标注的门窗以及由此产生的约为 22000 马克的成本对于被告来说并非不合理。被告获得的报酬不是判断标准。[1]

四

根据上述所有情况,应驳回上告。

关于上告程序费用的裁决基于《德国民事诉讼法》第 97 条。

(刘易洲 译)

---

[1] BGHZ aaO S. 368/369.

判例十二

建设工程合同：在双方同意的情况下可将受发包人委托的设计人的有责行为归咎于发包人

《联邦最高普通法院新法学周刊》2014年，第3645页以下
BGH，NJW2014，3645

【要旨】

根据《德国民法典》第254条第2款第2句、第278条第1款，如果设计人没有单方面提出对设计进行修改，但这种修改是在设计人的建议下由发包人和承包人共同商定的，并且设计人负责对该设计进行修改，那么发包人必须对设计人的过失行为负责。在这种情况下，承包人是否提出了修改建议并不重要。

【主文】

根据原告的上告，石勒苏益格—荷尔斯泰因州（Schleswig-Holstein）地区高级法院第十七民事审判庭于2012年4月20日所作的判决被部分撤销，并作出如下修改：判处被告向原告支付58340.94欧元，原告需根据2012年1月25日专家T.出具的补充意见书（Ergänzungsgutachten），并且根据被告决定采用4毫米垂直接缝或8毫米垂直接缝的施工方式，完成在P市M.大街3号、3a号、3b号的建筑外墙翻新工程所需的工作，这些工作需要在被告向原告支付56188.80欧元的预付款后开始。驳回原告的其余上诉要求。

上述判决修改不涉及的诉讼部分被驳回。

原告应承担一审和二审诉讼费用的 24%,被告承担 76%。原告应承担引入有独立请求权第三人(Nebenintervention)所产生费用的 24%。

驳回被告的上告。

上告程序的费用应当由被告承担。在不许可上诉之抗告程序(Nichtzulassungsbeschwerdeverfahren)的费用中,原告应承担 72%,被告应承担 28%。原告应承担引入有独立请求权第三人所产生费用的 72%。

【事实】

原告向被告索赔,要求被告支付外墙装修的剩余未支付的工程价款。

2001 年 5 月,被告委托原告在其位于 P 市的高层建筑上搭建 Argeton[①] 粘土板外墙,关于技术细节的协商,由原告设计人即有独立请求权的第三人代理。根据原告提交的由有独立请求权的第三人所编制的以工程量清单为基础的工程价款报价单,水平和垂直接缝的宽度均为 8 毫米。根据工程服务项目介绍书(Leistungsbeschreibung),有独立请求权的第三人负责批准应由承包人完成的工作,并且承包人应在施工过程中与作为设计人的有独立请求权的第三人沟通协调。

早在施工前,被告就表示出于美观考虑希望将垂直缝隙做得比原来的窄一些。随后,有独立请求权的第三人与承包人联系,了解被告要求的这种解决方案的可行性。在被告和有独立请求权的第三人的要求下,原告与被告双方同意垂直接缝的宽度与原来的规划相差 2 至 3 毫米,并同意在每三个垂直接缝处插入一块挡板。

原告后来按照这个规划搭建了外墙,垂直接缝的宽度在 0 毫米到 8 毫米之间。

在原告开具账单后,被告对不同的接缝宽度提出异议,还从最后账单的金额中扣除了总价款 5% 的安全保留金(Sicherheitseinbehalt),安全保留金的金额约为 25104.53 欧元。根据由被告提供的合

---

① Argeton 为粘土板品牌名称。(译者注)

同条款中的第 12 条,合同双方约定了总价款金额 5% 的安全保留金,这一安全保留金应最后从账单金额中扣除。原告有权使用"凭要求即付"担保(Bürgschaft auf erstes Anfordern)来代替安全保留金。

原告提起诉讼并要求被告支付仍未支付的 60168.79 欧元。地区法院驳回了该诉讼。原告对此上诉取得部分成功。上诉法院要求被告支付 33236.41 欧元,同时原告需建造一个(更详细的)无瑕疵的外墙接缝。据此,瑕疵的补救只能在被告支付 56188.80 欧元预付款的前提下进行。

原告的上告得到了合议庭的部分许可,原告的上告旨在部分驳回关于最后发票金额 5% 的安全保留金的诉讼。被告在上告中对双方同时履行判决提出异议,因为补救瑕疵的条件是被告必须向原告支付 38000 欧元。

【判决理由】

原告的上告得到了合议庭的支持,被告仍应向原告支付 25104.53 欧元。被告的交叉上告未获得支持。

除了《德国民法典施行法》第 229 条编号 6 中适用于时效的过渡性条款外,根据《德国民法典施行法》第 229 条编号 5 第 1 句,本案受到《德国民法典》和《德国格式条款法》的调整。

一

上诉法院指出,关于 25104.53 欧元的诉讼是没有法律依据的,因为最后的账单要扣除合同总金额 5% 的安全保留金。使用格式条款而达成的担保协议并不是无效的,因为只有使用"凭要求即付"担保才能替代安全保留金。诚然,发包人的格式条款中所载的建筑承包人使用"凭要求即付"担保以保证履行合同的索赔义务通常是无效的。然而,一份因此而不完整的合同可以被解释为建筑承包人需进行无期限的可直接执行的担保(Unbefristete Selbstschuldnerische Bürgschaft)。联邦法院在其 2002 年 7 月 4 日的判决(案号:Urteil vom 4. Juli 2002-VIIZR502/99)中的限制,即对合同的补充解释不适用于在该判决作出之后和合同方签订的合同,不适用于本案,因为本案中的建设工程合同在该判决下达前已经签订。

33236.41欧元的诉讼是有法律根据的,但只有在与此同时完成为建造无瑕疵的外墙接缝而必须进行的工作的前提下。并且原告只有在被告支付了56188.80欧元的预付款后,才有义务进行这项工作。争议金额38000欧元(这一金额在上告程序中仍有裁决的必要)是基于被告共同造成外墙缺陷的事实。在有独立请求权的第三人的建议下,原告最初提出的使用8毫米宽的型材并制造相应的接缝的建议未被直接采纳。有独立请求权的第三人从制造商那里获得了信息,他不可能不知道最终选择的路径是一种没有使用建造商提供的型材而建造的特殊结构。这应归咎于被告,这就是被告必须承担1/3的瑕疵补救费用的原因。

二、原告的上告

上诉判决中,只有关于金额为25104.53欧元的裁决经得起法律审查。其余上诉裁决被驳回。

被告无权从最终账单金额中扣除5%的安全保留金,因为根据《德国格式条款法》第9条第1款,合同第12条的规定是无效的。

上诉法院对合同第12条规定的裁定是没有法律错误的。合同第12条的规定是由被告制订的《德国格式条款法》第1条第1款意义上的格式条款。

上诉法院裁定,发包人格式条款中的一个条款,规定承包人只可以使用"凭要求即付"担保来代替价款5%的安全保留金。本条款用不合理的方式弱化了承包人的权利。[1]

然而,上诉法院认为,根据《德国民法典》第157条、第133条,可以通过对合同的补充解释来解释担保协议,即该协议可以被解释为建筑承包人可以使用无期限的可直接执行的担保来代替价款5%的安全

---

[1] BGH, Beschluss vom 24. Mai 2007-VII ZR 210/06, BauR 2007, 1575, 1576 = NZBau 2007, 583; Urteil vom 9. Dezember 2004-VII ZR 265/03, BauR 2005, 539, 540 f. =NZBau 2005, 219.

保留金。这一观点是不正确的,这与德国联邦最高普通法院的判例法[1]相矛盾,并且没有理由偏离德国联邦最高普通法院的判例。

在这方面,上诉法院错误地适用了关于承包人提供合同履约担保义务的判例法,然而,这并不适用于关于瑕疵担保保留金(Gewährleistungseinbehalte)及其代替的协议。[2]

三、被告的上告

被告的交叉上告被许可受理。

由于交叉上告的附属性质,交叉上告需要与上告主题有直接的法律或经济联系。被告的交叉上告与原告的上告有着这样的联系。[3] 交叉上告涉及补救瑕疵的请求,该请求与原告支付余下工程价款的请求来自同一份建设工程合同,并且该请求与被告提出的不履行合同的抗辩在程序上也有联系。

被告的交叉上告是没有法律根据的。

交叉上告对上诉法院的裁决提出质疑,即被告对外墙的瑕疵负有共同责任,并以双方同时履行判决的方式要求被告承担一部分补救瑕疵的费用,金额为38000欧元。合议庭认为,上诉法院对此的裁决是没有法律错误的。

上诉法院裁定,根据《德国民法典》第254条第2款第2句、第278条,在所请求的补救瑕疵的索赔方面,被告必须对有独立请求权的第三人在规划方面的过失负责。

在根据《德国民法典》第633条请求补救瑕疵时,虽然过失不是该请求权的前提,但是根据《德国民法典》第254条和第242条,也必须

---

[1] BGH, Urteil vom 9. Dezember 2004-VII ZR 265/03, BauR 2005, 539, 541 f. = NZBau 2005, 219; Urteil vom 22. November 2001-VII ZR 208/00, BauR 2002, 463, 465= NZBau 2002, 151; Urteil vom 8. März 2001-IX ZR 236/00, BGHZ 147, 99, 105 f.

[2] BGH, Urteil vom 9. Dezember 2004-VII ZR 265/03, BauR 2005, 539, 542 = NZBau 2005, 219; Urteil vom 16. Juni 2009-XI ZR 145/08, BGHZ 181, 278 Rn. 35 ff.

[3] BGH, Urteile vom 21. Februar 2014-V ZR 164/13, NJW 2014, 1447 Rn. 31-in BGHZ 200, 221 insoweit nicht abgedruckt; vom 22. November 2007-I ZR 74/05, BGHZ 174, 244 Rn. 38 ff.

考虑发包人的共同过失。① 原则上，发包人有责任向承包人提供可靠的计划和文件。如果他委托设计人来完成他所承担的规划任务，设计人就是他与承包人对接时的履行辅助人，因此发包人必须对设计人的过失负责。② 根据《德国民法典》第 278 条，如果设计人在施工过程中发出错误的指示，从而偏离了最初的规划，则受委托进行规划的设计人的过失行为应归咎于发包人。③ 如果设计人不是单方面修改设计，而是在他的建议下，由发包人和承包人共同商定并采取这种设计修改，并且设计人承担与这种修改有关的规划责任，那么在这种情况下，承包人是否提交了修改意见并不重要。

这里的情况就是如此。根据上诉法院的调查结果，在被告和有独立请求权的第三人的强烈建议下，双方同意将垂直接缝处的宽度减少到 2 至 3 毫米，这与最初的规划相背离，并且在每三个垂直接缝处安装固定支架。这是考虑到被告希望使建筑物看起来更窄，有独立请求权的第三人承担了这一设计修改的责任。根据双方签订的建设工程合同、工程服务项目清单第 22.4.1 项，有独立请求权的第三人作为设计人负责批准应由承包人完成的工作。此外，原告需不断与有独立请求权的第三人协调设计进度。因此，有独立请求权的第三人的规划设计责任包括所有后续的设计修改，包括双方联合商定的宽度缩减，以及部分免除了制造商提供的固定托架。因此，有独立请求权的第三人采用了合同双方联合商定的设计修改，因此他应该对设计修改负有责任。这不仅表现在设计修改是在他的建议下达成的，而且还表现在，他自己已经事前制订了新的设计计划，并向原告和制造商询问了关于被告要求更窄的垂直接缝的可行性。

不同于交叉上告的观点，上诉判决没有论证瑕疵（Begründungsmangel）。根据交叉上告，上诉法院根据《德国民法典》

---

① BGH, Urteil vom 22. März 1984-VII ZR 50/82, BauR 1984, 395, 397 f. in BGHZ 90, 344.

② BGH, Urteil vom 27. November 2008-VII ZR 206/06, BGHZ 179, 55 Rn. 33 ff. m. w. N.; BGH, Urteil vom 24. Februar 2005-VII ZR 328/03, BauR 2005, 1016, 1018＝NZBau 2005, 400.

③ BGH, Urteil vom 24. Februar 2005-VII ZR 328/03, BauR 2005, 1016, 1018＝NZBau 2005, 400.

第 278 条归咎于过失，但没有在判决中明确引用该条款，也没有审查事实的法定前提条件。仅仅根据这个论点，上告人不能根据《德国民事诉讼法》第 547 条第 6 款的规定来说明上诉判决缺乏有论证瑕疵。只有在判决书根本没有说明判决理由，或者没有说明所有或个别主张的请求或攻击或防御手段的理由时，才存在这种论证瑕疵。另一方面，仅仅是不完整的论证陈述并不能满足《德国民事诉讼法》第 547 条第 6 款的前提条件。① 不完整的论证陈述是指，判决书没有讨论某一适用法条的所有前提条件，或者没有明确该适用法条。

本案情况就是如此。虽然上诉判决没有直接提到《德国民法典》第 278 条的规定，但它详细说明了经双方同意偏离设计的情况，有独立请求权的第三人在这方面的行为以及分配给他的职责范围。

最后，合议庭认可上诉法院对合同双方责任分配的权衡。根本而言，这是一个由事实审法官决定的问题。上诉法院只能审查事实审法官是否考虑了所有的情况，以及是否有错误的法律考量。②

上诉判决符合这些要求。上诉法院一方面权衡了原告建造工程时产生的瑕疵，另一方面权衡了被告因设计修改而导致的违约行为。在权衡合同双方责任分配时，上诉法院充分考虑到了原告作为承包人造成了瑕疵，并在没有向发包人指出可能出现的问题的情况下，对设计进行了修改。在此情况下，合议庭对原告应承担 2/3 责任的上诉判决并无异议。

四

关于费用的决定基于《德国民事诉讼法》第 92 条第 1 款、第 97 条第 1 款、第 101 条第 1 款。

(刘易洲　译)

---

① BGH, Urteil vom 23. April 2002-X ZR 29/00, juris Rn. 40.
② BGH, Urteil vom 8. Dezember 2011-VII ZR 198/10, BauR 2012, 494 Rn. 16=NZBau 2012, 104; Urteil vom 24. Februar 2005-VII ZR 328/03, BauR 2005, 1016, 1018=NZBau 2005, 400.

判例十三

使用定作人指定的建筑材料导致承揽物瑕疵的情形承揽人的责任豁免范围:异常值

《联邦最高普通法院民事判决选》第132卷,第189页以下
BGHZ132,189

【要旨】

(1) 并非定作人对于建筑材料的任何导致建筑物瑕疵的指令均会使得承揽人完全免于对该瑕疵承担担保责任。

(2) 根据《通则B》,承揽人的责任仅可在经过评估而被证明是正当的范围内受到限制。

(3) 承揽人基于承揽合同对于尽管材料具备通常性能但在个案中出现的缺陷——异常值(Ausreißer)——所要承担的典型责任(typische Einstandspflicht)并不因为定作人作出的对于所使用的材料本身是合适的指令而被废止。[①]

【主文】

根据原告的上告,位于科隆的州高等法院第十五民事合议庭于1995年1月10日作出的判决被撤销。

本案发回上诉法院重新审理并作出裁判,包括就上告程序的费用另行审理并作出裁判。

---

① BGH,1973-03-01,VII ZR 82/71,BauR 1973,188,190.

【事实】

原告要求被告建筑公司为其住宅和商业建筑外墙的缺陷支付 63000 马克。被告为原告建造了该房屋的外壳,由裸露的混凝土石块构成的外墙显示出锈褐色的污渍以及水的流淌痕迹,这些变色是由混凝土石块中的含铁、氧化性砾石造成的。被告按照原告的给付目录,从其中描述的 B. 公司那里采购了石块。

州法院驳回了针对不再参与诉讼程序的建筑师(被告 2)的诉讼请求,并按照要求对被告(被告 1)作出了裁判。州高等法院也驳回了针对被告的诉讼请求。原告的上告是针对这一点提起的。

【判决理由】

上告是成立的。

一

上诉法院未就双方当事人是否根据《通则 B》第 13 章就瑕疵担保责任达成合意作出认定。即使根据《德国民法典》约定了瑕疵担保责任,根据《德国民法典》第 242 条也适用《通则 B》第 13 章第 3 条规定的原则。根据该原则,如果瑕疵是由定作人指定的建筑材料造成的,并且承揽人不能辨别出其欠缺的品质,即如果定作人没有违反检查和通知义务,则承揽人不负瑕疵担保责任。

被告的承揽给付毫无疑问是有缺陷的。尽管如此,被告不负有瑕疵担保义务(Gewährleistungspflicht),因为原告以有约束力的方式指定了 B. 公司生产的石块。没有线索表明被告违反了检查和告知义务。

所使用的石块由于生产缺陷而具有瑕疵并不会影响被告的责任豁免。《通则 B》并不包含例外的例外,即承揽人还必须对就指定的建筑材料而言并非通常,而是在个别情况下才具有的瑕疵承担责任。

二

该解释在一定程度上经不起法律的检验。

上诉法院没有就双方当事人是否依据《通则 B》第 13 章或者依据

《德国民法典》的规定就瑕疵担保责任达成合意作出认定,这并非法律上的考量。在这两种情形下被告须对明显存在的瑕疵负责,这一点将在下文进行阐释。此外,上诉法院就原告以有约束的方式指定了在给付目录中描述的 B. 公司的混凝土石块作出的评价,上告法院无可指摘。

然而,合议庭不赞同上诉法院的如下观点,即因为原告指定了该种类的石块,所以被告对于实际上被使用的混凝土石块的瑕疵完全不用承担瑕疵担保责任。尽管存在原告的这一指令,被告仍然要承担责任。

(1) 如果合同双方根据《通则 B》约定了被告的瑕疵担保责任,则被告须依据《通则 B》第 13 章第 1 条承担责任。《通则 B》第 13 章第 3 条与此并不矛盾。此外,在不影响《通则 B》第 4 章第 3 条的前提下,承揽人不对由定作人指定的材料所引发的瑕疵承担担保责任。

a) 迄今为止,合议庭对《通则 B》第 13 章第 3 条的理解是,由定作人详细指定种类和产地的建筑材料只在个别情形下会产生的瑕疵。[①]据此,《通则 B》并不包含对于承揽人还须再次对这样的"异常值"承担责任的任何限制。这一观点被司法实践和文献广泛遵循[②];这一观点也遭到了基于各种理由的批评。[③]

b) 合议庭不再坚持其对合同条款的理解。根据《德国民法典》第 133、157 条,对该条款的解释要求有所不同。

《通则 B》第 13 章第 3 条的范围从其构成例外的规则中可以明显看出来。无论是否已经就《通则 B》达成合意,承揽合同法具有如下特征,即原则上承揽人要为约定的承揽给付负责,并因此为其工作的结

---

① Urteil vom 1. März 1973-VII ZR 82/71,BauR 1973,188,190=NJW 1973,754-Dachziegel.

② OLG Stuttgart BauR 1989,475,476;Kaiser,Mängelhaftungsrecht,7. Aufl. Rdn. 132(S. 402);Ingenstau/Korbion,VOB,12. Aufl. Rdn. 193 zu B §13;Heiermann/Riedl/Rusam,VOB,7. Aufl. Rdn. 54(S. 1288)zu B §13.

③ vor allem OLG Frankfurt/Main BauR 1983,156,159;Nicklisch in:Festschrift für Bosch,1976,S. 731,747 ff;Flach,Die VOB/B und das Leitbild des gesetzlichen Werkvertragsrechts,1984,S. 179;Fischer,Die Regeln der Technik im Bauvertragsrecht,Baurechtliche Schriften,Band 2(1985),S. 136,138;Vygen,Bauvertragsrecht,2. Aufl. Rdn. 456.

果负责。承揽人通常需要自己承担该义务,即使其对于所负担的给付结果的未发生不具有可归责性。在建筑合同中,获得建筑材料是典型的承揽人的任务。相应的,如果建筑材料有缺陷并导致承揽物存在瑕疵,则承揽人也须对此负责。

在此背景下,《通则 B》第 13 章第 3 条规定的例外不能以映入眼帘的字面含义而有意义地加以理解。并非导致承揽物存在瑕疵的定作人对于建筑材料的所有指令均会使得承揽人完全免于对该瑕疵承担担保责任,以及使得定作人不受限制地在这方面承担瑕疵风险。这样的观点将导致承揽人在这方面几乎不用承担瑕疵担保责任,因为定作人已经对其所希望的建筑物进行了描述,在大多数情形中也必须对建筑材料作出指定,如建筑物由混凝土、砖头或木材建造而成。这种一般的理解方式将导致《通则 B》第 13 章第 3 条在实践中对于承揽人来说是一个全面的免责条款。

相反,根据《通则 B》第 13 章第 3 条,承揽人的责任仅限于在评价性地考量后具有正当性的范围内,定作人应当为其指定负责。风险移转(Risikoverlagerung)的剧烈法律后果当然应当仅在定作人的指令足够的情形下才会发生。其所承担的责任份额没有超出这个范围。反过来限定这一例外的框架是出于公平的要求。如果定作人未作出任何指示,即其放弃作出更详细的指令,则没有理由偏离由承揽人承担瑕疵担保责任的惯常做法,并且没有理由将《通则 B》第 13 章第 3 条作如下解释,即定作人仍然须就此承担瑕疵风险。具有决定性意义的一方面是定作人的命令,另一方面是瑕疵风险的转移,两者要在细节上相互对应。

这就形成了一个分级,即定作人是否提出了一个更具体的或者一般的指令。指令越具体,就越足够令承揽人的瑕疵担保义务得以豁免。如果定作人自己选择了某一特定批次的建筑材料,如石块,则其须像自己提供材料一样对这些具体石块的瑕疵承担责任。如果定作人对此仅一般性地指定了应当使用什么样的材料,则其仅须在该一般层面上承担瑕疵风险。其仅须确保该材料适于达到预定的目的,超出该范围的风险由承揽人承担,其须对在具体情形出现的缺陷承担担保责任,该担保义务属于承揽合同中承揽人要承担的典型风险。定作人一般性的、自身适当的指令也并非移转该风险的充分理由,有瑕疵的建筑材料的风险并不取决于是由承揽人抑或定作人决定自身适当的材料。①

c) 据此,被告须对所使用的裸露混凝土石块的瑕疵承担责任。原告所要求的B.公司的裸露混凝土石块是合适的,不受使用范围的限制,且经过多次检验,双方对此没有争议。同样没有争议的是被认定的瑕疵只是实际被使用的、由被告采购的那一批次材料所具有的。被告对于在具体情形中交付的建筑材料具有的瑕疵承担的担保责任并不因此受到《通则B》第13章第3条的限制。

(2) 只要双方当事人根据《德国民法典》就被告的瑕疵担保责任达成合意,则不会产生相反的结果。在《德国民法典》规定的合同中,承揽人瑕疵担保责任的范围与由《通则B》第13章第3条得出的范围并无差异。

三

综上所述,上诉判决不成立,须被撤销。本案发回上诉法院重新审理并作出裁判,包括就上告程序的费用另行审理并作出裁判。

(孙鸿亮 译)

---

① Nicklisch/Weick, VOB, 2. Aufl. Rdn. 50 (S. 590) zu § 13.

判例十四

承揽合同——由定作人分担修理的费用与定作人提供担保

《联邦普通高等法院民事裁判集》第 90 卷,第 344—354 页
BGHZ90,344-354
《新法学周刊》1984 年,第 1676—1679 页
NJW1984,1676-1679

【要旨】

如果在工程验收后,定作人再消除流程外的瑕疵,并且必须(以"必要费用"的数额或按因果关系的比例)分担其成本,准备承担修理工作的承揽人可以根据诚信的原则,既不要求付款,也不承诺分担费用,而只是要求提供适当数额的担保。

【主文】

根据被告的上告,柏林上诉法院第二十一民事法庭于 1981 年 12 月 8 日作出的判决被撤销。

该案被发回上诉法院重新审理和裁决,包括上诉费用。

【事实】

根据 1978 年 7 月 20 日的总承包商协议,被告建筑业主集体授予原告在柏林建造一个公寓楼的合同,固定价格为 2346500 马克,采用交钥匙工程。除其他事项外,还包括各方同意适用《建筑工程发包与合同规则 B 部分》,但有几处地方有偏离的约定。

合同的另一个组成部分是被告建筑师的施工和服务规范(合同的第2条第2款)。它旨在密封地下室以防止加压水渗入;在合同签订之前,被告的代表删除了列出的另一种绝缘材料,尽管该绝缘材料也适用于防止加压水。

工程完成后,公寓于1979年6月投入使用。在随后的一段时间里,由于所选择的防水材料类型没有对现有的加压水提供足够的保护,地下室反复出现了进水现象。因此,被告拒绝支付无争议的剩余工资(103884.11马克),并为原告设定了消除瑕疵的最后期限。原告拒绝了这一点,指出被告没有提出承担加压水的额外费用,也没有提出分担由于其建筑师的错误规划而产生的费用(2/3),因此没有理由拖欠修理的费用。原告宣称,如果被告承担了估计总成本(154449.30马克)中的108192.98马克(约70%),其愿意为封闭地下室进行所有必要的工作。被告拒绝了这一建议,并聘请了其他承揽人来密封地下室。

原告有权获得103884.11马克的剩余工资以及利息和增值税。

原告强调,在合同谈判期间,已经向被告的代表和负责任的建筑师推荐了另一种密封防水的方法,但未被采纳,这是确保建筑物可靠绝缘的唯一方法。

相反,被告认为,原告不应该根据成本的比例假设来决定修理的费用。因此,消除瑕疵的费用应为253459.48马克,以及错算和重合的部分应从索赔中扣除。

州法院和州高级法院维持了该诉讼。随着原告要求驳回的上告被批准,被告继续要求驳回诉讼。

【判决理由】

上诉法院驳回了被告要求偿还其费用的请求。原告称有必要对加压水进行保暖绝缘,这是否会导致其保修义务受到限制尚无定论。在任何情况下,原告都没有拖欠修理的费用,因为被告不想为消除瑕疵分担所谓的"必要费用",而且考虑到其建筑师的共同过失,所以拖欠了付款。因此,这里欠缺根据《通则B》第13条第5款第2项要求偿还费用的先决条件。

上告人成功地反驳了这一点。

一

上诉法院认定,被告必须承担在修理范围内的额外费用,即使在被告要求下立即安装了防止加压水的密封装置,这些费用也会产生。诚然,双方商定了一个总包价,根据《通则 B》(1973)第 2 条第 7 款第 1 句,该价格原则上保持不变。然而,如果被告提出相应的请求,原告将有权要求额外的报酬,因为工程量清单中删除了防止加压水的绝缘材料,也就是说,合同中故意没有规定。①

(1)与上告人所说的相反,上诉法院并没有对原告是否确凿地提出了根据《通则 B》第 2 条第 6 款第 1 项的请求权进行讨论。相反,它最终审查了该条款的前提条件,并考虑到合同的规定,肯定了这些前提条件。因此,不会出现说明问题和举证责任(Darlegungs-und Beweislastfragenstellen)的问题。

(2)根据 1978 年 7 月 20 日的总承包商协议,原告必须建造交钥匙的住宅楼,并将其移交给被告准备入住。为此,原告必须熟悉建筑地块与当地的条件,检查服务规范(Leistungsverzeichnisses)的完整性,以及执行没有被规定但需要的服务。由此可见,总体而言,原告必须建造一个没有瑕疵的建筑物,并且其担保义务不应仅局限于服务规范清单中内容。原告对任何专业人士根据当地和实际情况认为必要的一切承担责任。②

然而,原告没有义务在不支付额外费用的情况下采取无可争议的、必要的加压水的密封措施。总包价所涵盖的服务范围(《通则 B》第 2 条第 1 句)不仅由建造交钥匙建筑的目标决定,而且还由被告的进一步规范所决定。

因此,根据合同第 2 条第 2 款,建筑师的施工和服务规范属于合同中明确约定的组成部分。其中没有规定对加压水绝缘,尽管作为被告受托人的 B 公司已经在 1976 年获得了土壤鉴定报告,并充分了解

---

① Ingenstau/Korbion,VOB,9. Aufl.,B §2 Rdn. 104,Korbion/Hochstein,Der VOB-Vertrag,3. Aufl.,Rdn. 302,306;Vygen BauR 1979,375,380ff.

② Senatsurteil vom 7. Februar 1966-VII ZR 12/64=Schäfer/Finnern Z 2.410-Bl. 37,37 R;Ingenstau/Korbion,aaO,B §13 Rdn. 187.

了有问题的地下水的状况。此外,服务范围以《DIN276标准》的项目成本组为基础,根据"附件二的服务除外"(合同第3条第2a款)。在附件二中,根据《DIN276标准》第3.5.1条,"特殊建筑施工"这一费用组被排除在合同内容之外。这意味着排水和水压保持保温绝缘(根据DIN18336标准3.5.1.5条款)不包括在服务范围内。

因此,上诉法院认定,原告应当建造的是一栋无瑕疵的建筑,但应该有权为安装加压防水层而要求额外赔偿。在这一点上,这不是一个量增加(Massenerhöhung)的问题,而是一个没有预见到但是被告有意删除掉的额外服务。[①]

(4)《通则B》(1973)第2条第7款第1句话中没有相反的内容,根据该条规定,如果同意总包价付款,则薪酬保持不变。据此,那些仍在合同履行范围内,但是有难度的和会产生额外费用的服务都不会被考虑。如果双方在服务规范中更详细地规定了所应履行的服务,则以后要求的额外工作不包括在总包价中。[②] 相反,应根据《通则B》(1973)第2条第7款第1句和《通则B》第2条第6款第1句,分别支付报酬。

(5)如果安装防压水密封件需要额外支付报酬,则被告也有义务支付相应的维修费用。至少在这个方面,合议庭已经多次对承揽合同项下的担保适用了利益均等(Vorteilsausgleichung)的原则。承包人不应承担这些措施的费用,因为根据合同,其不必执行这些措施,而且如果适当地执行了这些措施,工程的费用从一开始就会更高。[③]

二

上诉法院认为,被告应为修理承担更多的费用,因可归责于其建筑师的规划错误。

根据《通则B》第3条第1款,向建筑承揽人提供无瑕疵的计划和

---

① Senatsurteil vom 13. Juli 1961-VII ZR 65/60 = Schäfer/Finnern Z 2.300-Bl. 11, 12 R.

② Senatsurteile vom 14. Januar 1971-VII ZR 3/69 = BauR 1971, 124 = WM 1971, 449, 450; vom 23. März 1972-VII ZR 184/70 = Schäfer/Finnern Z 2.301 Bl. 46, 47.

③ Senatsurteile vom 29. Oktober 1970-VII ZR 14/69 = BauR 1971, 60, 62; vom 24. Mai 1973-VII ZR 92/71 = Schäfer/Finnern Z 3.01Bl. 512, 514.

文件是建筑发包人(业主)的职责之一。如果其使用的建筑师的建筑和服务规范显示地下水保温绝缘性不足,根据《德国民法典》第254、278条①,他应(共同)对这种规划的失误和由此造成的建筑的瑕疵负责。诚然,《德国民法典》第254条仅直接适用于损害赔偿。然而,作为一般法律原则的表达,它也应适用于对承揽合同下出于诚信原则(《德国民法典》第242条)而对瑕疵进行的修理。在这种情况下,发包人(在本案中指被告)必须根据情况适当地支付消除瑕疵的费用。②

根据合同第3条第3款第2句,原告必须检查服务规范的完整性,这并不强制要求进行其他评估。《通则B》第4条第3款中只是强调了承包人的义务,即告知发包人对预期执行类型的任何担忧。然而,这并不意味着原告独自承担了建筑和服务规范的全部责任;相反,这些仍由被告及其建筑师负责。

然而,该院合议庭认为,如果承包人明确预见到了后来的瑕疵,但是仍然坚持错误的规划,那么发包人的共同责任是无关紧要的。③ 无可争辩的是,原告从一开始就意识到了规格的不足以及增加防水层以防止压力水的必要性。然而,根据本案事实的特殊性,不应免除被告对所发生的建筑瑕疵的共同责任。

根据《通则B》第4条第3款、第13条第3款,承包人须尽可能地保护发包人免受损害,并告知其订单的不利后果。④ 然而,这并不免除定作人采取合理谨慎措施保护其自身利益的义务(《通则B》第4条第3款第2半句),尤其是对现有信息进行有意义的评估。如前所述,B公司以及被告自1976年以来就有土壤专业报告,其中对建筑地面进行了描述,并建议安装防止压力水的绝缘保温装置。被告无视这一事实,导致了如此严重的规划失误,即使被告没有通知⑤或未充分地通知

---

① BGH NJW 1972, 447 Nr. 12; 1973, 518; Senatsurteil vom 15. Dezember 1969-VII ZR 8/68=BauR 1970, 57, 59=WM 1970, 354, 356.

② BGH NJW 1981, 1448, 1449 m. N.; Senatsurteil vom 4. Februar 1965-VII ZR 100/63=Schäfer/Finnern Z 2.400 Bl. 41, 42 R.

③ NJW 1973, 518, 519; vgl. auch Urteil vom 10. November 1977-VII ZR 252/75=BauR 1978, 139, 142.

④ BGH NJW 1960, 1813.

⑤ BGH NJW 1981, 1448, 1449.

原告①,也不能认为原告应当对后来地窖中的潮湿负全部责任。由于原告也意识到土壤专业报告的存在,而在替代计划中的加压水的绝缘措施是后来才被取消,因此可以认为被告在作出决定时已经意识到了风险的存在。

上告方无法反驳的是,被告的建筑师不知道有必要对压力水进行密封,而且在服务规范中只规定了对非压力水进行密封的替代方案。被告方自己提出,这种替代方案正是为了应对压力水。此外,如果他们没有向建筑师提供土壤方面的专业报告,这将是一个相当大的错误。

最后,双方"放弃"《通则 B》第 13 条第 3 款的事实不应排除被告的连带责任。

根据上诉法院采纳的州法院的解释,仅同意原告对建筑师服务规范不正确的后果负责。但是,不能从该条款中推断出原告在这种情况下要承担全部责任。如此广泛的责任逆转(Weitgehende)将需要一个明确的规定,而合同第 13 条第 1 款中并没有包含这样的规定。

这种事实审法官的解释(Tatrichterliche Auslegung)是可能的,因此对合议庭具有约束力,而且也符合各方的利益。

根据《通则 B》第 13 条第 3 款的规定,承包人应解除对源于发包人方面的此类瑕疵的担保,除非其违反了根据《通则 B》第 4 条第 3 款规定的通知义务。如果这一规定被放弃而没有任何解释,就造成了承包人方面根本上的全面保证义务(Gewährleistungspflicht)。

然而,这也为合同中的风险转移设定了限制。它并不免除发包人对可归咎于其的违约后果的连带责任。相反,尽管根据《通则 B》第 13 条第 3 款,承包人仍必须对工程的瑕疵负责的情况,恰恰可以适用《德国民法典》第 242、254、278 条。如果定作人也想避免对自己的过错或对其代理人的过错承担连带责任,则需要为此达成一个意义更为深远的协议。仅仅是放弃适用《通则 B》第 13 条第 3 款是不够的,特别是在个别合同中,对合同性责任的减轻应作狭义的解释。②

---

① BGH NJW 1975,1217.
② Palandt/Heinrichs, BGB, 43. Aufl., §276 Anm. 5 B a aa.

上告中使用的合同条款,即原告被指示检查建筑地块和服务规范,也不能证明对被告作出更有利的解释是合理的。它们描述了原告所应当提供的服务的范围,但不排除被告对其建筑师的规划过失承担的责任。

三

另一方面,合议庭不同意上诉法院的观点,即被告无权向原告提出任何可抵销的赔偿要求,因为其因拒绝分担费用而没有验收。对原告而言,被告根本就没有验收,因为其拒绝验收而处于违约状态,不应该委托其他人消除该瑕疵。

根据《通则 B》第 13 条第 5 款第 2 项的规定,如果承包人未能在为其设定的合理宽限期内消除瑕疵,发包人可以要求承包人承担修理的费用。与《德国民法典》第 633 条第 3 款一样,消除瑕疵的要求必须是到期并可执行的,特别必须无异议。[①] 如果缺少这些前提条件之一,而发包人仍然求助于第三方消除瑕疵,则承包商没有义务偿还所发生的费用。根据合议庭既定的判例法,发包人基于不当得利或无因管理而提出的索赔不予考虑。[②]

然而,这不是重点。因为原告无权以被告先前的补贴付款或参与承诺作为修理的依据。原告的要求超出了其当时可以向被告提出的合理范围。

(1) 与上告的意见相反,考虑到承揽人始终有义务在消除瑕疵方面负有先履行义务,因此只能在事后提出其参与分配的请求权。正如《德国民法典》第 641 条第 1 款所示,合议庭已经在判决中[③]确认,承揽人的先履行义务随着工程的验收而结束,其所提供的给付有无瑕疵并不重要。从验收前和验收后时间的不同规定来看,承揽人在验收后应该处于更好的地位。这也适用于《通则 B》的建筑合同。尽管《通则 B》(1973)第 13 条第 5 款第 1 句规定了对"消除瑕疵服务"的验收,以确

---

① Ingenstau/Korbion aaO, B § 13 Rdn. 164; Heiermann/Riedl/Schwaab, VOB, 3. Aufl., B § 13 Rdn. 64.
② BGHZ 70, 389, 398 m. N.
③ BGHZ 61, 42, 44/45.

定修理工作是否成功并重新计算保修期,但并没有因此而由承包人承担新的先履行义务。

当然,承包人可以不考虑定作人分担成本的义务而自由地提前消除瑕疵,然后才要求支付所欠的补贴(Zuschuß)款项。其付款请求来源于定作人承担的合同义务,即承担作为额外报酬或共同导致的修理费用之"必要费用",并且最终基于诚信原则(《德国民法典》第242条)作为合同的附属请求权。

然而,法律上并不要求在验收工作前进行无限制的先为给付(Vorleistung)。

(2) 因此产生的问题是,定作人实际或声称的分担费用的义务对承揽人的消除瑕疵义务有什么影响?

a) 根据1976年9月23日的判决[1],合议庭在一个"必要费用"的案件中裁定,如果定作人拒绝承担额外费用,从而妨碍了对瑕疵的适当修理,承包人不需要采取任何行动(《德国民法典》第162条第1款)。在此过程中,合议庭将分摊成本视为消除瑕疵的条件,而无须具体说明如何满足这一条件。

b) 判例和主流学术观点认为,承揽人的法律地位与有权保留的人相同。因此,他只能在诉讼中根据《德国民法典》第274条第1款,同时支付修理的费用。[2] 合议庭同意这一点。[3]

c) 然而,在诉讼程序之外,不受限制地适用《德国民法典》第274条所载的法律原则会导致相当大的不确定性和不公平的结果,本案就特别表明了这一点。定作人分担费用的义务往往在原因和金额上存在争议。定作人很难事先可靠地评估其要承担的费用份额,对其缴费义务的评估总是不正确的或大部分是不恰当的。对定作人在大多数

---

[1] VII ZR 14/75=BauR 1976, 430, 432.

[2] OLG Düsseldorf, BauR 1979, 246, 247; Laum, BauR 1972, 140; Glanzmann in BGB-RGRK, 12. Aufl, § 633 Rdn. 27; Ingenstau/Korbion aaO, B § 13 Rdn. 187; Nicklisch/Weick, VOB Teil B, § 13 Rdn. 182; Kaiser, Das Mängelhaftungsrecht der, 4. Aufl., Rdn. 203 a. E.; Werner/Pastor, Der Bauprozeß, 4. Aufl., Rdn. 1734; a. A. offenbar OLG Hamm, BauR 1979, 247, 248.

[3] VII ZR 286/82.

情况下充分参与并最终承担责任的义务进行不正确的评估是不合适的,而这正是上诉法院的意见所构成的。上诉法院认为,让定作人错误地估计其参与义务,总是或几乎完全让定作人承担这一责任是不符合事实的。

(3) 然而,通过类比适用《德国民法典》第 273 条第 1 款,给予承揽人一种保留权(Zurückbehaltungsrecht),似乎符合利益公平原则。鉴于对立的利益和定作人分担成本的义务所导致的不同风险,这种"保留权"仅限于诚信的范围,即承揽人可以在定作人提供了足够的担保的情况下消除瑕疵。

a) 出发点仍然是,如果定作人已经满足了规定的要求(《德国民法典》第 633 条第 2 款、《通则 B》第 13 条第 5 款),承揽人有义务但也有权根据自己的专业知识自行修理。[①] 因此,如果就其分摊成本的义务发生争议,定作人不能随意地立即进行第三方整改,并将结账问题留给以后的法庭争议。

b) 另一方面,不能期待定作人在瑕疵得到消除之前就支付所需的补贴。作为修理改进的一部分,他不需要支付任何预付款,尤其是在尚不清楚补贴要求在多大限度上是合理的情况下。此外,他面临的风险是,承揽人在收到补贴后将继续保持不作为,即使定作人还未发放剩余的报酬,但已经失去了作为经济压力手段的意义。[②]

c) 因此,出于公平的原因,承揽人也不能要求定作人承认其在数量或比例方面的参与义务,而要求一种最终的确认。如果双方就所欠补贴的原因和金额达成一致,并且承包商准备放弃担保,则此类请求可能是合理的。但是,如果不能达成这样的协议,并且定作人希望委托另一个承揽人来消除瑕疵,情况就不同了。上诉法院认为,每个合同伙伴都必须承担其对错误判断法律情况的后果;如有必要,错误拒绝所需成本分摊的定作人也必须承受其费用报销索赔的损失。

然而,上诉法院忽视了风险在所涉各方之间的分布不同的事实。

---

① BGH NJW 1966, 39, 40; Ingenstau/Korbion aaO, B § 13 Rdn. 150.

② BGH NJW 1981, 2801; 1982, 2494; Senatsurteil vom 10. November 1983-VII ZR 373/82=ZfBR 1984, 35, 36.

如果承揽人无正当理由要求补贴的,需承担第三方维修费用;他保留了对可能的剩余工作报酬的索赔,并节省了自己消除瑕疵的费用。因此,他的风险仅限于自己修理与委托第三方修理之间的成本差异。另一方面,在无理拒绝分担费用的情况下,定作人不仅要承担支付剩余报酬的风险,而且还要承担失去任何赔偿请求权的风险。这可以通过修理诉讼(Nachbesserungsklage)或就参与义务的范围提出确认之诉来反驳。然而,如果瑕疵需要被快速地消除,这两种选择都被证明是不合适的,而建筑缺陷往往就是这种情况。

d) 因此,合理的利益平衡只能是承揽人被授权向定作人要求仅对其所主张的索赔提供担保。《德国民法典》第273条第3款已经规定债权人可以通过提供担保来避免行使留置权。然而,由于承揽人的利益只是接近于有权拒绝履行的人的利益,并受到诚信原则的限制,其拒绝消除瑕疵的权利从一开始就仅限于能够要求适当的保证金(《德国民法典》第242条)。为了使发包人的财务自由不受到不合理的限制,尽管有《德国民法典》第273条第3款第2句的规定,也无须担心,可用可靠担保(Vertrauenswürdige Bürgschaft)的形式提供担保。

e) 在这种解决方案下,承揽人仍然要为定作人承担的按比例消除瑕疵的费用预先提供资金。然而,应充分考虑到他在验收工作后地位的提高,因为他得到了以前无权获得的担保,这就消除了定作人后来拒绝付款甚至破产的危险。然而,在进行维修之前,他不能要求额外付款或具有约束力的报价。

另一方面,定作人拥有在没有时间压力的情况下检查所需成本分摊的权利,并在必要时在法庭上进行澄清。此外,保留剩余的工程报酬仍然是为了鼓励承揽人尽快全面地消除瑕疵(针对提供担保)。

(4) 如果这种承揽人修理的方式取决于担保的提供,他应向定作人证明预期的修理费用、包含的"必要费用"的成本和所主张的共同过失的份额。如果这对定作人而言还不够,通常可以期待承揽人要求提供专家意见来证实其主张。如果他不准备这样做,他就毫无理由拒绝修理。然后,定作人可以着手让第三方消除瑕疵,费用由承揽人承担,且无须再设定最后期限。[1] 这更适用于承揽人从一开始就不仅要求提供担保,还要求支付补贴或作出相应确认的情况。

另一方面,如果定作人拒绝提供担保,因为其以不正确的理由否认自己的参与义务,那么将承担相关的风险(费用报销要求的损失,剩余报酬到期)。这似乎并非不合理,因为他已经通过承包人的必要信息基本了解了实际情况,如果还有任何疑问,他也不会因为仅提供担保而承担不合理的负担。

如果定作人提供的担保少于承揽人的合理要求,则这种相对微不足道的差异(《德国民法典》第 242 条)并不赋予承揽人继续拒绝消除瑕疵的权利。就如同最初估计的消除瑕疵的费用超额了一样,他必须在这种情况下求诸于后续索赔的途径。定作人验收延迟仅仅因为提供担保的意愿明显太低。

如果事后发现定作人要求的或提供的担保都被证明是大致正确的,最终产生的法律后果取决于个别案件的具体情况,瑕疵的类型和程度以及当事人的行为都可能很重要。在有疑问的情况下,过度索赔的风险也落在承揽人身上,因为其主要负有修理的义务,因此,确定正确的参与比例也是其责任,这最终只限制了其消除瑕疵的义务。根据诚信原则,定作人只有义务向承揽人解释其观点,并给后者机会核实所提出的费用分摊要求。另一方面,他不必以承揽人认为正确的金额来提供担保。

(5) 在本案中,原告将所应承担的消除瑕疵份额限定于被告承诺的支付地下室防水工程总费用 154449.30 马克中的 108192.98 马克。显然,原告不准备提供足够的临时担保金。根据上述原则,被告并未验收延迟违约,所以允许其委托第三方消除瑕疵。因此,剩余工资、第三方修理费用和自己参与的份额应当进行计算与抵销。

四

据此,有异议的判决不能成立,必须被撤销。该案件必须发回上

---

[1] BGHZ 50, 160, 166; BGH NJW 1983, 1731, 1732.

诉法院重新审理和裁决,包括上告的费用。法院现在必须对必要的修理费用的数额、"必要费用"和被告的共同过失作出裁定。

合议庭指出,根据最近的判例法,原告无权就违约利息缴纳增值税。①

(申柳华 译)

---

① EuGH NJW 1983,505,506;BGH Urteil vom 20. Juni 1983-II ZR 224/82=WM 1983,1006.

判例十五

定作人因渗水系统建造瑕疵而提出的索赔

《联邦普通高等法院民事裁判集》第 59 卷,第 328—332 页
BGHZ59,328-332
《新法学周刊》1973 年,第 46 页
NJW1973,46

【要旨】

《德国民法典》第 633 条第 3 款意义上的费用也应包括定作人自己为修复瑕疵所做的工作。

【主文】

经被告上告,1972 年 2 月 21 日汉堡汉萨州高级法院第八民事法庭的判决被撤销,因为该判决被认定为对被告不利。

在这种情况下,该案件将被退回上诉法院进行新的听证会和判决,包括上诉费用。

【事实】

被告要求原告在其土地上建造一座预制装配式房屋(Fertighaus),原告建造了一个地窖、车库和带有渗漏系统的化粪池。

在诉讼中,原告要求被告支付剩余的工程报酬和利息赔偿共计 2607.04 马克。被告对该索赔提出异议,并进行反诉。

州法院命令被告支付 849.74 马克及利息,州高等法院命令被告再支付 204.60 马克,同时驳回诉讼。

随着原告要求驳回的上告获得批准,被告继续主张驳回诉讼。

【判决理由】

在上告案件中,有如下要点:

原告的工作存在瑕疵。渗透系统(Versickerungsanlage)运行不正常。此外,水还通过地下室的窗户漏进了地下室。在多次要求原告消除瑕疵无果后,被告自行消除了这些瑕疵。被告在家人的帮助下,自己动手降低排水管,并用"光井"(Kasematte)固定地下室窗户以防止水渗入。

被告认为,因其"自己动手"消除瑕疵而付出的劳动,原告必须向其支付1420马克。

一

上诉法院认为,被告不能因其对消除瑕疵而"自己的劳动"的部分对原告提出主张,其未受到《德国民法典》第635条意义上的任何"损害",也未产生《德国民法典》第633条第3款规定的"费用"。

(1)被告的损害赔偿请求被拒绝并没有任何法律错误,因为根据上诉法院的调查结果,被告并没有为原告设定一个拒绝修复的宽限期(Nachfrist mit Ablehnungsandrohung),根据《德国民法典》第634条第2款的规定,法律规定这一期限并不是多余的。

(2)然而,就上诉法院根据《德国民法典》第633条第3款拒绝被告的费用赔偿要求而言,上诉是成功的。

a)除了第633条第3款之外,"费用"一词还出现在《德国民法典》的其他部分。该术语在任何地方都没有被法律所定义。在判例和文献中,"费用"被理解为为了他人的利益而自愿牺牲财产。[①] 原则上,为他人完成的工作也可以是费用。在这种情况下,必须根据适用于各自法律关系的规范的意义和目的进行详细的判断。

b)合议庭无法同意上诉法院的观点,即定作人及其家人为补救承揽人应负责任的瑕疵而进行的工作不属于《德国民法典》第633条

---

① BGHNJW1960,1568;Soergel/ReimerSchmidt,10. Aufl. ,§ §256-257 BGBRn. 4;Palandt/Heinrichs,31. Aufl. ,§256BGBAnm. 1;Esser,Schuldrecht,4. Aufl. §21I1.

第 3 款意义上的可偿还的"费用"概念。

承揽合同是一个有偿合同。工程承包人不能因消除其工作中的瑕疵而要求任何额外的报酬,消除瑕疵是其任务,费用应由其承担。其有责任承担费用,包括劳务费和材料费及其他费用。如果定作人根据《德国民法典》第 633 条第 3 款的规定自行消除瑕疵,则承包人会以偿还定作人所主张的费用的形式间接补偿定作人。如果人们认为定作人为消除瑕疵所做的工作的价值是不可偿还的,那么承包人承担补消除瑕疵费用之原则就会被推翻。如定作人有权要求由承包人承担消除瑕疵的费用,并且没有请来第三方,而是通过自己的劳动,单独或在其家庭成员的帮助下消除瑕疵,这种节约成本的情形不应导致只有利于承包人的结果。

c) 在无偿合同(Unentgeltlich)的情况下,根据《德国民法典》第 662、670 条,代理人为履行合同所提供的服务不构成可偿还的费用。①

d) 在有偿事务处理合同(Entgeltlicher Geschäftsbesorgungsvertrag)的情况下(《德国民法典》第 675 条),事务代理人接受约定的报酬作为其服务的报酬;此外,从偿还费用的角度来看,这些服务的价值也得到了偿还,不需要再加以考虑。

e) 担任荣誉职务的监护人(Vormund)也是无偿工作。然而,根据《德国民法典》第 1835 条第 2 款,其有权获得属于其行业或职业内的此类服务的费用补偿。这一规定是《德国民法典》第 1836 条第 1 款第 1 句原则的一个例外,根据这一原则,监护人的工作是免费进行的。《德国民法典》第 1835 条第 2 款表明,在这种情况下,法律本身将服务和劳动工作视为可偿还的费用。

上诉法院认为,根据《通则 B》第 13 条第 5 款第 2 项,发包人可以要求承揽人承担消除瑕疵的费用,如果已经约定适用《建筑施工发包及合同通则》,则排除了发包人在消除瑕疵过程中对自己劳动工作的补偿,这种意见是错误的。这种解释过于拘泥于字面的意思,并没有公正地体现该条款的含义和目的。因此,《通则 B》第 13 条第 5 款第 2 项应以与《德国民法典》第 633 条第 3 款相同的方式进行解释。即发

---

① Urteildes Senatsvom28. Februar1963-VIIZR194/61.

包人如果拥有消除瑕疵请求权,就可以在没有第三方参与的情况下自行消除瑕疵,并向承包人收取与自己劳动工作价值等同的费用。

g)在评估定作人及其家庭成员付出的劳动工作之价值时,可以适用《德国民事诉讼法》第287条,定作人可以为这些服务要求适当的报酬,承包人的利润和间接费用在这里不予考虑。①

二

索赔的金额仍需进一步查明。因此,就判决被告支付费用而言,该判决必须被撤销,并且该案件必须在此范围内发回上诉法院,就此关于上诉费用的决定也被移交回该法院。

(申柳华 译)

---

① das Urteil des Senats BGH, NJW 1972,448-zu §6 GOA.

判例十六

承揽合同:在水灾后因错误的除湿方法导致建筑物受损的情况下,定作人的损害赔偿请求权

《联邦最高普通法院新法学周刊—判例报告》2012年,第268页以下
BGH,NJW-RR2012,268

【要旨】

承揽人受委托在建筑物发生水灾后对地面进行除湿,并且为此必须打开地面上铺的瓷砖,如果他选择的除湿方法(Trocknungsmethode)会导致建筑物受到不必要的损害,客户的损害赔偿请求权并不取决于他为承揽人设定的后续履约期限。

【主文】

驳回原告对策勒地区高等法院第五民事庭于2010年10月21日作出的判决的上告。

原告应承担上告程序的费用。

【事实】

原告请求被告支付水灾后为其完成除湿工作而应获得的报酬。双方对被告是否可以用损害赔偿请求权来抵销(Aufrechnen)此报酬请求权存在争议。

被告在建造疗养院的过程中进行了大量装修工作。水灾发生后,被告于2008年7月委托原告进行除湿工作,而原告在本案中也找来

了有独立请求权的第三人以支持其请求权。为了对地板进行除湿(混凝土地板上的浮动砂浆),原告切开了浴室中瓷砖的硅胶缝,以及地板和上升墙之间的密封层(Dichtungsschicht)。干燥的空气通过打开的边缘缝隙流入隔热层(Dämmschichte),原告后期再通过在每个房间中央的瓷砖地板上钻的孔将空气抽取出来。除湿工作很成功,原告有权获得 62453.77 欧元的报酬。被告将因修复地板和上升墙之间的缝隙而产生的费用作为损害赔偿来抵销应向原告支付的报酬。

原告请求的金额为 62453.77 欧元,地区法院仅支持 31440.77 欧元及利息,并驳回了其余的请求。双方都对这一判决提出了上诉。上诉法院驳回了原告的上诉,并根据被告的上诉,要求被告只需向原告支付 15933.77 欧元及利息。原告被允许进行上告,在这次上告中,原告继续请求被告向其支付 62453.77 欧元。

【裁判理由】

上告理由不充分。

一

上诉法院认为,被告可以用因违反工程合同规定的保护义务而产生的损害赔偿来抵销应向原告支付的报酬,金额为 46520 欧元。原告选择的除湿措施对于容易变潮的房间(如浴室)来说是没有意义的,因为这种除湿措施导致防潮膜(Feuchtigkeitsschutzfolie)被割破。原告原本不打算切开硅胶缝,而是要钻开浴室每个角落的地砖。虽然被告的现场雇员无法明确指出管道在地板区域的确切位置,原告仍需采取适当的措施以确定管道的确切位置,而不是采取其他措施。虽然原告有权自行决定需要采取的除湿措施,但是其也有责任确保这项工作得以适当进行,并尽可能地减少损害。采取导致建筑物结构严重受损的措施,是对合同附随义务的违反(Nebenpflichtverletzung)。因此,被告无权根据《德国民法典》第 280 条第 3 款和第 281 条请求替代给付的损害赔偿(Schadensersatz statt der Leistung),而是根据《德国民法典》第 280 条第 1 款请求在给付之外的损害赔偿(Schadensersatz neben der Leistung)。合同的内容仅仅是对建筑物进行除湿,而不是修复建筑物因除湿而产生的损失,原告已经履行了其主要义务。建筑物的损害和除湿措施之间存在密切联系并不意味着被告应根据《德国民法典》第634条第4款、第280条第3款和第281条提出损害赔偿请求。因此,被告没有义务为原告补救瑕疵设定一个期限。被告在这一过程中也不存在共同过失,因为选择最合适和最保险的除湿方法本就是原告的任务。

上诉法院允许原告上告,因为在工程施工过程中对建筑物本身造成不可避免损害的情况下,对主要和次要违约责任(Haupt-und Nebenpflichtverletzung)的划定问题具有决定性的意义。

二

上诉法院的考虑至少在结果上是经得起法律检验的。被告是否有权根据《德国民法典》第280条第3款和第281条请求替代给付的损害赔偿,还是根据《德国民法典》第280条第1款请求给付之外的损害赔偿,并不重要。

上告法院并没有对上诉法院的观点提出异议,即原告有过错的违约行为使被告获得损害赔偿请求权。

如果像上诉法院和上告人所认为的那样,在存在违反《德国民法典》第241条第2款意义上的保护义务的情况下,当事人则应根据《德国民法典》第280条第1款提出损害赔偿请求。根据《德国民法典》第281条第1款之规定,这并不要求当事人设定最后期限,而且被告有权直接提出该损害赔偿请求。

如果这是一个违反履约义务问题的话,并且原告所完成的工程有缺陷,那么被告的损害赔偿请求并不会因为没有设定补救缺陷的期限而无效。这是因为设定补救缺陷的最后期限是可有可无的,因为该损害已不能通过后期履行而得到补救。

原告受被告委托对受水灾影响的浴室的地板进行除湿处理,为了在地板区域进行除湿,必须打开地面上铺的瓷砖。根据上诉法院的调查结果,原告在建筑物上采取的这些措施都是至关重要且不可避免的。双方没有就除湿措施达成单独的协议,因此,根据一般的解释原则,应由原告采取的措施一方面需要达到预期的除湿效果,另一方面需要尽可能避免对建筑物的损害。在这种情况下,损害性最小的措施是钻穿浴室每个角落的地砖。相反,原告采取的方法对建筑物产生了特别大的损害,特别是原告在除湿过程中也对防潮膜进行了切割。

被告因原告采取的措施而遭受的损失不能再通过后期履行来补救。原告的违约行为在于其选择的除湿措施对建筑物的损害超过了必要的程度,它不能被有效地补救。设定最后期限的目的,即给承揽人最后一个机会,在定作人行使对承揽人造成更大经济压力的瑕疵请求权前,将有瑕疵的工程恢复到合同规定的状态。但在本案中,这一目的已经无法实现。联邦最高普通法院已经裁定,在这种情况下,当事人无须设定补救缺陷的最后期限。① 这一观点也没有因为《债法现代化法》的实施而得到改变。

上诉法院否认被告在损害产生过程中存在共同过失,上告法院对此裁决没有异议。

上告法院在这方面对上告的可受理性提出的保留意见是没有根据的。诚然,如果只是因为某些特定法律问题而宣布对上告进行受理,而这些特定的法律问题只与整个争议事项中的某一独立部分的决定有关,则通常会对上告的可接受性进行限制。② 上诉法院提出的问题只与被告提出的用于抵销原告请求权的损害赔偿请求权有关,而与被告请求的金额无关。是否可以由此得出结论,上诉法院希望将上告的受理限制在这一请求权的基础上,并将共同过失问题排除在受理之外,合议庭在此不必作出决定。因为在任何情况下,如果共同过失的抗辩不能与损害赔偿的原因分开,两者都来自于要统一评估的单一损害事件,那么这种限制是无效的。③ 本案就是这样的情况。原告辩称,他并不是选择错误的除湿方法的唯一责任人,被告在时间紧迫的情况下仍未向其明确说明管道在地板中的位置,从而迫使原告放弃使用最适合的除湿方法。这一抗辩意见涉及损害赔偿责任的产生,并且这一抗辩意见只有考虑原告在损害赔偿责任产生过程中的行为才能够得

---

① Urteil vom 7. November 1985-VII ZR 270/83, BGHZ 96, 221, 226; Urteil vom 16. Oktober 1984-X ZR 86/83, BGHZ 92, 308, 310.

② GH, Urteil vom 5. Mai 2011-III ZR 91/10, NJW-RR 2011, 1106 Rn. 22, und Beschluss vom 10. Februar 2011-VII ZR 71/10, NZBau 2011, 354 Rn. 11.

③ BGH, Urteile vom 15. November 2001-I ZR 264/99, NJW-RR 2002, 1148, 1149, und vom 30. September 1980-VI ZR 213/79, NJW 1981, 287, 288.

到全面的评估。

在没有法律错误的情况下,上诉法院否定了被告方面的共同过失(Mitverschulden)。

根据《德国民法典》第254条之规定,对责任的衡量在原则上是一个由事实审法官决定的问题。但是,在上告程序中,上告法院可以审查这一衡量是否充分并正确地考虑了法官应该考虑的所有事实情况,以及这一衡量是否基于合理合法的考量。特别是,这一衡量不可按图索骥,而必须考虑到个案(Einzelfall)的所有既定情况。①

上诉判决符合上述要求。特别是,上诉法院考虑到了原告的上述反对意见,并在其裁决中考虑到了这一点。在审查共同过失时,上诉法院认为,原告与被告已经在现场讨论了各种除湿措施。并且上诉法院对地区法院的观点进行讨论,即原告是在被告的诱导下采取该除湿措施的,并且讨论了除湿这一工作的紧迫性。

上诉法院的上述考量是没有法律错误的。特别是,上诉法院关于原告不应因被告在现场员工的劝阻而没有适当履行合同的观点是有道理的。被告并没有因为其员工不知道管道的位置而禁止原告在地板上打洞。

三

关于上告费用的裁决基于《德国民事诉讼法》第97条第1款。

(刘易洲 译)

---

① BGH,Urteil vom 11. September 2008-I ZR 118/06,NJW-RR 2009,43 Rn. 43.

判例十七

部分转让—报酬索赔的减价—由第三方公司在不设定截止日期的情况下进行修缮

《联邦普通高等法院民事裁判集》第 46 卷,第 242—246 页
BGHZ46,242-246
《经济与银行法》1967 年,第 23—24 页
WM1967,23-24

【要旨】

如果一个报酬付款的债权被部分转让,有权减价的定作人(Besteller)原则上只能要求对每部分债权按其金额比例进行减价。

如果事实证明承包人在实施建筑工程时非常不可靠,以至于委托人对其不再有信心,认为其将无法适当地进行任何必要的修缮工作,委托人可以在不事先向承包人提出有期限的要求的情况下,由承包人承担修复瑕疵的费用。

【主文】

根据原告的上告,卡尔斯鲁厄州高等法院第一民事法庭于 1964 年 3 月 4 日的判决在费用问题上被撤销,金额为 38896 马克。该案被发回上诉法院重新审理和裁决,包括上诉费用。

【事实】

1955 年春天,建筑承包人 St. 根据 1955 年 2 月 18 日的委托订单,在曼海姆—内卡劳的瓦特街为被告建造了一座工厂大楼的外壳。St.

将其剩余的 67377.51 马克的报酬支付请求中的 40296 马克转让给了原告。原告起诉要求支付上述款项及利息。被告拒绝付款,因为三楼下面的天花板的混凝土没有达到约定的抗压强度。因此,建筑当局禁止在上面安装机器。此外,支撑物也做得很差,一些混凝土已经从钢梁上剥落,这需要支付昂贵的维修工作费用。被告还认为其应当主张赔偿因天花板的承重能力下降而造成的至少 100000 马克的损失。

原告承认各处没有达到约定的抗压强度,但否认建筑物的可用性因此而受到影响。

州法院驳回了该诉讼,州高级法院重新驳回了原告的上告。通过上告,原告继续要求被告赔偿 38896 马克及利息。被告要求驳回上告。

【判决理由】

一

上诉法院认可被告关于 40296 马克的诉讼要求进行减少的权利,并承认其总额为 41332 马克的抵销权利和反诉要求。其中包括建筑物商业价值损失 12000 马克、由于使用了较低品质混凝土材料而减少了价值 1400 马克的支出、支付给 A 公司进行修补工作的 7932 马克,以及因将原本用于工厂房间,但由于天花板承重能力不足而无法使用的三楼房间被改建成办公室所产生的 20000 马克的额外成本。因此,上诉法院认为诉讼请求权已被消灭。由于材料节约而对诉讼要求的 1400 马克进行抵扣的这一点被上告方认可。这就是上告申请的依据。

二

上诉法院从被告提供的 1955 年 2 月 18 日的委托书和 1954 年 12 月 29 日的招标书着手,认为建筑承包人 St. 承担的工厂建筑属于《DIN1055 规范》第 6.17 项意义上的"轻型操作",因为结构计算是针对这一点进行的。《DIN1055 规范》第 6.17 规定"主要是静态"载荷的承重能力为 500 千克/平方米。招标书还显示,天花板和柱子需要抗压强度为 B225 的混凝土。

根据专家的鉴定意见,上诉法院进一步确定,尽管天花板对于"静态"载荷的承载能力为 500 千克/平方米,但与合同相反,混凝土的抗压强度并非都是 B225,尤其是二楼以上的天花板几乎没有达到这一强度。不良的混合比与添加过多空气空隙的材料也导致了混凝土在许多地方从钢筋上剥落。

上诉法院根据专家 L. 于 1961 年 7 月 11 日出具的专家意见,计算出建筑物的市场价值减少了 12000 马克。

(1) 上告方认为,该建筑根本就没有这样的瑕疵。被告委托建造了一栋厂房,其天花板具有 500 千克/平方米静态负载的承重能力。这一点已经实现。

上告方不能以此为由获得支持。

a) 根据调查结果,二楼以上的天花板只适用于"仅静态"的负载。根据《DIN1055 规范》第 1.4 项和第 6.17 项的规定,上告方提出的是它应该适用于"主要是静态"的负载。上告方忽略了这一点。

b) 除此以外,还适用于以下情况:

结构工程师必须考虑到建筑的目的,计算出楼板的承重能力。在此基础上,他必须确定楼板的厚度、钢筋和将要使用的混凝土的质量。建筑承包人必须按照指示的厚度建造楼板,并使用规定的钢筋和所需质量的混凝土。如果它按照工作和服务合同的要求进行楼板的施工,就完成了其所负责的服务,即使由于结构工程师的错误计算,楼板没有达到要求的承重强度。只有在建筑承包人已经认识到或应该认识到要求其执行的天花板不符合建筑的预期目的时,情况才会有所不同(《通则 B》第 13 条第 3 项,第 4 条第 3 项)。上诉法院并没有认定这一点。

相反,如果使用约定质量的混凝土,结构工程师所要求的板块的承载能力仍然实现,甚至可以达到更大的承载能力,那么低于合同约定的混凝土质量可以构成建筑物中的瑕疵,证明承包人的保修义务是合理的,因为此时工程缺乏保证质量(《通则 B》第 13 条第 3 项施工说明)。这里的情况正是如此。委托结构工程师的合同与双方的法律关系之间没有任何关系。根据规格要求,St. 公司曾保证大楼的天花板将使用抗压强度为 B225 的混凝土,该建筑缺乏这种特性。根据上诉法院引用的卡尔斯鲁厄和斯图加特技术大学的专家意见以及专家鉴定人 M 教授(博士)和建筑主管 L. 的意见,被测模块的平均抗压强度只有 120(而不是 225)千克/平方米。

c) 因此,使用劣质混凝土造成的较低抗压强度构成了建筑物的瑕疵。就目前的情况来看,该瑕疵是无法消除的。因此,被告可以根据《通则 B》第 13 条第 6 项与《德国民法典》第 634 条第 4 款和第 472 条要求减少报酬。

(2) 专家 L. 计算的结果是该建筑物的市场价值减少了 12000 马克,被告在上诉程序中没有对此提出异议。在这一点上,上诉法院遵循了专家的意见,上告并没有质疑这方面的判决。

(3) St. 公司向原告部分转让 40296 马克,导致报酬的索赔请求分裂成了两个独立的请求,虽然它们基于相同的法律基础。St. 公司还就 27081.51 马克的剩余报酬部分起诉被告。

a) 在部分转让债权的情况下,留给转让人的部分债权和被转让的部分债权一般具有相同的等级。因此,债务人的部分付款应按比例支付给两个部分债权人的索赔部分。[1] 然而,债务人可以自由地支付其中一个债权人,并规定只偿还其部分债权的支付金额。

另一方面,有权获得减价的债务人,由平等的部分债权人之一主张的,不能单独向该债权人主张全部减价。在一个购买价格已部分支付而剩余部分被延期支付的案件中,帝国法院裁定,购买价款的减少应按比例抵销购买价款中已支付且已延期的部分。[2] 如果购买价格或工资要求已通过部分转让而被分成几个相等的部分,则比照适用。没有理由将其交给债务人自行选择决定想要减少哪一个部分债权人的债权。因此,他只能就每项部分债权按其金额的比例要求减价。这可能会带来一定的负担,但这是部分债权的让与[3]带来的不可避免的结果。债务人的法律地位不会因此而发生显著变化。另一方面,它要求诚信的平等债权人适当考虑《德国民法典》第 242 条,每个部分债权仅按比例地减少。

---

[1] RGZ 149, 96, 98; BGH VII ZR 225/63 vom 15. November 1965; v. Caemmerer in JZ 1953, 97, 99.

[2] Seuff. Arch. 67 Nr. 247 a. E.

[3] BGHZ 23, 53.

据此,上诉法院允许原告适用全部债权的减价是不可接受的。

b) St.公司将部分债权转让给原告的银行,以担保和满足其相对原告的债权。在本案的情况下,双方可能已经达成协议,分配给原告的那部分债权应优先于给 St.公司的部分债权的等级。由于其不正确的事实与法律出发点,上诉法院未对此作出澄清。被告并未质疑其工作报酬的债务在不考虑其反诉的情况下,仍然超过了 67377.51 马克。如果被告分配给原告的部分债权优先于其余部分,那么就不能对原告提出 12000 马克合理减价,而只能对 St.公司的 27081.51 马克的剩余债权部分提出减价要求。因为在减价的情况下,付款要求将被"减少"(《德国民法典》第 472 条第 1 款),减少的金额将从最后等级的债权部分中扣除。

因此,就被驳回的 12000 马克的诉讼而言,该判决应予撤销。

三

上诉法院认为,从积极违约的法律角度看,被告可以要求 St.公司赔偿其支付给 A 公司的修缮整改工程款 7932 马克。被告不需要再委托 St.公司进行这项工作,因为正如其所声称的那样,已经对 St.公司的工作失去了信心。

(1) 原告最初在保留意见下提出上告,即仅在 40296 马克的诉讼被驳回 20000 马克的情况下,才修改上告的申请。原告在其上告理由陈述中,要求允许金额为 32947 马克的诉讼。在这样做的时候,原告参照的是德国联邦最高普通法院于 1961 年 2 月 28 日作出的判决(案件号:BGH VII ZR197/59),其并未对被告提出的赔偿 7932 马克的 75%,即 5949 马克的修缮整改费用的反诉提出异议,因为 St.公司在这方面节省了开支而获利。最后,在上告的庭审中,原告对被告要求偿还全部修缮整改费用的要求提出了全面的抗辩。因此,被告的这一反诉需要在上告程序中对其全部金额进行审查[1];因为提交给上告法院的诉讼事项没有变化,上告理由中包含的反对意见适用于 7932 马克的全部金额。

(2) 上诉法院认为,如果委托人对由另一家公司进行维修特别感

---

[1] BGHZ 7,143,144;12,53,67;BGH NJW 1958,343 (Nr. 8).

兴趣,则不需要根据《通则B》第13条第5款第2项的规定提出设置有期限的要求。诚然,《通则B》第13条第5款第2项并不包含与《德国民法典》第634条第2款相应的规定。然而,当承包人被证明在执行建筑工程时非常不可靠,以至于委托人对其不再有信心,才需要适用《德国民法典》第242条中的诚信原则。①

a) 然而,被撤销的判决书并没有包含任何理由,说明为什么被告不需要有这种信心。上告的质疑是正当的。被告并没有声称 St. 公司使用了低质量的混凝土是有意欺骗或出于过失,只是说 St. 公司任命了一个叫 WalterBl. 的人作为工地经理,而在诉讼中证明此人并不具备必要的职业资格,但是凭此并不能认为 St. 公司是不可靠的。

b) 如果委托人自己消除瑕疵,而没有事先通过设定时限要求承包人这样做,也没有满足不需要时限要求的条件,则其不能从不当得利的法律角度要求承包人偿还消除瑕疵的费用。② 因此,如果支付给 A 公司的7932马克的赔偿要求不存在,则也不允许原告任何节省的费用被抵销。因此,如果不给予偿还支付给 A 公司的7932马克,原告也不需要抵扣任何节省的费用。

c) 被告没有提交任何证据,从无因管理的法律角度要求偿还消除瑕疵的费用(《德国民法典》第677、683条)。

被告提出损害赔偿的要求,其原因是不得不将有争议的天花板上面原本用于工厂的房间用作办公室,并不得不将原本用于办公室的扩建部分建为机房,这造成了大量的额外费用。上诉法院认为这些费用为20000马克,并认为这一数额上的抵销是合理的。

在这一点上,判决也不能成立。被告提出的抵销要求只有在符合《通则B》第13条第7款第2项的条件下才能提出。这不是建筑物结构本身发生损坏的问题,而是"超出此范围"的损坏问题。瑕疵由合同所保证的属性中的瑕疵构成,或者基于对公认的技术规则的违反。这一事实对于根据《通则B》第13条第5款和第6款的规定提出消除瑕疵和减价索赔而言是足够的,但却不足以根据第13条第7款的规定

---

① Ingen-stau-Korbion VOB, 4. Aufl. §13 Rn. 82.
② BGH VII ZR 124/63 vom 11. Oktober 1965 = NJW 1966, 39 unter Aufgabe von BGH VII ZR 197/59 vom 28. Februar 1961 BB 1961, 430.

要求损害赔偿。此外,这里必须存在"严重损害建筑工程可用性的重大瑕疵"。《通则 B》第 13 条第 7 款中提到的这一前提条件也适用于第 2 款下的索赔主张(《通则 B》第 5 条至第 13 条),上诉法院并没有发现存在这样的瑕疵。

四

根据上述所有情况,有争议的判决必须在所要求的范围内以及在费用方面予以撤销,并且该案件必须发回上诉法院重新审理和裁决,包括上告费用方面的问题。

(申柳华 译)

第三编
定作人义务和风险转移

判例一

因建筑工程中的一个不重要的瑕疵而滥用权利拒绝验收情况下的工作报酬到期

《联邦普通高等法院裁判》1996，VIIZR26/95
BGH,Urteil vom 25. Januar1996-VIIZR26/95
《新法学周刊》1996 年,第 1280—1281 页
NJW1996,1280-1281

【要旨】

如果一个瑕疵在其类型、程度以及影响范围上如此微不足道，以至于在验收前定作人的消除瑕疵利益不具有保护价值（Schützenswert），因此其拒绝违反了诚信原则，则建筑物的定作人不能以尚未验收为借口。在这种情况下，根据《德国民法典》第 641 条的规定，定作人应该支付承揽人工作报酬。

【主文】

根据原告的上告，纽伦堡州高级法院第九民事合议庭于 1994 年 12 月 14 日作出的判决在费用问题上被撤销，原告的付款诉求与其关于 1992 年 9 月 30 日以来的 85881.02 马克的 4% 利息部分和 1995 年 2 月 20 日以来的 6750 马克的利息诉求被驳回。

雷根斯堡州法院对 1993 年 4 月 29 日作出的判决进行了部分改判，并重新措辞如下：根据被告的承认（Anerkenntnis），他被判决向原告支付 89256.02 马克，加上自 1995 年 2 月 20 日起的 4% 利息；他还被判决向原告支付在 1992 年 9 月 30 日至 1995 年 2 月 19 日期间另外

的 85881.02 马克的 4% 利息。原告关于 3375 马克的进一步支付请求已基本得到处理，其余部分被拒绝。原告承担一审费用的 9/20，被告承担 11/20。原告承担上诉和上告程序的法庭费用的 1/5，被告承担 4/5。上诉程序的法庭外费用由原告承担 1/3，被告承担 2/3。上告程序的法庭外费用由原告承担 3/20，被告承担 17/20。

【事实】

原告要求，在其仍对上告有利的范围内，确认剩余的报酬与确定解决主物部分的法律纠纷。

被告于 1990 年 7 月以 501600 马克的固定价格委托原告进行外壳建造、抹灰工程和绝缘工程，将以前的一个锯木厂改造成迪斯科舞厅和带办公室的仓库。原告于 1990 年 12 月 18 日完成该工作并在当天向被告寄了一张账单，以及一份由其准备并签署的验收协议，其中包括："如果您有任何问题或想在施工现场进行共同的验收，请告诉我们。否则，我们可能会要求您签字并寄回给我们。"

被告没有签字，即使在原告的催促下也没有归还验收协议。该建筑物于 1991 年 4 月竣工，并一直使用至今。

除其他事项外，原告还要求获得 92631.02 马克的剩余报酬。被告声称该建筑有各种瑕疵，并主张有权拒绝履行支付。在收到专家关于瑕疵的鉴定报告后，原告要求被告告知其是否希望消除专家确定的瑕疵，预计的消除费用为 2250 马克，或者被告直接从工程报酬中扣除此费用，但被告没有对这些建议作出回应。

州法院认可了原告大部分的付款诉求，在上诉程序中，被告首次对工程的验收提出异议。州高级法院以未到期为由驳回了原告对剩余工作报酬的请求。

合议庭支持了原告的上告。在口头审理中，被告表示，根据庭外部分和解承认原告关于 89256.02 马克索赔金额和自 1995 年 2 月 20 日起计算的 4% 利息的主张。原告申请作出部分承认判决（Teilanerkenntnisurteil），并申请法院命令被告继续自 1991 年 1 月 24 日起支付 85881.02 马克的 4% 利息与自 1995 年 2 月 16 日起产生的 3375 马克利息。最后，原告申请法院宣布有关另外 3375 马克和关于按比例的主物利息之法律纠纷已经解决。

【判决理由】

上告基本成立。

一

根据《德国民事诉讼法》第 307 条第 1 款,被告将被判处支付 89256.02 马克和自 1995 年 2 月 20 日起的 4％利息。因此,仍有争议的部分是原告对利息的进一步要求与部分和解的声明(Teilerledigungserklärung)。

二

上诉法院指出,原告未能证明其建筑工程的验收,其工作也并非没有瑕疵。

原告不能将被告在工程完工后的行为,根据其识别出来的意思表示价值解释而理解为被告同意该工程为符合合同的给付。这一点被如下事实决定性地反驳了:尽管经过提醒,被告仍未在发给他的验收协议上签字并寄回。因此,不能从未拒绝验收就得出被告愿意验收的结论。由于整个改造工作是在较为紧张的时间进度内进行的,不能从其他工匠的继续工作以及随后建筑物转交给承租人中就推导出原告得到了明示的最终验收。鉴于所发现的裂缝的程度,被告没有验收并不违反诚信原则。

三

所有这些方面都经不起法律检验。原告自 1992 年 9 月 30 日起才有权获得利息,而非自 1991 年 1 月 24 日起。

(1) 上告源于上诉法院的不当解释,即最终的行为并未明示了验收。上诉法院只能在有限的范围内进行审查性的解释,这并没有异议。

a) 关于被告在 1990 年 12 月 18 日之前没有就可验收性问题作出声明的指责(Rüge)是不成功的。原告只有在通知被告完工后,才能期待得到这方面的声明。

b) 上诉法院评估了被告在收到验收协议后没有明确拒绝验收的

事实,并认为考虑到未退回验收协议,不能因缺乏明确的拒绝而得出结论,即被告想要验收这项服务。这个合理的推论与上告的意见相反,并无可指摘之处。

c) 原告指责上诉法院在评估默示验收问题时未进行必要的全面考虑的指责是错误的,法院应当考虑包括在诉讼中确定的小幅修缮和将房间转让给第三方的情形。

上告所要求的总体观点必须能与一系列事件中相关的事实相对应,根据《德国民法典》第 133 条的解释,可以确定被告的意思表示(Willenserklärung),这要与其后的行为相对应。在本案中,被告在收到账单和验收协议后立即采取的行动可以被认为是应当予以考虑的关联因素(Anknüpfungspunkt)。上诉法院却无法从中推断出任何法律行为上的意思表示价值(Erklärungswert)。它认为原告在显然的情形下没有任何法律错误。它的认可基于被告被提醒但没有寄回的验收协议。一方当事人的后续行为确实可以被认为是解释某种结果的一种表现,但是,不能从后来的情况推断被告人想要确认验收。①

专家评估鉴定的微小的修缮费用本身无意义,尤其是被告曾对专家的鉴定报告提出质疑,认为原告要对进一步的瑕疵负责,这同样适用于建筑物后来用途的说法。在"情况所迫"(Zwang der Verhältnisse)下进行的继续施工,以及随后使用建筑物是否构成一个最终明示的验收,或是只包含一个预验收的表示,这要从个别案件的具体情况来推断,并由事实审法官进行评估。② 上诉法院的解释是,由于施工延误造成了相当大的时间压力,因此使用(Nutzung)不构成验收,这不是法律理由。

(2) 然而,上诉法院在评估(Würdigung)中没有考虑到基本事实,即根据《德国民事诉讼法》第 286 条,鉴于所确认的瑕疵,被告有权在不违反诚信原则的情况下拒绝验收。③

---

① Senat, Urteil vom 2. November 1995-VII ZR 196/94 S. 10 des Umdrucks-z. V. b. -.

② Senatsurteil vom 12. Juni 1975-VII ZR 55/73=NJW 1975, 1701 f.

③ OLG Karlsruhe, MDR 1967, 669; Werner/Pastor, Der Bauprozeß, 8. Aufl., Rdn. 1343; Staudinger/Peters, BGB, 13. Bearb., § 640 Rdn. 44, sämtlich m. w. Nachw.

a) 合议庭尚未对以下问题作出决定：如果存在较小和不太重要的瑕疵，定作人是否可以拒绝验收？在司法实践和文献中，对于这个问题的回答是肯定的。

合议庭赞同这一观点。根据《德国民法典》第640条第1款，定作人有义务验收根据合同制作的作品。根据《德国民法典》第641条第1款，工作的报酬只有在验收时才会到期。《德国民法典》第640、641条规定了承揽人的先行给付义务；其使得定作人获得了完全符合合同约定的履行中的利益优先于其支付工程报酬的义务。在承揽人未履行债务的情况下，定作人有理由拒绝验收，整个合同关系的进一步履行被中止。①

b) 上诉法院认为本案正是如此。在其评估中，将约定工作报酬的一小部分（约0.43%）作为事后修缮的成本，但认为墙壁上的大量裂缝并非完全无关紧要。

然而，上诉法院并没有处理被告关于裂缝的矛盾行为。在《德国民法典》第242条的框架内，被告在审判期间的意见也应得到考虑和重视。在收到专家的报告后，原告提议被告修复裂缝，并要求被告给出修复日期，前提是被告不想从报酬中扣除该部分费用。由此原告考虑到了被告的有保护价值的利益，即尽管有非常小的瑕疵，也要在付款前消除之，被告没有对这一提议作出回应。双方的行为清楚地表明，相对于原告的整体表现，被告对这些瑕疵的重视程度不高，甚至最终视这些瑕疵为无关紧要。因此，无论如何，在1992年9月30日收到关于专家报告的书面鉴定后，根据诚信原则，被告就不能再因这些瑕疵而主张拒绝验收。

（3）以下是利息索赔的结果：

a) 根据州法院的裁决，在支付到期日，被告拖欠剩余的工程报酬92631.02马克，据此其有权因裂缝而拒绝支付6750马克。上诉法院确认了州法院关于金额的声明；它在判决书中对此作出了准确的确认，即使它最终以未到期为由拒绝了付款请求。被告在上诉中没有对

---

① Senatsurteile vom 4. Juni 1973-VII ZR 112/71＝BGHZ 61, 42 und 26. Februar 1981-VIIZR 287/79＝NJW 1981, 1448.

这些确认提出质疑；相反，几乎完整地认可了这一要求。考虑到拒绝履约的权利，根据《德国民法典》第 291 条、第 288 条第 1 款，被告必须从 1992 年 9 月 30 日起按 4% 的比例支付剩余工程报酬款，即 85881.02 马克的利息。

b) 另一方面，原告无权在 1995 年 2 月 16 日至 19 日期间再获得 3375 马克的 4% 的利息。在部分和解中，被告放弃了要求原告消除瑕疵的权利，其拒绝履行支付的权利因此失效。这种和解的结论是否可以作为上告程序中的一个新事实来考虑的问题仍然悬而未决，因而不能确认被告在 1995 年 2 月 20 日之前已经接受了原告提出的达成部分和解的提议。

四

原告在上告中首次提出申请，要求法院宣判被告支付 3375 马克及其利息解决法律纠纷，该申请基本成功。

根据普遍意见，即使原告在上告程序中才提出部分和解声明，原则上也应予以考虑；至少对引发和解的事件（如本案中部分和解的达成）无争议时应该如此。[①] 如前所述，在部分和解达成之前，原告关于支付剩余的工程报酬的请求是完全合理的，尽管它的强制执行取决于因修补裂缝而花费的 6750 马克。

在部分和解中，被告放弃了对裂缝的消除；作为补偿，原告给予其 3375 马克的折扣，原告的报酬请求因此在这个数额的范围内已经得到了解决。由于原告无权就被告行使拒绝履行支付权部分再主张按比例支付利息，因此驳回了该申请。

五

关于费用的决定基于前审法院宣判的部分撤诉，以及根据《德国刑事诉讼法》第 91 条、第 91a 条、第 92 条第 1 款和第 2 款以及第 269 条第 3 款与之相应部分的结算（Teilerledigung）

被告必须承担其承认部分的费用。《德国刑事诉讼法》第 93 条的条件并未得到满足。原告的主张在一审中已经有正当理由支持，因此

[①] BGH Urteil vom 8. Februar 1989-IVa ZR 98/87 = BGHZ 106, 359, 368; MünchKomm zur ZPO/Lindacher, §91 a Rdn. 82.

被告在合议庭的口头审理中并未立即承认本条规定所指的这一主张。

在对合议庭 9 月 21 日的决定进行部分修正后,争议金额确定如下:截至 1995 年 9 月 21 日:107631.02 马克;口头审理前:92631.02 马克;口头审理后:89256.02 马克。

(申柳华　译)

判例二

解约 VOB 合同:因最终账单缺乏可核实性而驳回报酬诉讼;计费错误和可审计性;司法告知义务;账户和预付款的结算以及支付超额款项的义务;便于说明的发包人自行的计算;从分包人的账单中确定进一步的报酬要求的利益

《联邦普通高等法院民事裁判集》第 140 卷,第 365—379 页
BGHZ140,365-379
《新法学周刊》1999 年,第 1867—1870 页
NJW1999,1867-1870

【要旨】

根据《通则 B》第 8 条第 1 款第 2 项,因无法核实的账目报表(Prüffähige Abrechnung)未到期而驳回支付报酬的诉讼,目前被认为是不当的;诉讼不得因缺乏实体性的诉求(Substantiierung des Anspruchs)被视为证据不足而驳回。[①]

如果承包人声称已经扣除了某些计算费用并认为没有其他费用可以扣除,而发包人仅对这些费用的范围提出异议,那么就不能因为未提交可核对的账单而驳回基于《通则 B》第 8 条第 1 款第 2 项提出的报酬支付诉讼请求。

可核实的最终账单(Prüffähige Schlußrechnung)所需满足的要求

---

① BGH,1994-10-27,VII ZR 217/93,BGHZ 127,254.

取决于具体情况。法院必须明确地向承包人指出其尚未满足哪些要求,并让承包人有机会提供补充的信息。仅笼统地、概括地或误导性地提及缺乏可核实性是不够的。

承包人为其服务开具账单的合同义务遵循建筑合同中关于预付款或分期付款的协议。承包人拥有要求支付剩余款项的合同请求权。

如果承包人不进行结算,发包人可以通过自己的计算来证明其起诉要求支付盈余款项的合理性。如果发包人无法进行更详细的说明,他可以限制陈述范围,在合理利用其可以获得的信息来源的情况下,仅进行符合其知识水平的陈述。

如果在建筑合同解约后,承包人还不能判断是否以及在多大限度上需要向分包人支付报酬,他可以将为分包人计算的报酬作为节省的开支列入最后的账单,并提起确认之诉以确认委托人有义务支付分包人结算后的进一步报酬。

【主文】

杜塞尔多夫州高等法院第二十三民事合议庭于 1997 年 10 月 7 日作出的关于双方上告及被告人附带上告的判决中有关费用的部分被撤销,因为 96520.47 马克及利息的诉讼和反诉被驳回,被告有关偿还费用的义务被确认。

在被撤销的范围内,该事项将被发回上诉法院进行进一步审理和裁决,包括上告费用。

【事实】

被告委托原告建造一座半独立式(Doppelhaushälfte)房屋。根据固定总价合同(Pauschalpreisvertrag),《通则 B》被约定为合同条款。在被告提出撤销合同后,原告特别要求得到 96520.47 马克的报酬和利息。其还申请确认,被告有义务偿还其分包人在合同解约后对其提出索赔而必须支付的费用。被告通过反诉,要求原告偿还 34699.53 马克的押金及利息。州法院责令被告支付原告所要求的报酬,并驳回了反诉和确认之诉。上诉法院修正了州法院的判决,驳回了支付报酬的诉讼要求。确认之诉的提起是成功的，反诉被驳回。在上告中，双方都继续提出付款要求。在附带上告中，被告对确认之诉提出质疑。

【判决理由】

双方的上告和被告的附带上告均取得成功。它们导致判决在被质疑的范围内被撤销，并将案件发回上诉法院处理。

一

上诉法院认为被告的解约行为是撤销。法院认为，原告没有充分证实和证明其根据《通则 B》第 8 条第 1 款第 2 项有权获得的索赔金额。虽然其已被告知联邦最高普通法院的最近的判例法，但原告没有提交完整的计算结果。其计算结果没有包含任何有关其自己节省的费用的信息，如施工管理费用和一般管理费用。此外，原告并没有任何说明（同等情况下）在其他地方提供其劳动获得了什么。原告在口头审理结束收到的 1997 年 9 月 16 日的诉状中是否以及在多大限度上满足了联邦最高普通法院所提出的要求，还有待观察，因为根据《德国民事诉讼法》第 296a 条，此时已经不可能再提交新的事实。考虑到以前的提示，没有理由重新进行口头审理。

二

这经不起法律的推敲。原告根据《通则 B》第 8 条第 1 款第 2 项提出的请求权是确凿无疑的。考虑到 1997 年 9 月 16 日书面陈述中的意见，原告的最后账单无论如何都是可以核实的。上诉法院应该考虑到这一点并重新进行口头审理。

（1）上诉法院的出发点是正确的。被告的行为属于无正当理由解除建筑合同。这一点在上诉中已无争议。原告可以根据《通则 B》第 8 条第 1 款第 2 项的规定要求获得约定的报酬。然而，其必须被计入由于取消合同而节省的成本或通过其他途径使用其劳动力和经营而获得或因恶意不作为而未获得的东西。

（2）然而，上诉法院错误地驳回了诉讼，因为节省的费用和其他购置物（Anderweitiger Erwerb）没有得到证实。上诉法院忽视了这样一个事实，即这方面的说明（Darlegung）与最终账单的可核实性有关，而该诉讼只能因最终的账单缺乏可核实性而以理由不足为由被驳回。双方达成的合意适用《通则 B》。就像在完全执行合同后,承包人在解约合同后必须按照《通则 B》第 14 条、第 8 条第 6 款的规定准备一张可核实的最终账单,可核实的最终账单是承包人根据《通则 B》第 8 条第 1 款第 2 项主张支付到期的前提条件。① 如果法院基于解约后不可核实的账单而驳回诉讼,将其视为未到期,则应当被认为是没有根据的;该诉讼不得因对报酬的主张没有得到最终证实而被驳回。原告仍然可以提出到期要求并重新起诉。

(3) 然而,根据目前事实与争议的状态,以毫无根据的方式驳回诉讼也是不可行的。这是因为原告已经根据《通则 B》第 8 条第 1 款第 2 项以可核实的方式计算了其索赔的主张。

a) 如果发包人能够根据合同的协议核实账单的合理性,那么该结算就是可核实的。必须让发包人有机会认识到其结算中可能存在的不准确之处。另一方面,结算中的错误并不影响结算的可核实性,因为可核对性并不取决于结算的计算是否正确。② 如果合同要按照合议庭规定,根据固定总价合同未完成的工作结算原则进行结算,则承包人必须明确说明约定的报酬,以及节省了哪些成本,还要考虑到哪些其他成本是可以抵扣的。

合议庭多次指出,最终账单的的可核实性本身并不是目的。③《通则 B》中包含的可核实性要求只是为了保护发包人。在诉讼主张中,发包人越少主张这种保护,在具体情况下,对可核实性的要求也就越低。如果发包人不重视最终账单中有关结算是可以理解的并可以确定合同相关的诉讼请求的要素,则不能因缺乏可核实性而拒绝该账单。如果没有结算的标准,但发包人对结算结果没有异议,那么因不可核实而驳回单位价格合同的账目报表是不合理的。类似情况发生在本案中,尽管尚未披露结算方法,发包人接受了承包人在未提供服

---

① BGH, Urteil vom 9. Oktober 1986-VII ZR 249/85 = NJW 1987, 382 bis 383 = BauR 1987, 95=ZfBR 1987, 38.

② BGH, Urteil vom 18. September 1997-VII ZR 300/96 = NJW 1998, 135 = BauR 1997, 1065=ZfBR 1998, 25.

③ Urteil vom 18. Juni 1998-VII ZR 189/97=NJW 1998, 3123; Urteil vom 8. Oktober 1998-VII ZR 296/97=BauR 1999, 63=ZfBR 1999,37.

务的账单中扣除已节省的费用。这同样适用于承包人将某些推算出的费用作为节省的费用扣除,声称没有节省更多的费用(其中一些是逐项列出的),而发包人只是对指定的费用的范围提出异议的情况。

b) 因此,该判决不能成立。在这里,口头审理结束时提供的结算账单是否可以核实并不重要。无论如何考虑到原告在1997年9月16日的书面诉状中所作的陈述,原告的账单都是可以核实的。

判例法承认,如果从新提交的材料中可以清楚地看出,这是补救侵犯听证权的唯一方法,则需要重新进行口头审理。[1] 如果法院在口头审理期间才根据《德国民事诉讼法》第139条第1款、第278条第3款要求发出告知,并且在听证会结束后才由当事人作出具有事实意义的陈述,并提交了大量的新材料,那么重新进行口头审理是必要的。[2]

法院如果没有在口头审理前发布一般和全面的信息,则是没有履行告知义务。相反,它必须明确地向当事人指出其认为与决定相关的却缺失的事实材料,并让他们有机会以相关方式补充材料。这尤其适用于如下的情形:补充材料的必要性并非因对方当事人的实质性否认,而是取决于法院对具体个别案件的评估。例如,根据《德国民法典》第649条第2句或《通则B》第8条第1款第2项提出索赔的要求就属于这种情形。告知义务原则上也存在于当事人由诉讼代表人代表的程序中,至少在诉讼代表人误判法律的情况下应当如此。[3] 如果事实证明当事人误解了某项指示,法院必须澄清该指示,并给当事人另一次陈述意见的机会。如果当事人只能在口头审理中进行澄清,在口头审理中不能作出有充分理由的陈述的,法院必须给予合理的时间。如果没有这样做,则必须考虑意见(Stellungnahme)是在口头审理程序结束后收到的,必要时需要重新进行口头审理程序。

---

[1] BGH,Urteil vom 31. Mai 1988-VI ZR 261/87＝NJW 1988,2302,2303.

[2] BGH,Urteil vom 27. November 1996-VIII ZR 311/95＝NJW-RR 1997,441.

[3] BGH,Urteil vom 27. Oktober1994-VII ZR 217/93＝BGHZ 127,254,260 m. w. N; Urteil vom 27. Oktober 1998-X ZR 116/97.

上诉法院的程序并不公正,在口头审理之前提到的合议庭的判例法①和披露计算的必要性时具有误导性。原告也是这样理解的,只要把手工劳动者的服务分解开来,指出其他费用没有节省下来就可以了。原告不需要从上诉法院引用的合议庭的裁决中得出任何其他内容。相反,其可以从这些裁决中推断出,节省的费用将与合同的计算相关。原告这样做了,并将补充披露计算方式理解为只披露手工服务的计算方式。因为从其角度看,不会节省更多的费用。合议庭在进一步的裁判中指出,"在个别情况下"②或"必要对"③,需要公开计算方式。被告没有主张原告节省了进一步的费用,他们只是对特定费用的范围提出异议。因此,根据该提示,原告可以认为,披露总的结算结果是没有必要的。如果上诉法院认为原告的费用说明不充分,它不仅应该向原告指出仍然缺乏的事实证据,还应该给原告机会,以相关方式补充提交的材料。无论如何,鉴于必须澄清账单计算的基础,因此需要确定一个书面提交期限,但原告并未得到此批准。在原告于1997年9月16日的书面诉状中对需澄清的关注点发表了实质性意见后,上诉法院应重新进行口头审理。

根据其陈述,原告只是节省了工匠的费用。这些节余是根据合同确定的,并以易于理解的方式呈现。原告进一步详细解释说,其没有更多的节余,不可能还有其他购置物。与上诉意见相反的是,被告没有承认《德国民事诉讼法》第288条意义上节省的费用。但是,到目前为止,被告还没有计算原告未考虑的进一步的节省费用,而只是对计算金额中所列出费用的准确性提出异议。因此,上诉法院不得以无法核实为由驳回原告的账单。

---

① Urteil vom 21. Dezember 1995-VII ZR 198/94=BGHZ 131, 362, 365; Urteil vom 8. Februar 1996-VIIZR 219/94=NJW 1996, 1751=BauR 1996, 412=ZfBR 1996, 200, und Urteil vom 4. Juli 1996-VII ZR 227/93=NJW 1996, 3270, 3272=BauR 1996, 846=ZfBR 1996, 310.

② Urteil vom 7. November 1996-VII ZR 82/95=NJW 1997, 733, 734=BauR 1997, 304=ZfBR 1997, 78.

③ Urteil vom 30. Oktober 1997-VII ZR 222/96=BauR 1998, 185, 186=ZfBR 1998, 79.

三

被告在反诉中要求返还首付款 34699.53 马克。上诉法院认为，根据《德国民法典》第 812 条第 1 款第 2 项，被告提出的请求权不成立，即使合同解约它也是直到合同解约时提供服务存在的法律依据。被告必须证明，其预付款在多大限度上超过了原告已经提供的服务，没有理由让举证责任倒置。如果被告因原告未披露计算数据而无法提出具体意见，他们就必须通过答复之诉（Auskunftsklage）[①]的方式获得所需的数据。

四

被告的上告取得成功。

上诉法院允许被告上告，因为在承包人根据《通则 B》第 8 条第 1 款第 2 项规定提出不合理的诉讼后，不当得利的债权人（Bereicherungsgläubigers）的提出和证明责任（Darlegungs-und Beweislast）具有根本重要性。被告必须有机会对 1997 年 9 月 16 日的书面诉状作出答复。为此，必须撤销上诉判决，并将此案也发回上诉法院重审。

合议庭为新的审理和裁决指出以下几点：

如果最终结算表显示有相应的盈余，则被告有权获得 34699.53 马克的付款。正如上诉法院所确认的那样，不予考虑不当得利返还请求权（Bereicherungsanspruch）。

在建筑合同中，双方约定首付款（预付款）为 8%（34699.53 马克），同时根据建筑工程的进展情况分期付款，每期付款为 10%，并根据最后的账单支付尾款。在这样一个关于建筑合同的常见的付款协议中，各种合同义务随之而来，不必在合同中更详细地提及，这也包括承包人为其服务开具账单并向发包人支付任何盈余的义务。

根据付款协议，即使承包人的服务尚未被验收且尚未确定最终报酬，发包人也有义务偏离（Abweichend）《德国民法典》第 641 条第 1 项的规定向承包人支付预付款或分期付款。在确定承包人的最终报酬

---

① 又译为信息提供之诉。（译者注）

前,此类付款只是临时性的,通常只有在施工工作完成后才能确定。这也适用于交钥匙工程的总包合同,因为在建设项目的过程中,由于特殊要求、自己的工作和其他合同的变化,总价可能会多次变化。

原则上,承包人必须以最终账单来确定最终报酬。预付款和首付款[1]作为临时付款,意味着承包人有义务提供与所付款项有关的最终报酬是否到期以及到期程度的信息。该义务来自关于临时付款的协议,并且无论其是否在合同中明确规定,都存在这一义务。预付款包含在最终账单中,只是其中的账单项目,不能与合同的个别履约项目相联系。[2] 如果预付款和分期付款的总和超过承包人应支付的总报酬,承包人有义务根据默示协议向发包人支付超出部分。[3]

承包人的最终账单应在建筑项目完成后的合理时间内发出。在《建筑工程发包与合同规则》框架下,除非另有约定,否则应适用《通则B》第14条第3款。在合同解除的情况下,发包人应根据《通则B》第8条、第6款的规定,立即得到一份可核实的账单。如果承包人没有在最后期限内提交最终的账单,发包人可以自行确定和要求返回盈余款。

然而,在许多情况下,发包人可以根据《德国民法典》第812条第1款的要求退还预付款或首付款。[4] 这是不可能总被遵守的,并不存在补偿不当得利的的余地,因为支付的请求权来自于合同协议。承包人没有进行最终结算的事实不会改变任何事情,发包人可以自己调查多付的部分。如果由于承包人不进行核算而使计费变得更加困难,发包

---

[1] 预付款指的是提前支付全部或部分款项,以便支付未来的费用或购买商品/服务。首付款是指在一个较长时间的项目或服务期间,提前支付一部分款项以确保工作继续进行。这些款项通常是基于完成的工作量或进度进行计算的,并且在完成整个项目或服务后将进行结算。(译者注)

[2] BGH, Urteil vom 9. Januar 1997-VIIZR 69/96 = BauR 1997, 468 = ZfBR 1997, 186; Urteil vom 22. Oktober 1998-VII ZR 167/97.

[3] BGH, Urteil vom 23. Januar 1986-IX ZR 46/85 = BauR 1986, 361 = ZfBR 1986, 162; BGH, Urteil vom 1. Februar 1990-VII ZR 176/88 = BauR 1990, 379, 381 = ZfBR 1990, 173.

[4] OLG Düsseldorf, BauR 1994, 272; OLG Köln, BauR 1995, 583, 584; KG, BauR 1998, 348; Ingenstau/Korbion, VOB, 13. Aufl., § 8 Rdn. 170; Beck'scher VOB-Kommentar/Motzke, vor § 16 Rdn. 93; Heiermann/Riedl/Rusam, VOB, 8. Aufl., § 16 Rdn. 128.

人将获得减轻举证责任的便利(Darlegungserleichterungen)。

下列情况适用于举证责任(Darlegungslast):发包人必须确凿地指出其主张支付最终账户余额的前提。为此,他可以参考承包人现有的最终账单,并证明由此产生或在纠正任何错误后应产生的盈余。如果发包人已经行使了《通则B》第14条第4款的权利,并且自己准备了一份可核实的最终账单并显示有盈余,那么提交这份账单就足够了。然后由承包人来反驳这一计算。

如果承包人没有在合理的时间内提交账单,发包人可以用自己的计算证明要求承包人支付盈余的要求是合理的。一份显示了发包人支付的预付款和进度款,并且这些付款没有被承包人的相应最终报酬所抵销的账目报表就足够了。只要发包人无法对此提供更详细的举证,那么他就不能违背上诉法院的意见被移送提起答复之诉。相反,当他合理地用尽其所拥有的资源时,答辩可以限制在与其知识水平相对应的范围内。根据《通则B》第14条第4款的规定,发包人并不存在准备可核实的账单的义务。

应由承包人以符合合同要求的最终账单来反驳该索赔。至少在《建筑工程发包与合同规则》框架下,承包人通常只能通过提交可审核的账单来履行其举证责任,该账单表明其有权获得至少与已收到的预付款和进度款数额相当的最终付款。①

这种举证责任的分配也适用于建筑合同解约后。就已提供的服务开具账单而言,其与完全执行了的合同账单相比,没有任何特殊之处。这取决于个别情况下,发包人能够在多大限度上自行结算。就未提供的服务而言,发包人只有在特殊情况下才有能力独立结算,如他知道承包人的计算方法。如果承包人根据《通则B》第8条第1款第2项以可核实的方式解决其索赔主张,那么发包人对其主张承包人节省了更多的费用之部分负有举证义务。②

---

① BGH, Urteil vom 9. Januar 1997-VII ZR 69/96=BauR 1997,468=ZfBR 1997,186.

② BGH, Urteil vom 21. Dezember 1995-VII ZR 198/94=BGHZ 131,362,365.

承包人对其报酬请求负有举证责任。[1] 这也适用于客户要求支付盈余的诉讼中,这是因为承包人有义务根据合同协议证明其有权最终保留预付款和进度款。另一方面,发包人对预付款和进度款主张负有举证责任。如果发包人根据《通则B》第8条第1款第2项的规定进行结算,发现节省了更多的费用,就必须证明。[2]

上诉法院裁定,被告有义务偿还接受原告委托的分包人因承揽合同被解约后向原告主张报酬而产生的费用。上诉法院给出的理由是,根据《通则B》第8条第1款第2项,被告原则上有义务向原告偿还其因可能使用分包人而产生的费用。因为最终账单无法核实而驳回赔偿要求,并不妨碍法院准许具体的、有限定的确定法律关系的诉讼请求。

五

另一方面,被告附带的上告也成功了。

关于使用分包人所产生的费用是否偿还还不能得出结论,因为上诉法院对不合理的付款请求诉讼没有得出结论,并且该决定与《通则B》第8条第1款第2项规定的要求付款的一部分报酬主张有关。然而,原告的诉讼是成立的。因此,这一次反诉的抗辩就缺乏依据。

然而,判决不能成立。确认之诉的申请是可以受理的,但是,其理由需要进一步确认。

根据《德国民事诉讼法》第256条,确认之诉的申请是可以受理的。原告拥有这一合法权益,即有权根据《通则B》第8条第1款第2项的规定提出除了索赔金额外的进一步主张。

原告提出这样的主张是有可能的。原告声称,其在索赔声明中已经提到,与分包人签订了被告建筑项目的施工合同,在被告解约终止这些合同后,其也需要解约终止这些合同。如同再附带上告并未被质疑的那样,分包人有权根据《通则B》第8条第1款第2项或《德国民法典》第649条第2句向原告提出索赔,尽管目前原告还未主张,但仍然

---

[1] BGH,Urteil vom 13. Oktober 1994-VII ZR 139/93=BauR 1995,91=ZfBR 1995,33.

[2] BGH,Urteil vom 21. Dezember 1995-VII ZR 198/94=BGHZ 131,362,365.

可能在诉讼时效内成功地主张索赔。根据原告的计算，那些节约下来的费用应当被考虑在索赔的范围内，因此不能从与被告商定的报酬中扣减此部分。

原告没有将这部分根据《通则 B》第 8 条第 1 款第 2 项提出的索赔请求与付款请求一并提出，而是将与分包人约定的报酬全部作为暂时性节省的费用进行扣除。在这样做的过程中，原告将其统一索赔主张划分为不含分包人报酬的最低金额以及与此费用相等的另一个不确定的金额。

这种结算方式违背了合同应在最终账单中全部结算的原则。[1] 但是，如果因不可避免的需要，并且单独计费符合各方的利益，则需要对这一原则进行例外处理。在这种情况下，承包人无法最终评估其在解约终止合同后，是否能够以及在多大限度上节省了费用。原告选择的流程在本案中是具有利益正当性的，其考虑到了建设项目必须尽快解决这一更高的原则。这对合同双方都有利益，即使最初只能确定一个最低金额。

如果允许根据《通则 B》第 8 条第 1 款第 2 项的规定对索赔进行单独结算，承包人可以从最初的结算中提出最低金额的付款主张，但该结算必须以可核实的方式进行。在分包人提出主张后，他可以继续主张由此产生的剩余金额。其可以申请对这一剩余金额的支付义务作出确认判决。提起确认判决的意义在于考虑到长期的不确定性，司法实践中经常出现请求权超过诉讼时效的情形。

如果确定原告仍有权根据《通则 B》第 8 条第 1 款第 2 项的规定，就分包人可能提出的索赔金额进一步提出主张，那么原告的确认性判决请求就是有依据的。然而，情况并非如此。被告声称并证明，原告使用的分包人的合同价格与计算不符，是被"编纂"（gedrückt）过的。总而言之，原告节省的费用将高于其与被告约定的工作报酬。因此，被告主张原告已经计算了损失。这种损失必须在整体结算中加以考量，并由原告承担。承包人不得因解约终止合同而获得任何好处。因此，损失的计算也会影响到索赔请求权的确认。

---

[1] BGH, Urteil vom 9. Juni 1994-VII ZR 87/93=BauR 1994, 655=ZfBR 1994, 214.

上诉法院只有在进一步查明事实后,才能决定确认之诉的主张是否在所寻求的范围内得到支持。如果考虑到因推定损失而减少索赔,上诉法院必须决定这种减少是否已经可以明确写入确认判决的主文中,如通过量化或说明分包人索赔金额减少的百分比。如果无法做到这一点,则可以考虑指出确认判决的主旨:计算索赔金额时仍需考虑到原告损失的部分。

(申柳华 译)

判例三

单独提起工程验收诉讼的可行性；未经批准情况下保留验收；未能履行义务时的损害赔偿；关于主要诉讼程序中证据保全的程序费用的裁决

《联邦普通高等法院民事裁判集》第 132 卷，第 96—104 页
BGHZ132,96-104
《新法学周刊》1996 年，第 1749—1751 页
NJW1996,1749-1751

【要旨】

就验收工程提起的诉讼是合法的①；也可以单独提起诉讼，并可以不同时要求支付剩余的报酬。

如果定作人在宽限期届满后拒绝验收并想保留有瑕疵的工程，禁止承包人进行整改，由自己整改或由第三方整改，则不认为该作品是"基本符合合同的履行"，不符合《德国民法典》第 640 条的验收规定。

即使定作人未验收工程，如果在其他方面符合《德国民法典》第 634 条、第 635 条的前提条件并且定作人在不违反《德国民法典》第 242 条的情况下拒绝验收，定作人可以在任何情况下根据《德国民法典》第 635 要求承包人赔偿未履行（Nichterfüllung）的损失。②

在关于工程验收的诉讼中，不需要对自主证据程序的费用作出独立的费用裁决。关于自主证据程序费用是否可以退还，需要

---

① BGH, 1981-02-26, VII ZR 287/79, NJW 1981, 1448, 1449 zu 6a.
② BGH, 1973-12-13, VII ZR 89/71, WM IV 1974, 311 zu II.

法院在主诉程序的费用决定程序中,根据《德国民事诉讼法》第104条规定作出。

【主文】

根据被告的上诉,1993年12月9日,科布伦茨州高等法院第六民事合议庭的判决被撤销。

在上诉法院裁定的范围内驳回该诉讼。

原告应承担法律纠纷的费用。

【事实】

原告为被告的新印刷线建造了一个折页机(Falzapparat),但纸筒在穿过印刷滚筒时被揉成一团。被告将这种糟糕结果归咎于原告的制造(结构和装配)瑕疵。在1990年9月28日的律师函中为原告设定了一个"最后宽限期",要求原告截至1990年10月2日下午5点消除瑕疵,并警告如被拒绝则会主张损害赔偿。在1990年10月19日的律师函中,被告再次为原告设定了一个宽限期,截止日期为1990年10月30日下午2时。原告认为报纸的皱缩是由非其提供的印刷机与开卷机以及使用由其提供的折页机的之间协调不足造成的,并在1990年10月26日一封信中声明自己准备好了参与消除瑕疵的工作,但是前提是被告放弃损害赔偿请求。在1990年10月30日的信中,被告将原告的最后期限设定为1990年11月22日下午3点,并进一步说明如果被拒绝将委托第三方消除瑕疵,其费用由原告承担。原告提出与印刷机制造商进行协调谈判,但坚持认为作为"技术管理费用"的一部分的、必要的协调工作属于被告的职责范围。在1990年11月8日的一封信中,原告告知被告,在此期间获得的关于证据保全的鉴定报告只列举了一些小的瑕疵,且并不能成为拒绝验收的理由。原告提供的折页机自1990年10月1日上午8点30分起就可以使用;它只是需要与其他制造商的机器进行改进和协调。在1990年11月9日的信中,被告向原告宣布将拒绝验收其1990年11月13日的给付。原告随即再次提出愿意配合印刷线各组成部分的协调工作,但拒绝提供不必要的进一步服务。被告随后将印刷机制造商的一份声明告知原告,根据该声明,其只需进行微调,并再次警告如果给付被拒绝将要求损害赔偿。原告答复说,被告应通过一个专家代表加入印刷机制造商的合作,以便原告能够参与机器部件的协调。在1990年11月23日信中,被告要求原告对不履行行为进行赔偿,禁止原告进入工厂并宣布将就折页机所产生的费用向原告开具账单;因为通过之前的交涉,被告对原告的履约资格和履行意愿完全失去了信任。随后,被告让第三方公司修复了折页机并声称为消除折页机的机械制造方面的瑕疵和设计更改花费了130000多马克。

在诉讼中,原告要求被告验收该折页机,被告就其不履行义务而反驳了原告的赔偿要求。

州法院认可了原告要求验收的主张。上诉法院认定部分修改一审判决,被告已于1990年11月24日验收了原告提供的折页机,证据保全的费用不属于诉讼费用。通过上告,被告继续追求令诉讼被驳回的目标。

【判决理由】

上诉法院指出,原告为修缮所做的努力于1990年11月失败,原告曾向被告指出了印刷品中存在的所谓瑕疵。由于折页机存在瑕疵,被告有权不予验收,并坚持最初的生产制造要求。然而,为了做到这一点,他必须拒绝验收整个工程,并至少要求原告将其收回(Rücknahme)。这一点是经不起上告推敲的。

一

原告提出"单独"的诉讼要求验收,更确切地说是为了确认被告已经验收。州法院和上诉法院认为该诉讼可以受理,上告人并未对此提出质疑。从法律的角度来看,这一点没有任何疑问。[1] 确认之诉的可受理性与是否从经济角度有利于或者不利于付款诉讼(Zahlungsklage)无关(尤其是在个案情况下)。

二

就上诉法院将关于承揽合同的法律适用于双方的合同关系这方面,上诉人没有提出异议。这并没有显示出任何法律上的错误。

三

然而,与上诉法院的意见相反,根据确认的案件事实,应当否认本案符合《德国民法典》第640条意义上的验收。

(1) 上诉法院援引雅各布斯[2]的观点,认为被告在1990年11月23日的信中禁止原告进入房舍并继续维修折页机,但却允许第三方承包人通过更换零件和改造来改装机器,直至能够正常使用,其行为是自相矛盾的。通过修缮机器,被告表明想永久地保留它,这就是验收。就被告想要主张达到最初的生产制造要求而言,其不得不要求原告收回该机器,因为定作人无法在继续拥有该机器的同时仍然拒绝全部验收。因此,被告已经验收了原告的工作,故不再负有验收的义务。

(2) 上告人认为,上诉法院没有考虑到当时承揽合同的履约请求已经过期。随着宽限期的无果而终,原告的履约请求已经过期,因此验收不再可能。上诉法院认可了被告详细描述的瑕疵,认为原告在其产品的制造功能匹配性方面有延迟,是在被告设定的最后期限后发生。因此,随着1990年11月22日宽限期的结束,双方对履约的请求也已到期。已消灭的义务并没有被重新确立。

(3) 上诉法院的考虑误判了验收的法律条件。无可争议的是,本案没有明确的验收。默示验收的前提是定作人实际验收了所生

---

[1] BGH, Urt. v. 26.02.1981-VII ZR 287/79, NJW 1981, 1448, 1449 zu 6 a; Korintenberg, Erfüllung und Gewährleistung beim Werkvertrag, 1935, S. 33 zu Fn. 11; MünchKomm./Soergel, BGB, 2. Aufl., § 640 Rdn. 23 f.; Staudinger/Peters, BGB, 13. Aufl., § 640 Rdn. 54; RGRK/Glanzmann, BGB, 12. Aufl., § 640 Rdn. 18; unklar Erman/Seiler, BGB, 9. Aufl., § 640 Rdn. 17, 19; Soergel/Mühl, BGB, 11. Aufl., § 640 Rdn. 9; Palandt/Thomas, BGB, 55. Aufl., § 640 Rdn. 1, die eine Klage auf Abnahme nur zusammen mit der Zahlungsklage erwähnen.

[2] Jakobs AcP 183 (1983) 145 f.

产的工程,并表示其希望接收符合合同主要部分的给付。在不偏离个别有争议的概念的情况下,任何情况下的验收都要求(上诉法院忽视了这一点)一个至少基本上(主要)认为是符合合同履行的同意(Billigung)。① 根据法律规定,验收通常既不能从根据《德国民法典》第 633 条第 3 款的要求进行的自我改进(Eigennachbesserung)中推断出来,也不能从其宣告中推断出。根据《德国民法典》第 633 条第 3 款的规定,定作人的替代履行权(Ersatzvornahme)并不限于工程验收后的时间。② 在很大程度上,第三方对工程的使用和维修工作也可以被视为验收工程所需的同意。③ 但是,如果定作人给承揽人设定了一个最后期限,并威胁要拒绝验收,而这一期限已逾期,定作人随后禁止承揽人修理并委托第三方进行修理,那么就更不存在同意验收该工程了。那么该合同(至少在工程有瑕疵的情况下)由于宽限期届满而终止④,且一般不再适用《德国民法典》第 633 条第 3 款。⑤ 在这种情况下,通常会从定作人的行为中推断出其最终和严肃地拒绝验收。⑥ 在这方面,定作人流程上的时间顺序对于定作人行为的客观性解释价值往往具有指示意义。如果定作人在承揽人没有违约的情况下让第三方对工程进行维修,这种行为更有可能表明为其对工程的验收,而不是像定作人之前(甚至可能只是在尝试维修失败后)给承包人设定一个维修期限,并威胁要由承揽人自己承担后续维修的费用。因此,事实审法官在判断定作人的行为是否构成验收时,必须始终评估双方的全部行为,而不能局限于部分行为⑦;还必须考虑定作人根据其提交案件事实(Sachvortrage)所主张的法律后果。

(4)上诉法院在解释被告的行为时没有充分考虑这些原则,这在法律上是错误的。由于在这方面没有进一步的事实认定,合议庭可以

---

① Sen. Urt. v. 29.06.1993-X ZR 60/92, WM 1993, 1850, 1851 zu I b bb (1) und v. 03.11.1992-X ZR 83/90, NJW 1993, 1063, 1064 zu 2 b bb.
② Sen. Urt. v. 16.11.1993-X ZR 7/92, NJW 1994, 942 zu B II 2 a.
③ § 640 Abs. 2 BGB; BGHZ 61, 42, 45 zu III 2 b; BGH, Urt. v. 05.05.1969-VII ZR 26/69 zu II, nicht veröffentlicht; BGHZ 54, 352, 354 zu 1 a.
④ BGH, Urt. v. 23.11.1978-VII ZR 29/78, NJW1979, 549, 550 zu 3.
⑤ BGH, Urt. v. 29.10.1975-VIII ZR 103/74, NJW 1976, 234, 235 zu II 4.
⑥ Willebrand/Detzer, BB 1992, 1801, 1802 zu C II 1.
⑦ BGH, Urt. v. 18.12.1986-VII ZR 22/86, NJW 1987, 889, 890 zu 2.

解释被告本身的行为和陈述。被告的行为不能被认为是同意将折页机作为基本符合合同的给付。

a) 被告多次抱怨折页机的瑕疵，并通过设定最后期限，以拒绝验收为威胁要求原告消除这些瑕疵，在最后期限逾期后，他于1990年11月23日的信中说明了警告的后果。

与上诉法院的观点相反，设定履行期限与威胁拒绝验收并随后选择不履行赔偿要求，在这里无论如何都不能被视为验收。相反，被告的行为更多表现为最终拒绝验收。被告自行（委托第三人）的修缮和随后继续使用改造后的作品这一特定情况并不足以构成认可作品，从而确认被告同意验收。被告由于经济上的压力而继续使用该作品，并不表示其愿意验收（至少在存在重大瑕疵的情况下）。①

b) 考虑定作人要求的法律后果不会导致任何其他结果。

至少在符合《德国民法典》第635条的前提下，定作人可以在保留有瑕疵的工作给付的情况下提出损害赔偿要求。在适用此条款时，定作人可以选择保留给付并计算剩余的损害赔偿（所谓的小额损害赔偿请求）或拒绝给付并要求赔偿全部损害（所谓的大额损害赔偿请求）。②为了能够成功地执行这些损坏赔偿请求，被告不一定要验收该工作。人们通常认为，根据《德国民法典》第635条提出的请求需要以验收为前提。③然而，即使未验收作品，定作人至少也可以要求未履行的损害赔偿，只要其未在无正当理由且未违反《德国民法典》第242条的情况下最终拒绝验收有瑕疵的工作。④

被告始终强调基本与合同不符的瑕疵，以此构成拒绝验收的正当

---

① BGH, Urt. v. 05.10.1961-VII ZR 146/60 zu B II 1, insoweit in BB1961, 1216 nicht abgedruckt; Staudinger/Peters, BGB, 13. Bearb., §640 Rdn. 28; RGRK/Glanzmann, BGB, 12. Aufl., §640 Rz. 8.

② BGHZ 27, 215; BGH, Urt. v. 25.06.1959-VII ZR 97/58 zu II 4, nicht veröffentlicht ff.

③ BGH, Urt. v. 30.01.1969-VII ZR 139/66, NJW 1969,838, 839 zu I 2 a; Urt. v. 25.10.1973-VII ZR 181/72, VersR 1974, 261, 262 zu II 4 d; a. A. BGH, Urt. v. 25.06.1959, aaO zu II 3 b u. v. 05.10.1961-VII ZR 146/60 zu II 1 insoweit in BB 1961, 1216 nicht abgedruckt-, je unter Hinweis auf RGZ 165, 41, 45; Sen. Urt. v. 16.11.1993-X ZR 7/92, NJW 1994, 942 zu B II 2 a a. E. unter Hinweis auf §634 Abs. 1 Satz 2 BGB u. §640 Abs. 2 BGB.

④ BGH, Urt. v. 13.12.1973-VII ZR 89/71, WM 1974, 311 zu II.

理由。因此,其行为并不矛盾。

被告拒绝验收并没有违反《德国民法典》第 242 条。如果根据其结论性的意思表示,定作人依照《德国民法典》第 635 条的规定,在设定最后期限并威胁拒绝验收后,终止了合同履行关系,则定作人对瑕疵的修缮不能被视为重新订立合同意义上的新情况,而意味着是验收了工作,从而被解释为已经履行了定作人最初签订合同时约定的义务。上诉法院没有确认可能导致重新确立双方相互履行义务的情况,原告没有对此提出任何线索(Anhaltspunkte),案中也没有提供任何证据。

毕竟,验收还未成功。关于撤销预备申请(Hilfsantrag)的裁决被驳回(《德国民事诉讼法》第 564 条第 1 款)。

四

合议庭可以作出结论性的裁决(《德国刑事诉讼法》第 565 条第 3 款第 1 项)。由于被告在其 1990 年 11 月 23 日的信中未验收该工作,而是拒绝验收,驳回原告关于确认被告收到 1990 年 11 月 23 日的信后验收了这项工作的预备申请之诉的时机已经成熟。

在本诉讼中,原告也不能再主张被告负有验收的义务,因为原告认为自己的工作基本上没有瑕疵的主张已经无效。上诉法院驳回了原告在一审中主张的验收要求,因为(正如上诉法院在确认原告的预备申请时发现的那样)被告已经验收了原告的工作。被告对这一决定提出了上告。因此,合议庭仅需就被告的信件中是否包括了对作品的验收问题作出决定(《德国民事诉讼法》第 559 条第 1 款)。关于被告是否仍负有按照原告的主要诉求验收的义务问题,实际上已不在本案受理范围内。[①] 但是,原告仍然可以根据《德国民法典》第 635 条的规定获得其认为有权获得的工作报酬,并在这种情况下提供证据证明其给付的工作没有瑕疵且"值得"所要求的报酬;被告也有可能主张对其有利的数额。

五

关于费用的裁决依据来自于《德国民事诉讼法》第 91 条。无论是

[①] BGHZ 41, 38, 41.

否在主要程序尚未审结的情况下启动了证明程序(Beweisverfahren),上诉法院都没有必要就证据保全程序(Beweissicherungsverfahren)/独立取证程序(Selbständiges Beweisverfahren)的费用作出单独的裁决。[①] 费用是否有必要(《德国民事诉讼法》第91条)、取证程序和主要程序的当事人是否相同以及诉讼标的是否相同,这不属于判决认定程序(Erkenntnisverfahren)中就费用基础进行的审查,而是根据《德国民事诉讼法》第104条的诉讼费用确定程序(Kostenfestsetzungsverfahren),就可退回(Erstattungsfähigkeit)的费用进行的审查。此外,还需要审查相关前提条件,如果是为了查清主要事实而决定收集证据,其结果(如本案)并未全部或部分被使用,则不能退回费用。

(申柳华 译)

[①] BGHZ 20, 4, 15; BGH, Urt. v. 11.05.1989-VII ZR 39/88, BauR 1989, 601, 603 zu 3 c.

判例四

伊朗的政治状况是给付的障碍；薪酬的风险

《联邦普通高等法院民事裁判集》第 83 卷，第 197—206 页
BGHZ83,197-206
《新法学周刊》1982 年，第 1458—1460 页
NJW1982,1458-1460

【要旨】

基于伊朗政治条件的暂时性履约障碍（Zeitweiliges Erfüllungshindernis）等同于永久性不可能（Dauernde Unmöglichkeit）。《德国民法典》第 645 条第 1 款第 1 句所包含的法律概念在此类案件中的适用。

【主文】

根据原告的上告，汉堡州高级法院第十二民事法庭于 1980 年 11 月 18 日作出的判决和汉堡州法院商业事务第四庭于 1980 年 1 月 23 日作出的判决被部分撤销。

被告被判处自 1978 年 12 月 15 日起向原告支付 50000 马克，外加 5％的利息和利息的 13％的增值税。

关于额外利息的诉讼要求被驳回。

被告应承担法律纠纷的费用。

【事实】

根据 1975 年 11 月 18 日至 12 月 10 日的合同，原告向被告承诺为

位于伊朗的 M 屠宰场（伊朗）提供和组装一个动物尸体处理工厂。1977 年 7 月，原告进行了交付。但由于 1978 年以来的伊朗政治动荡，该安装工作没有得到执行。

双方商定的总价格包括一个量化的"组装件"（Montageanteil）。合同还规定，合同总价格的 10% 将被保留到保修期满支付，保修期为 13 个月（从移交给业主之日起计算）。

被告凭借信用证从伊朗客户处收到了工厂组件的全部付款。然而，由于未能组装工厂，被告没有向原告支付已交付材料的剩余报酬，金额为 50000 马克。

在诉讼中，原告要求被告支付 50000 马克加利息。原告认为，由于不可抗力导致装配不可能，因此被告应支付这笔款项，而且被告也验收迟延。被告认为，根据合同的目的，工厂的交付和组装构成一个整体。由于原告没有进行组装工作，其无权提出索赔。

州法院和州高级法院驳回了该诉讼。原告继续主张索赔。

【判决理由】

一

上诉法院认为，原告所主张支付材料部分的剩余报酬的请求尚未到期，因为该工厂尚未建设完成，因此担保期尚未开始。即使目前由于伊朗的政治状况而假定存在履约障碍，原告也并非永远无法进行组装。由于政治状况阻碍了约三年的组装工作，但是仍不能将给付的障碍等同于永久性的履行不可能。相反，必须假设一旦伊朗政治状况好转，该工厂仍然需要被建立起来，特别是来自政权的命令并不会妨碍给付的履行。

此外，没有任何迹象表明合同的履行不能被推迟，或者出于特殊原因双方必须早日厘清相互间的关系。由于原告已经收到了材料工作的大部分报酬，并且暂时不需要提供任何进一步的服务，可以预期其会遵守合同并继续等待。

二

另一方面，上告获得成功。

(1) 上诉法院将双方订立的合同视为承揽供给合同,适用承揽合同的规定。原告有义务交付单个零件和组装工厂的合同,并不像上诉中所说的那样,是一份买卖合同和承揽合同组合。双方不愿意签订两个独立的合同,而达成一项旨在特定地点制造和组装工厂的综合协议。因此,上诉法院认为,应当适用有关承揽合同的规定。

(2) 然而,原告承诺的对所交付部件的组装工作,在合同签订后变得履行不可能。

a) 根据联邦最高普通法院判例法制定的原则,在以下情况中,暂时性的履约障碍被视为等同于永久性障碍:当合同目的之实现因暂时的不可能而无把握时,根据诚实信用原则并在公平权衡缔约双方利益后,不能仍期待另一方依旧遵守合同。必须根据该障碍发生的时间点来评估给付障碍是否导致永久性或仅是暂时性的不可能性的问题。[1] 此外,必须始终权衡缔约各方的共同利益。[2]

这一方面取决于债权人在多大程度上仍对事后提供约定的给付感兴趣,另一方面取决于是否可期待债务人在障碍消除后继续履行合同。在货物贸易的情况下,必须考虑到交易往往会在短时间内计划好。由于暂时无法履行合同,这些处置方式可能会受到一定程度的干扰,以至于遵守合同不再显得合理。[3] 如果合同的履行因战争爆发而变得不可能,这本身只是暂时性的履约障碍,但是通常应被视为一种永久性的不可能,因为战争前景不可预见。[4]

b) 根据这些原则,暂时停止原告进行组装工作应等同于永久不可能。

aa) 由于1978年以来伊朗的政治状况,原告验收的动物尸体处理厂不可能进行组装。虽然已经过去了三年多,但无法预见这个国家的

---

[1] BGH Urteil vom 27. Mai 1953-VI ZR 230/52＝LM BGB §275 Nr. 3 m. w. N.; vom 30. Oktober 1953-V ZR 76/52＝LM aaO Nr. 4; vom 9. Juli 1955-VI ZR 108/54＝LM aaO Nr. 7; vom 10. Juni 1970-VIII ZR 99/68＝WM 1970,963.

[2] BGH Urteil vom 23. Juni 1954-VI ZR 89/53＝LM BGB §323 Abs. 1 Nr. 3.

[3] BGHZ 47, 48, 50 f m. N.; auch BGH Urteil vom 15. Dezember 1975-II ZR 49/74 ＝WM 1976, 248; RGZ 107, 156, 158 f; Emmerich in MünchKomm, BGB, §275 Rdn. 45, 48.

[4] RGZ 94, 45, 49; 94, 68, 69; 101, 79, 80 m. w. N.; Emmerich, aaO, Rdn. 47 m. w. N.

政治和经济状况是否以及何时会恢复正常。与战争爆发的情况一样，由于履行地的政治状况而导致的不可能，应等同于永久不可能。不能指望原告在不可预见的时间内一直受组装合同的义务约束。其配置运营资源和部署装配工都需要明确的条件，多年来未能履行完成的义务且无法预料其履行情况是一个相当大的负担并妨碍任何一个企业的正常运营管理。

如果（就像本案一样）原告按合同承担的保证义务由于时间滞后而不能够再预见，同样与工厂交付的部件有关的保修风险实际上也是无期限的。

bb）被告的利益并不明显超过原告要求免除其履行义务的利益以及要求原告继续履行其组装义务的利益。特别是，被告的风险是，在伊朗政治状况好转后，组装工厂可能会产生大量的额外费用，这一点必须让位于原告的利益。

（3）原告由于伊朗的政治状况而被解除了组装义务（《德国民法典》第 275 条），而其并不承担责任，其有权要求被告支付工程总报酬中材料份额的剩余价款，尽管双方约定的保证期尚未到期。

a）确实，根据《德国民法典》第 644 条第 1 款第 1 句和第 323 第 1 款第 1 半句，如果在验收工作之前，因受合同双方都没有责任的情况阻碍而无法完全履行合同时，承揽人将失去对价请求权。即承揽人不仅在他已经全部或部分完成的工作因偶然原因而灭失或恶化的情况下要承担报酬风险，而且在继续完成工作也变得不可能的情况下，也如此。不可能继续完成工作给付等同于不可履行。[①]

b）原告也无法通过将付款风险转移给被告来获得索赔（《德国民法典》第 644 条第 1 款第 2 句）。由于伊朗政治状况的变化，原告无法履行义务，被告未陷入必要的验收延迟（《德国民法典》第 297 条）。

c）原告对剩余工作报酬的请求权不能直接适用《德国民法典》第 645 条第 1 款第 1 句。诚然，根据这一规定，如果工程在验收前由于定作人发出的执行指令而变得不可行，而承揽人又没有责任的情况下，承揽人可以要求得到与其所完成的工作相应的部分报酬。组装工作

---

① BGHZ 60, 14, 18.

的不可履行性还在于依据合同的约定,应被告的要求,组装工作将必须在伊朗进行。但是,合同中包含的有关工作执行的此类规定不属于《德国民法典》第645条第1款第1句含义内的由定作人单方面给出的指示,而仅仅是对未完成的合同给付的更详细的描述。①

d) 然而,原告要求支付交付材料的剩余价款,是对《德国民法典》第645第1款第1句所包含的法律原则的相应适用。

aa) 其实,《德国民法典》第645条第1款第1句是基于这样的考虑:无论有无过错,提供工作所需物品或借助于这些物品的定作人也必须对其适用性承担共同责任。在这种情况下,定作人比承揽人更接近由"材料"的属性所带来的风险。这同样适用于定作人的指示,它影响着合同的执行,而不是合同的缔结。这也是基于其意愿作出决定,应至少要承担不能履行的部分责任。② 因此,合议庭将基于公平的规定相应地适用于以下情况:由于定作人的原因③或其行为④,承揽人的给付灭失或无法履行,即使定作人在这方面无过错。适用《德国民法典》第645条第1款第1句的决定性因素是工作合同的双方可以实现公平、成本更低的利益均衡。⑤

bb) 在本案中,合议庭也认为有必要适用《德国民法典》第645条第1款第1句以公平对待特殊利益并执行本条款中的公平理念。⑥ 诚然,原告所承担的组装服务履行的不可能性并不是基于作为定作人的被告的原因,也不是由被告的行为所造成的。相反,履行的障碍来自给付地点的政治条件。尽管如此,根据本案的特殊情况,被告比原告更接近影响原告所欠工程的可执行性的危险。这证明了适用《德国民法典》第645条第1款第1句所表达的法律概念的合理性。

原告对导致无法组装已交付的工厂部件的原因不承担任何责任,其对伊朗的政治状况没有影响。只有被告订购的零部件的进行制造

---

① BGHZ 77, 320、324.
② BGHZ 77、320、325.
③ BGHZ 60, 14.
④ BGHZ 40, 71.
⑤ BGHZ 77, 320, 324 f; 78, 352, 354 f.
⑥ Soergel in MünchKomm, BGB, § 645 Rdn. 11; Köhler, Unmöglichkeit und Geschäftsgrundlage bei Zweckstörungen im Schuldverhältnis, 1971, S. 41 ff.

和组装的能力是其可把控的并可归因的。在签订合同时,其也不可能预计到在伊朗进行组装的不可行性。

被告也无法影响伊朗的政治状况。然而,作为一家与外国或其代理人做生意的工业建筑公司,它有义务让原告在伊朗交付和组装工厂,以便能够履行自己对伊朗发包人的合同义务。作为一家与外国合同伙伴有业务关系的公司,被告在履行地比已承诺将其作为国内合同伙伴履约的原告更容易预料到在履行地会发生的这种履行障碍。

然而,具有决定性意义的是,被告已通过从伊朗发包人处收到的信用证全面保障了其免受与合同相关的风险影响。值得注意的是,材料供应和组装的信用证是分开签发的。用于交付工厂组件的信用证也已兑现。因此,被告已收到原告给付部分的全部对价。对被告的保护包含在当事人之间的合同关系中。被告将与原告合同的最终缔结取决于信用证的开立,从而将其向伊朗客户提供的担保与其和原告的合同关系联系起来。间接的,信用证也担保了原告获得已提供给付的报酬。如果原告不是被告的分包人,而是伊朗发包人的合同合作伙伴,则原告将直接从为交付材料而签发的信用证中受益,并可以自行使用。双方之间合同关系的特殊设计导致与交易相关的风险被转移给被告,至少在被告能够并且确实已将风险转移给其伊朗发包人的范围内。如果被告已收到交付的设备部分的全部对价,则没有明显的理由可证明被告可以拒绝为原告已提供的给付部分付款。相反,这完全是适当的和符合各方利益的做法,原告所欠工作不可履行的原因应归咎于被告,其结果是被告必须将其已经收到的原告已提供的部分给付服务的付款转交给原告。

正如合议庭已经判决的案件一样,可以继续讨论的是,在所有的案件中,如果导致工作灭失的原因是在定作人的领域("范围")内,承包人是否在偏离《德国民法典》第 644 条第 1 条第 1 句的规则时,仍拥有获得报酬的请求权?[①] 在这里,通过适用《德国民法典》第 645 条第

---

① BGHZ 40, 71, 74, 75 m. N. ; 60, 14, 19; 78, 352, 355; Erman/Seiler, BGB, 7. Aufl. (1981), § 645 Rdn. 17 f; Soergel in MünchKomm, aaO, Rdn. 11; Palandt/Thomas, BGB, 41. Aufl. (1982), § §644, 645 Anm. 3 b dd; Liesegang, JR 1981, 196.

1款第1句中所蕴含的法律原则,已经实现了一个符合当事人利益的解决方案。

cc) 由于需要相应地适用《德国民法典》第645条第1款第1句,尽管无法进行组装,但原告对材料交付的付款请求权仍然有效。这同样适用于对剩余报酬的请求权。为此,既不需要验收给付[1],也不需要合同中规定的保证期到期。

三

上告判决不能成立。

由于合议庭能够根据《德国民事诉讼法》第565条第3款第1项作出最终决定,将责令被告支付材料交付后未支付的剩余报酬,数额为50000马克。根据《德国民法典》第284条、第288条第1款、《德国商法典》第352条,原告有权获得自1978年12月15日起的5%的欠款利息。原告不能主张因延误造成的进一步损害,因为被告否认使用银行信贷,而原告没有证实这一点,并且原告一审提交的银行确认书没有包含任何细节。

(申柳华 译)

---

[1] Palandt/Thomas, aaO, §§644, 645 Anm. 4.

判例五

工程公司在验收前对支付报酬的请求权

《联邦普通高等法院民事裁判集》第 40 卷，第 71—75 页
BGHZ40,71-75
《新法学周刊》2018 年，第 118—122 页
NJW2018,118-122

【要旨】

如因定作人危及工程的行为导致了该工程在验收前被毁，承揽人可以要求获得与已完成工程相应的部分报酬。

【主文】

根据原告的上告，1962 年 1 月 23 日，奥尔登堡州高级法院第四民事合议庭的判决被撤销。

案件被发回上诉法院重新审理和裁决，包括上告费用。

【事实】

1959 年，被告想在其农场中建造一个"毗邻谷仓"（带有马厩、谷仓、打谷场和车库）。他委托原告作为建筑承包人建造该建筑，后者于 1959 年 7 月开始工作。大部分建筑材料由被告本人提供，原告为建造工程采购的材料价值仅为 613.25 马克。

双方约定，被告应在施工过程中按照施工进度按比例付款。1959 年 9 月 19 日和 10 月 1 日，原告开出临时账单（Zwischenrechnungen），总额为 16902.11 马克，被告随后支付了 13000 马克。

原告委托 L. 地区的手工业联合会收取剩余的金额。1959 年 11 月 16 日，协会的主席 F. 在参观施工现场时，双方达成了一项协议，其内容被 F. 记录于 1959 年 11 月 25 日的信中。据此，被告承认了临时账单，并承诺在未来的几天内向原告支付约 3900 马克；原告承诺在接下来的几天里开始剩下的木工工作，并尽快完成，他还同意自费沿直线重建有缺陷的主外墙。

原告于 1960 年 5 月恢复进行了两天的木工工作。其他工作没有继续进行，建筑物没有完工，被告也没有支付任何费用。

被告将干草放入未完工的谷仓。1961 年 9 月 2 日，谷仓在诉讼期间被烧毁。奥尔登堡地区火灾保险基金（Landschaftliche Brandkasse）将火灾保险的火灾赔偿定为 27857.53 马克。

在诉讼中，原告要求被告支付 3902.11 马克的款项及利息。

州法院支持该诉讼，但部分利息索赔除外。州高级法院驳回了诉讼并允许上告。

在上告中，原告要求重新确立州法院的判决。被告请求驳回上告。

【判决理由】

一

上诉法院表示，原告无法从 F. 主席于 1959 年 11 月 16 日参观期间达成的和解协议中得出其所诉求的主张。包括在该和解协议（Vergleich）中的既不是债务的更新（Novation）也不是独立的债务承诺（Selbständiges Schuldversprechen），并且未影响到现有的债务关系。

关于应如何受理上告，上诉法院的声明可能会持有保留意见。如果既没有改变现有的债务关系（Schuldverhältnis），也没有产生抽象的新债务，那么和解也可以成为一个诉讼依据。然而，原告不能指责上诉法院在这方面存在对其不利的法律错误。上诉法院的结论是，双方无意通过 1959 年 11 月 16 日的协议创造新的债务关系。这意味着，根据双方的意愿，承揽合同的规则也对未来的法律关系具有意义。事实审法官的解释是根据协议的内容，该协议并未包含对双方法律关系的最终解决方案,而仅对继续工作和消除瑕疵作出了约定,这在任何情形下都不会成为引起异议的法律原因。根据上诉法院的解释,承揽合同中的风险转移条款应继续对双方的法律关系起决定作用。

二

上诉法院根据《德国民法典》第644条第1款第1句驳回诉讼。根据此规定,承揽人在工程验收前承担风险。这意味着,如果工程在验收前由于双方都不负责任的行为而被破坏,其将丧失报酬请求权。

上诉法院否认被告对火灾有过错,这没有法律错误。在此方面,上告并未对判决提出质疑。

上诉法院认为,该工程并未被验收。从1959年11月16日的和解协议以及从被告将干草运进谷仓而开始使用的事实中,都不能视为验收,甚至是部分验收。

州高级法院表示,如果在被火烧毁之前没有进行验收,原告无权要求赔偿。这并未改变,因为放入潮湿干草引起的火灾风险"属于被告的范围"。无法遵照文献中所提倡的"支配领域说"(Sphärentheorie)。法律针对定作人违反《德国民法典》第644条第1款第1款规定而承担风险的情形,在《德国民法典》第644条第1款第2款和第645条第2款中进行了特别的规定。

三

(1) 上告认为,被告已经验收了该工程。然而,原告在这方面提出的程序性申诉(Verfahrensrügen)无须处理。即使在火灾发生前没有验收,原告也无权获得任何报酬。

(2) 法律的字面意思支持上诉法院的观点。如果导致工程被灭失的原因来源于定作人的影响范围,法律只在有利于承揽人的有限的范围内进行考量。根据《德国民法典》第644条第2款和第447条的规定,如果承揽人应定作人的要求将作品运到履约地点以外的地方,则风险甚至在验收之前就转移给定作人。此外,《德国民法典》第645条规定,在以下两种情形下,即由于定作人提供的材料或依照定作人发出的履行指令,导致工作被破坏,承揽人可以要求获得与其所完成的工作相应的部分报酬,并要求报销费用。

制定法律的历史也支持上诉法院的观点。在对《德国民法典》草案的审议中,有人提议草案中的第 577 条(与《德国民法典》第 645 条相对应)应包括如下的规定:如果工程"因归因定作人的情事而灭失",承揽人也应在此享有获得获得报酬权。① 该申请被驳回的理由是,对草案中所规定的例外情况的概括性解释不能被认为是合理的,"因归因定作人的情事"的概念缺乏必要的确定性并且不切实际。② 同样,因"不可抗力"③(Höhere Gewalt)导致工程灭失时,承揽人的赔偿请求也被拒绝。

尽管如此,在法律学说的早期,承揽人在因定作人原因导致工作灭失的情况下,被剥夺了对报酬的请求权,被认为是不合理的苛刻(Unbillige Härte)而被视为不符合法律的意图。④ 然而,早期的学术研究在很大程度上拒绝区分来自承揽人和定作人领域内的瑕疵。⑤

随着时间的推移,"支配领域说"已经获得了更多的支持。绝大多数较新的学术观点都主张授予承揽人请求权,如果工作的灭失可归因于定作人的"领域",即其"风险区域"(Risikobereich)的情事时,则定作人应支付约定的报酬或与承揽人所完成的工作相应的部分报酬。⑥

(3)这里不需要判定的是,是否在所有导致工程灭失的原因可归于定作人的领域内的情况中,承揽人在偏离《德国民法典》第 644 条第 1 款第 1 句的规则的情况下,仍然可以要求获得报酬。但是,如果因定作人的行为将作品置于危及作品的条件或情况下,并已成为导致其最终灭失的原因,则授予其这种请求权(Anspruch)是合理的。本案应与《德国民法典》第 645 条规定的情况相同,灭失是由于定作人提供的材料的瑕疵或定作人发出的指示造成的,因为定作人自己提高了工作灭失的风险,而且如果没有这种风险的提高,就不会导致工作(工程)的

---

① Protokolle Bd. II S. 332.
② Ibid.
③ Ibid.
④ u. a. Crome, System des deutschen bürgerlichen Rechts Bd. 2 Seite 700; Rümelin, ienstvertrag und Werkvertrag, 1905, so 128 ff.
⑤ Staudinger, BGB, 11. Aufl., §644 Rz. 8.
⑥ Esser, Schuldrecht, 2. Aufl., §57 9 c; Enneccerus-Lehmann, Recht der Schuldverhältnisse, 15. Bearb., §153 II 1 a; Palandt, BGB, 22. Aufl., §644 Anm. 1; Soergel, BGB, 9. Aufl., §644 Rz. 2.

灭失。在这类案件中,需要相应地适用《德国民法典》第 645 条,特别是在由定作人之增加风险的行为导致工程被破坏的情况下,如《德国民法典》第 645 条的构成要件规定那样,让承揽人空手而归,是不公平的。

此处正是如上所述类型的案例,火灾是由被告带到谷仓的干草自燃引起的。《德国民法典》第 645 条的相应适用意味着原告不得请求全额的合同报酬,但可以请求与其已经完成的工作相应的报酬。

四

鉴于上述情况,被撤销的判决必须被驳回。上诉法院必须在不考虑《德国民法典》第 644 条的情况下,重新判决原告是否仍有权为已经履行部分的工作要求一些报酬。显然,首先要审查此类请求权是否源于 1959 年 11 月 16 日的和解协议,因为该和解协议还规范了对已履行的工作开出的临时账单的支付。在这方面,该和解协议很可能保留了其意义。上告法院不能对此作出最终裁决,因为这一问题在缺乏事实审法官的评估的情况下是无法回答的。

此外,上诉法院还必须处理被告是否可以因其声称的工程瑕疵而拒绝付款,以及尽管达成了和解,其是否仍然拥有这项权利。

由于上诉法院必须作出进一步的确权,该案以及上告费用的裁判被驳回。

(申柳华 译)

判例六

根据《建筑工程发包与合同规则》的规定，
对验收前非承包人的过错导致给付灭失的
支付义务：《建筑工程发包与合同规则 B 部分》
第 7 条意义上的不可避免性；
在客观上损坏可归因于发包人的情况下，
类推适用《德国民法典》第 645 条的
支付风险条款

《联邦普通高等法院民事裁判集》第 136 卷，第 303—309 页
BGHZ136,303-309
《新法学周刊》1997 年，第 3018—3019 页
NJW1997,3018-3019

【要旨】

在《通则 B》第 7 条第 1 款的含义内，如果承包人无法预见并且即使其尽最大的谨慎和努力或者通过经济上可接受的方式，也无法避免这种事件或影响，则该事件为不可避免。①

《德国民法典》第 645 条第 1 款第 1 句中对报酬风险的规定也适用于依据《通则 B》签订的合同。

因此，本规定适用于由于发包人本人或归因于其行为的原因而导致承包人给付灭失或不能履行的情况。

---

① BGH,1961-11-23,Ⅶ ZR 141/60,VersR 1962,159,160.

第三编　定作人义务和风险转移　　215

【主文】

被告因不服科隆州高等法院第二十四民事合议庭于 1995 年 12 月 5 日作出的判决而提起的上告被驳回。

被告应承担上告程序的费用。

【事实】

原告要求支付其第 5 份部分账单，金额为 274984.13 马克，外加第 4 期付款后已提供的给付的利息。

1992 年 8 月，被告委托原告为 B 市 S 大楼安装高压电流和其他电力工程，该合同是《通则 B》的一部分。

1993 年 12 月 22 日至 23 日，莱茵河的洪水达到海拔 53.38 米，超过了设计为地下连续墙基坑的施工坑边缘并淹没了它。流入水导致建筑结构的墙体开裂，原告此时已完成却来不及验收的工作部分被破坏。

被告拒绝支付原告要求的分期付款，理由如下：

根据施工规划，莱茵河一侧的防洪保护应当达到海平面以上 53.85 米，即比 1993 年 12 月 22 日至 23 日的洪水位高出约 0.50 米。外壳体结构施工承包人在没有立即密封连续墙和建筑结构之间的缝隙的情况下，拆除了两处临时防洪设施。因此，1993 年 12 月 22 日至 23 日的防洪计划没有得到保障。他们对前一个承包人的错误行为不承担责任。

州法院判定诉讼适用于《德国民法典》第 645 条第 1 款第 1 句。州高等法院驳回了被告的上诉，理由是该诉求根据《通则 B》第 7 条第 1 款是正当的。通过上告，被告寻求驳回诉讼。

【判决理由】

一

上告的结果是不成功的。根据《德国民法典》第 645 条第 1 款第 1

句,原告的报酬要求是正当的。

二

(1) 上诉法院基于以下考虑确认了《通则 B》第 7 条第 1 款的前提：

原告给付的破坏是由于"承包人不承担责任的不可避免的事件"。只要在特定情况下,该事件对于承包人来说是不可避免的就足够了。原告即使尽了最大的努力也没能阻止损害的发生,所谓的世纪大洪水是不可预见的。鉴于施工现场特别大,而且原告的工作与负责建造临时防洪设施的外壳施工承包人的工作之间没有明显的联系,原告没有理由对外壳施工承包人的施工过程进行严格审查。

(2) 这些异议(Erwägungen)经不起上告法律的审查。上诉法院误判了《通则 B》第 7 条第 1 款的要求。

a) 根据联邦最高普通法院的判例法,《通则 B》第 7 条第 1 款意义上的事件是指承包人不负责任的不可避免的事件,根据人类的洞察力和经验,这些事件或其影响是不可预见的,也就是说,尽管采用经济上可接受的手段,但不能通过在这种情况下预期的最大谨慎来防止或在可以容忍的范围内令其无害。

b) 因此,如果根据联邦最高普通法院制定的标准,如果一个事件对承包人来说是不可避免的,那么该事件就已经不是不可预见的。《通则 B》第 7 条第 1 款的前提仅在事件是客观上不可预见和不可避免的情况下才得满足,与相关承包人的具体情况无关。然而,合议庭的裁决可以理解为,应根据承包人的情况来评估不可避免性。这并不符合合议庭的意见。《通则 B》第 7 条第 1 款规定,偏离《德国民法典》关于验收工作前的报酬风险的规定,属于将风险转移给发包人的情况。[①]《通则 B》第 7 条第 1 款的规定不包含任何偏离一般民法的不可抗力和不可避免事件(Unabwendbare Ereignisse)的前提条件的规定。[②] 不可抗力的情况是指发生了外部的、客观上不可避免的事件。与不可抗力

[①] BGH, Urteil vom 12. Juli 1973-VII ZR 196/72 aaO, 146 f; Staudinger/Peters, BGB 13. Bearbeitung (1994), § 644 Rdn. 31 f.

[②] Staudinger/Peters aaO Rdn. 335.

构成要素相比,不可避免的事件还包括与营业无关的(Nicht Betriebsfremde Ereignisse)不可预见的事件。① 不可避免事件的必要但非充分前提条件是承包人不对事件负责②,如果损害是由发包人造成的,则不适用《通则B》第7条第1款的规定。

c)根据这些原则,原告的报酬支付请求在上诉法院的考虑中是不成立的。

原告无法避免损害事件发生的这一事实,不足以证明其依据《通则B》第7条第1款提出的索赔的正当性。对被告而言,该事件既非不可预见也非不可避免。其已为防御洪水计划和建造了昂贵的保护措施,如果这些措施得到适当的执行,就能抵御1993年12月22日至23日的洪水。

三

根据其意见,上诉法院始终没有考虑根据《德国民法典》第645条第1款第1句提出的索赔是否是合理的。根据上诉法院的裁定,原告就其已提供却因洪水毁坏的给付而提出的报酬支付请求的先决条件已满足。

(1)如果满足条件,则《德国民法典》第645条第1款第1句的规定也应适用于《通则B》。《通则B》中没有包含任何特殊的规定,其第12条第6款和第7款仅规定了《德国民法典》第644条第1款第1句中规定的风险承担原则的变更。③

根据联邦最高普通法院的判例法,《德国民法典》第645条第1款第1句作为一项特殊规定,将第323条排除在其适用范围之外。④

(2)联邦最高普通法院为相应地适用《德国民法典》第645条第1款第1句而制定的原则,可转应用于本纠纷的案件情况中。

联邦最高普通法院就《德国民法典》第645条第1款第1句在个

---

① BGH, Urteil vom 23. November 1961-VII ZR 141/60, aaO.
② BGH, Urteil vom 6. November 1980-VII ZR 47/80=BGHZ 78, 352, 357 f.
③ Nicklisch/Weick, VOB/B 2. Aufl., §7 Rdn. 7; MünchKomm/Soergel, 2. Aufl., §645 Rdn. 18; Ingenstau/Korbion, VOB, 13. Aufl., B §7 Rdn. 9; Heiermann/Riedl/Rusam, aaO, Rdn. 9, 11.
④ BGH, Urteil vom 30. November 1972-VII ZR 239/71=BGHZ 60, 14, 18; kritisch hierzu Staudinger/Peters, aaO, §645 Rdn. 8).

别情况下的相应适用性的前提条件制定了以下原则:"该条款必须基于公平"。因此,在如下情形下须适用该条:"由于定作人(发包人)的原因……或由于定作人的行为……即使其没有过错,承包人的给付由于事件而灭失或不可能履行合同。在这种情况下,定作人比承包人更接近这些对工作造成影响的风险事件……"在这种情况下,《德国民法典》第645条第1款第1句的适用,实现了承揽合同双方公平的利益平衡。承包人(仅)因已完成且灭失的工作给付获得报酬,定作人(发包人)不必支付超出这一范围的已约定报酬的部分。[1]

将《德国民法典》第645条第1款第1句相应适用于该条款的正当理由是,在与规定的情况相类似的风险情况下,发包人对损害的发生负有客观责任。

(3) 根据这些原则,相应地适用《德国民法典》第645条第1款第1句,因为被告客观上提高了遭遇洪水的危险,其所提供的与足以临时防御洪水的措施已被实施,但是在洪水危险发生时又被部分拆除。因为被告可能在施工期间接受成本非常高的、最终的防洪设施以及临时防洪设施,而原告相反却没有可能影响这种保护措施的实施,因此被告作为建筑物的所有者,比原告更接近防洪设施的属性所引发的危险。因此,通过相应地适用《德国民法典》第645条第1款第1句,为双方带来公平与公正的利益平衡是公平的。

(4) 根据上诉法院的调查结果,《德国民法典》第645条第1款第1句规定的报酬请求权条件已满足。据此,被告在客观上需要对临时防洪设施在发生水灾风险时被部分拆除,从而造成损害风险的事实负责。

四

(1) 上诉法院确认了州法院对利息的裁决,但没有给出进一步的理由;州法院命令被告自1994年5月4日起支付10.5%的利息。

(2) 这没有异议。利息的索赔已由利息证明充分证实,这在事实审中没有争议。凭借该证明,储蓄银行已确认原告在其要求利息的期间内,获得了符合索赔金额的贷款。

(申柳华 译)

---

[1] BGH, Urteil vom 6. November 1980-VII ZR 47/80, aaO, S. 354 f.

判例七

关于承包人的工作报酬的风险

《联邦普通高等法院民事裁判集》第78卷,第352—358页
BGHZ78,352-358
《新法学周刊》1981年,第391—393页
NJW1981,391-393

【要旨】

关于主承包人(Hauptunternehmer)与分包人(Subunternehmer)同时在施工现场施工,双方未完成的工程因双方均不承担责任的火灾而灭失,由谁承担赔偿风险的问题。

【主文】

经被告人上告,推翻了策勒州高等法院第十四民事合议庭于1979年12月11日作出的判决。

原告不服汉诺威州法院第二商事庭于1978年11月15日判决的上诉被驳回。

原告必须承担提起两次法律救济(Rechtsmittelzüge)的费用。

【事实】

H.-P.有限责任两合公司于1977年在B市建起了一座新的工厂大楼。它委托被告进行防冻隧道(Frostertunnel)的保温工作(内衬保温板,其余空间用硬质聚氨酯泡沫发泡填充)。被告反过来又委托原告作为其分包人从事填充泡沫(简称发泡)的工作。

原被告双方的工作是分阶段与同时进行的。

在这项工程中,1977 年 4 月 7 日,在防冻隧道附近,S 公司的人在实施焊接工作。下午 1 点 30 分左右,在焊接工作中断后不久,工厂大楼发生了一场大火。这在很大程度上破坏了双方之前所完成的工作。后来,工厂大楼按照修改后的计划施工至完工。火灾发生后,双方因此停止了防冻隧道的工作。

通过上诉,原告要求被告支付截至火灾发生前所完成的工作报酬,并根据 1977 年 12 月 27 日的最终账单来计算,最新的金额为 24215.11 马克及利息。

州法院驳回了该诉讼,州高级法院宣布该诉讼在案情上是合理的。

原告要求驳回已受理的上告,被告请求维持州法院的判决。

【判决理由】

一

上诉法院指出,原告是在与被告签订的承揽合同的基础上开展工作的,应完全适用《德国民法典》第 631 条及以下条款的规定。这场双方都不承担责任的火灾导致了原告的工作被意外灭失,且原告的这些工作还未被验收。

裁判结果并没有显示出任何法律错误。上告对此也没有提出异议。

二

(1) 上诉法院假设了一个"特殊情况",因此根据案情确认了对合同报酬中与火灾前所完成的工作相对应的部分的索赔,比照适用《德国民法典》第 645 条第 1 款第 1 句。法院认为,被告向原告提供的防冻隧道中的已经铺设的隔热板,是符合《德国民法典》第 645 条第 1 款规定的发泡"材料"。因此,被告无论是否有过错必须对仍准备履约的原告因隧道意外被毁而无法完成工作的事实承担责任。

这一点经不起上告的考验:

关键性的问题是,原告是否可以就其因火灾意外灭失前所做的工作要求报酬,而这些工作尚未完成和验收。原告并没有对如下情形提出任何主张:由于在此期间工厂规划的改变,不再需要重新开始工作(即被破坏的防冻隧道工程不再修复),原告终止约定的工作。

在双方没有其他协议的情况下,这里只能考虑适用《德国民法典》第 644 条第 1 款第 1 句或第 645 条第 1 款第 1 句。

a) 根据《德国民法典》第 644 条第 1 条第 1 款,承揽人承担报酬风险。如果完全或部分完成的工作在验收前意外灭失,则承揽人不能要求定作人支付到灭失时为止的工程款。

b) 与《德国民法典》第 645 条第 1 条第 1 款的规定有所不同。如果因定作人提供的材料存在瑕疵而导致工作在验收前灭失,则承揽人可以要求定作人支付与其所完成的工作相对应的部分(即灭失前所完成的工作部分)的约定报酬。

此例外规则在这里既不能被直接适用,也不能相应地适用。

aa) 原告的工作,即发泡所提供的性能,在任何情况下都不会因为已经铺设了保温板("材料")的隧道的瑕疵而灭失。无可争议的是,灭失完全是由于火灾造成的。没有任何一方(即原告或被告)对此负责,因此排除了直接适用这一条款的可能性。

bb) 与上诉法院的意见相反,也没有相应地适用《德国民法典》第 645 条第 1 款的余地。

这个规则的基础是公平。当因定作人个人的原因[1]或者定作人的行为造成[2]承揽人的给付灭失或履行不能时,即使定作人在这方面没有过错,也可以适用这条规则。在这种情况下,定作人更接近这些情况对工程造成的风险。[3] 在这种情况下,《德国民法典》第 645 条第 1 款第 1 句的相应适用实现了公平的利益平衡,这对承揽合同的双方都是公平的。承揽人(仅)为已完成却灭失了的工作部分获得报酬。定作人不需要支付约定报酬中超出这部分的费用。

然而,在本案中,原告的工作并没有因为可归咎于被告的原因而

---

[1] BGHZ 60,14 ff.
[2] BGHZ 40, 71 ff.
[3] BGHZ 77, 320 = NJW 1980, 2189 f.

灭失,被告并没有引起火灾。在本案中的承揽人和其分包人,同时在密切的空间关系中工作,该工作完成后,将由主承包人向定作人交付工作,然而主承包人并不比其分包人更接近于危险,无论两者的行为如何,都可能导致仍在施工的组件遭到灭失。在这种情况下,灭失不应归咎于主承包人的"范围"或"风险区"。因此,在本案中,是否在所有定作人的范围中找到工作灭失的原因的情况下,承揽人可以偏离《德国民法典》第644条第1款第1句的规则,有权要求报酬[①]的问题,其答案仍是开放的。

(2) 上诉法院认为,由于对原告有利这个原因,相应地适用《德国民法典》第645条第1款第1句也是公平和合理的。原告之所以未就其对H.-P.公司的服务报酬进行索赔,只是因为其担心会导致被告提出更高额的反诉主张。被告至少有机会在合同框架内与H.-P.公司达成协议,以便可以要求该公司赔偿其因火灾和其他新规划而遭受的损失。

即便如此,上告也不成立,因为被告并未明显向H.-P.公司基于合同的请求主张支付报酬。

双方均未就被告与H.-P.公司之间的合同提交任何内容。因此,不能认定H.-P.公司的报酬风险规则对被告而言是更有利的规定。

a) 被告与H.-P.公司之间的关系符合《德国民法典》第645条第1条第1款所指的例外情况。

在建筑工程因施工现场发生火灾而在验收前灭失以及业主不负有责任的情况下,仅当火灾原因可以追溯到业主本人或其行为时,业主承担《德国民法典》第645条第1条第1款含义内的意外灭失(Zufälliger Untergang)的责任。但是,如果其他工匠因自己的责任而引起火灾或这种可能性无法消除,则不能归为上述情况。在建筑项目中,不同的工匠往往同时受业主的委托而在建筑工地上工作。同时委托不同的建筑工匠进行施工本身不能成为将报酬风险转移给业主的理由。任何一方都未指控H.-P公司做了任何导致风险升高的行为。

---

① BGHZ 40,71,74,75 mN.

上诉法院所引用的科隆州高级法院的裁决①涉及的是另一个不同的案件。在该案中,因业主委托的另一个工匠进行的焊接工作引发的火灾,导致一名正在这幢建筑工作的建筑工匠的工作在验收前灭失。在该案中,州高级法院认为业主委托另一名工匠的任务形成了一个因果链条,其导致了火灾的发生。在这一特殊案件中,州高级法院是否可以将委托另一名工匠从事焊接工作视为业主推迟支付报酬风险的正当行为进行评价尚未有结论。本案涉及的是一个大型的新工厂的施工,因此完全不同。

b) 即使被告和 H.-P. 公司就《通则 B》的有效性达成了协议,其结果也不会有何区别。

根据《通则 B》(1973)第 7 条,在尚未验收的工作成果发生意外灭失的情况下,如果工作成果"因不可抗力、战争、暴乱或其他承揽人不承担责任的不可避免的情况而受到损害或破坏",则报酬的风险转移给作为委托人的业主(与《德国民法典》第 644、645 条不一致),承揽人根据《通则 B》第 6 条第 5 款保留索赔权。但在本案中,双方提供的工作部分的灭失并非上述任何情况造成的。双方没有提出足够的证据来证明该火灾是不可避免的事件,如果根据人类的理解和经验,该事件或其影响无法通过最谨慎的方式预防,或者尽管使用经济上可接受的手段,但其影响可以无害化到可以容忍的水平,则属于此类事件。② 当事人必须证明建筑工程会被这样的事件所破坏(参照后一个合议庭的判决)。火灾发生时,被告和原告正在进行工程施工。因此,有必要解释为何火灾应当是不可避免的。很明显,S 公司的焊接工作是造成火灾的原因。即使如此,火灾对于双方而言也不一定是不可避免的。

c) 综上所述,上诉法院既不能确认原告对被告的赔偿请求,也不能确认被告对 H.-P. 公司的赔偿请求。

---

① OLGZ 1975,323 ff.

② Senatsurteile vom 23. November 1961-VII ZR 141/60 = Schäfer/Finnern, Rechtsprechung der Bauausführung Z 2.413 Bl. 18,sowie vom 24. Juni 1968-VII ZR 43/66 = LM Nr. 31 zu VOB/B.

三

因此,上诉判决必须被撤销,也不再需要进一步的确认(《德国民事诉讼法》第 565 条第 3 款第 1 项)。州法院驳回该诉讼是正确的,原告提出的上诉必须被驳回。

(申柳华 译)

判例八

在非承揽人过错的情况下发生的建筑工程损坏的报酬支付

《联邦普通高等法院民事裁判集》第61卷,第144—149页
BGHZ61,144-149
《新法学周刊》1973年,第1698页
NJW1973,1698

【要旨】

根据《通则B》第7条第1款、第6条第5款,如果建筑工程由于不可避免、且不可归责于承揽人的原因而被损坏或毁坏,则承揽人有权获得被破坏或损坏工程的全部报酬。《通则B》没有规定这种情况下的风险分担,因此不适用《德国民法典》第254条。此外,承揽人可以要求定作人支付为修复瑕疵所做的必要工作的报酬(根据《通则B》第2条第6款)。

【事实】

原告于1966—1967年间代表作为被告的地方政府在S地区修建了路堤和堤坝,《建筑工程发包与合同规则》是构成合同关系的基础。1967年9月21日,大雨破坏了土方工程。原告根据合同条款修复了这一损失,原告要求获得修复被损害的冲积层的报酬5926.30马克。

州法院裁定被告赔偿原告3950.87马克的灾害损失,并否决了另外1975.43马克的赔偿要求。在双方都提出上诉的情况下,州高级法院只裁定原告可以获得1975.43马克的赔偿,并驳回了原告3950.87

马克的赔偿请求。在上告得到批准后,原告要求被告继续支付 3950.87 马克。

【判决理由】

一

承揽人不承担不可避免情况下之责任的概念(《通则 B》第 7 条第 1 款)的前提是,基于人类的认知和经验上的不可预测的事件,即尽管穷尽了最大限度的谨慎、采取经济上可接受的手段,仍无法避免或者令其影响在可容忍的程度上变得无害。[①] 州法院和上诉法院一致认为,1967 年 9 月 21 日的大雨破坏了土方工程,属于《通则 B》第 7 条第 1 款意义上的不可避免的情况。它们指出,与同年 8 月至 11 月的一天中出现的 40—50 毫米/平方米的最大降水量相比,1967 年 9 月 21 日的降水量为 64 毫米/平方米。无任何理由可以阻止将 1967 年 9 月 21 日的大雨评估为不可避免的情况。

上诉法院认定,被告地方政府在 1967 年 9 月 21 日尚未验收原告的给付。因此,上诉法院确认了原告有权根据《通则 B》第 7 条第 1 款和第 6 条第 5 款对其给付的损坏或毁坏部分提出赔偿要求,以及其有权因修复损坏而获得工作报酬。根据上述规定,承揽人享有对给付中已经执行并随后被毁坏或损坏的部分获得报酬的权利。如果承揽人再次修复了被损坏或毁坏的工程,应当依据《通则 B》第 2 条 6 款获得额外报酬。

二

根据上诉法院的观点,原告只能要求支付部分工作的报酬。它将不可预测的降雨量的影响分解为原告在提交报价时必须预计到的影响以及不可预见的影响。它认为,应当根据《德国民法典》第 242 条中的诚信原则和《德国民法典》第 254 条中体现的法律理念来划分造成的损害。根据法院委托的鉴定人发表的意见进行估计,每天约 43 毫米的正常降雨量已经造成了 2/3 的损坏,1967 年 9 月 21 日的 64 毫

[①] BGH VII ZR 141/60 vom 23. November 1961=VersR 1962, 159.

米/平方米的额外降雨量又造成了进一步的损害。因此,在原告请求的5926.30马克的报酬中,法院认定其中的1975.43马克是用于修复损害的。

三

上告对此提出异议是正确的。这不是当事人在多大程度上影响了损害发生的问题,而仅仅是由于不可避免的事件对工程造成损害的风险由谁承担的问题。这个问题在《通则B》第7条第1款、第6条第5款中均有所规定,故因恶劣天气造成的维修费用没有分摊的余地。

(1) 根据《德国民法典》第644条第1款第1句,承揽人承担直至工作被验收时的全部风险,因其应当为给付的成功履行负责。这意味着,如果其工作发生了意外灭失或意外恶化,将无权要求得到这方面的任何报酬。与此不同的是,《通则B》第13条第7款第1项规定了承揽人责任的提前解除(Vorzeitige Entlastung)。承揽人不承担因不可抗力而造成的工程损坏、毁坏的责任,有权就损坏、毁坏的工程和修复工程所履行的工作获得赔偿。根据《通则B》第12条第6款的规定,风险通过验收转移到定作人身上,除非其已经根据第7条承担了风险。《建筑工程发包与合同规则A部分》(以下简称《通则A》)第10条第4款第2项中规定了关于风险分配的特殊协议。

(2) 上诉法院并非没有认识到,无论是民法典还是通则,都没有明确规定分担建筑工程意外毁坏或损坏的风险。然而,它认为《德国民法典》第254条也应适用于"双方都不负责任的事后不可能"的情况,因为联邦最高普通法院已经在其他案件中这样做了,这些案件不涉及损害赔偿要求中的共同过失,而是其他共同责任的案件,特别是严格责任。

然而,在所有这些案件中都存在共同的因果关系。但这在本案中并不是重点。被告与恶劣天气没有共同的因果关系。因此,上诉法院援引的判决对于哪一方必须承担不可抗力和其他不可避免事件的风险的问题没有任何意义。

(3) 根据《通则B》第7条第1款的含义与目的,其不允许风险的分担。它甚至在定作人验收工程之前,就解除了承揽人因不可避免的事件而对建筑工程造成损害所承担的风险,而且是完全范围内的风险。就如同本案中的大雨不能被分为"正常的下雨"和超出其范围而构成"不可避免的事件"部分的下雨。相反,大雨就是不可避免的事件。

《通则 A》第 10 条第 4 款第 2 项规定,在个别情况下,应在"合同特别条件"中就洪水、风暴潮、地下水、风、雪、冰等造成损害时的风险分配达成特别协议。关于风险的分配,考虑到建筑工程尤其可能面临到的诸多影响,只能通过适合个别情况的特别协议来界定,希望将对此类情况的一般性规定纳入《通则 B》的条款中的做法被证明是不可行的。

(4) 本案也表明了这一点。正如鉴定人所指出的,即使 1967 年 9 月 21 日当天只有正常的降雨量是否会发生损害,也只能通过对水利工程研究所生产的大型模型进行深入的实验研究才能回答。双方没有这样做是可以理解的,因为费用很高,远远超过了索赔金额。因此,上诉法院不得不根据其对《通则 B》第 7 条第 1 款的解释和《德国民事诉讼法》第 287 条确定正常降水和 1967 年 9 月 21 日不可预见的降水所造成的影响,其依据是专家"有保留地"作出的粗略估计。应当被提出的问题是,被上诉法院将其影响认定为 1/3 过量的雨水是否不可能造成更大的损失。然而,《通则 B》第 7 条第 1 款没有为任何此类后续评估留出空间。如果承揽人要承担建筑工程验收前因不可避免的事件而造成的损害部分的风险,则当事人必须在个别可能的情况下,事先通过合同协议准确界定对一方和另一方不利的情况。

(5) 在不同天间隔的降雨量连续作用于堤防和堤防的情况下,是否有可能分摊损失,在此没有决定意义,因为本案中的损失是 1967 年 9 月 21 日的一场大雨造成的。

四

因此,原告可以针对被恶劣天气摧毁和损坏的部分及其为消除恶劣天气导致的损害而进行的工作部分请求支付报酬。

(申柳华 译)

判例九

建筑师的责任:当出现施工瑕疵的迹象时有责任加强注意;施工监理后要求部分验收

《联邦普通高等法院民事裁判集》第 125 卷,第 111—116 页
BGHZ125,111-116
《新法学周刊》1994 年,第 1276—1278 页
NJW1994,1276-1278

【要旨】

如果在施工过程中出现建筑有瑕疵的迹象,受委托监理项目的建筑师有义务加强注意(Erhöhte Aufmerksamkeit)。[①]

保修期从建筑师验收作品时开始。制作可验收的建筑师作品也属于根据《建筑师和工程师的收费规则》第 15 条第 2 款第 9 项规定的内容,只要其被包含于建筑师的合同中。建筑师只能在第 8 工作阶段完成后,根据相应的协议要求部分验收。

【事实】

原告要求被告建筑师对其违反现场监理义务(Objektüberwachung)的行为进行损害赔偿。

1982 年,原告将 E 区的旧邮局改建成青年中心。其委托被告提供《建筑师和工程师的收费规则》规定的第 5 至 9 阶段的建筑服务。

在改建过程中,承包人 B 做了一个新的水泥砂浆地面。原告于

---

① BGH,1985-09-26,VII ZR 50/84,BauR 1986,112,113=ZfBR 1986,17,18 und BGH 1971-03-11,VII ZR 132/69,BauR 1971,131,132.

1982年12月初验收了这项工作。随后,承包人G在平整的地面上铺设了木质地板。

改造完成后,大楼投入使用。1984年11月26日,被告提交了最终账单。原告检查了它们,并于1985年4月支付了剩余的费用,共447.37马克。当被告要求解释有关减少价款的原因时,原告在1985年5月6日的信中向其发送了经审核的最终账单,并声称所有与改建相关的问题除了涉及任何保修索赔请求权外都已解决。

1984年,木地板部分脱离了砂浆层。为了弄清瑕疵产生的原因,被告首先联系了砂浆层的铺设人B以及其承包人G。最后,他获得了专家鉴定意见。鉴定人得出的结论是,木质覆盖物的脱落是由于强度不足和砂浆表面不平整造成的。

原告起诉B主张损害赔偿。对其执行的强制执行判决并不成功。因此,原告在1991年10月22日的诉讼中对作为连带债务人的被告也提出了83536.24马克的损害赔偿请求(去除瑕疵的费用和获得专家鉴定意见的费用)。原告的诉讼请求权主要是基于被告以有瑕疵的方式监督砂浆地面施工的事实,被告反驳认为其对瑕疵不负责任,还提出了有关时效的辩护。

州法院驳回了该诉讼,州高级法院维持原判,被告对这一决定提出上告。

【判决理由】

上告不成立。

一

(1)上诉法院认为,由于被告没有充分履行其现场监理的责任,因此应承担损害赔偿责任。被告本应直接检查砂浆板的工作,或在工作完成后证明其已经正确地施工了。因为地板铺设者G在开始工作之前就已经对砂浆板的表面提出了保留意见,并且认为对砂浆板的处理不够充分。如果被告履行了监督的义务,他就会确认砂浆板并不适合铺设木质地板。

(2)上诉法院的论述经得起法律的检验。

a）负责施工监督的建筑师必须确保建筑物按计划建造,无任何瑕疵。建筑师没有义务在任何时候都在建筑工地上。然而,他必须以适当和合理的方式执行监督的工作,并通过经常性的检查确保其指示得到适当的执行。① 在重要或关键的建筑措施施工时,经验表明会存在很高的瑕疵风险,建筑师有义务更加注意并对建筑物进行更严格的监督。② 建筑师还必须特别注意那些在施工过程中显露出有瑕疵迹象的施工措施节点。

b）根据这些原则,被告没有履行其注意义务(Sorgfaltspflicht)。

上诉法院认为,水泥砂浆的质量要求是否需要被告在生产过程中在场或取样,以确保混合比例的正确,仍有待观察。由于以下情况,在铺设木地板工作开始之前,被告有义务确保砂浆层适合成为计划铺设的木地板的底层：

根据上诉法院的调查结果,地板铺设者 G 在开始工作时,由于裂缝和伸缩缝的存在,曾对在该表面施工提出顾虑,被告和承包人 G 都应该注意到了这些裂缝和伸缩缝。因此,被告有理由更仔细地检查平整工程的完成情况。G 在完成的砂浆板上涂抹了额外的底漆,以提高表面强度,但这并不是其最初的目的,这也是需要特别注意的一个因素。作为负责施工的建筑师,被告不应该错过这一点。

因此,被告必须立即采取必要的措施来避免任何瑕疵的形成。一旦进行了铺设木地板的工作,就会出现难以确定导致随后发生的瑕疵的原因的风险。

除了 G 抱怨的裂缝和伸缩缝外,在未进行深入调查的情况下,还进一步发现了砂浆层质量差的迹象。专家 W 通过"网格划痕测试"发现砂浆层不稳定且易碎。以测试为目的而粘在上面的木块可以很容易地移除,无须花费很大的力气,而砂浆层表面则悬挂在其下面。砂浆层的厚度显示出高达 100% 的差异。如果被告无法根据这些情况准确地评估砂浆层的合格性(Eignung),则有理由要求进行材料测试(Materialprüfung)。

---

① Senatsurteil vom 15. Juni 1978-VII ZR 15/78＝BauR 1978, 498＝ZfBR 1978, 17.
② Senatsurteile vom 26. September 1985-VII ZR 50/84＝BauR 1986, 112, 113＝ZfBR 1986, 17, 18 und vom 11. März 1971-VII ZR 132/69＝BauR 1971, 131, 132.

二

上诉法院认为,原告的损害赔偿请求权并未逾期。其时效期为5年,从验收建筑物时开始,而原告在1984年11月26日支付被告的最后一张账单时并未进行验收。验收的前提条件是完成工作,由于被告并未完成《建筑师和工程师的收费规则》规定的第5至第9阶段的服务,因此仅在与承包人约定的保修期结束前不久,并对项目进行最终检查后才完成工作,这次检查应该是在1987年11月进行的。因此,原告于1991年10月提起诉讼时,5年期限尚未到期。

对这一决定的上告也未获成功。

上诉法院认定,根据《德国民法典》第638条第1款第1句的规定,保修期为5年,时效期从验收开始,如未验收,则从建筑师的工作完成时开始计算。①

联邦最高普通法院并未判定建筑师的工作何时是验收成熟的,合议庭在1992年6月25日的判决中对这一问题没有定论。

a)根据主流意见,只有当建筑师完成了根据《建筑师和工程师的收费规则》第15条分配给他的所有服务阶段的所有服务时,建筑师的工作才算完成。因此,人们认为,对建筑师的担保责任之请求权的时效的开始和建筑师费用的到期日经常被推迟到对实施建筑工程的承包人的担保期结束时。②

雅根堡(Jagenburg)认为,《建筑师和工程师的收费规则》第15条第9项应仅限于明确支付物业管理(Objektbetreuung)费用的义务,而

---

① st. Senatsrechtspr., zuletzt Urteil vom 25. Juni 1992-VII ZR 128/91=BauR 1992, 794, 796=ZfBR 1992, 275, 276; Urteil vom 9. Oktober 1986-VII ZR 245/85=BauR 1987, 113, 115=ZfBR 1987, 40, 42.

② OLG Düsseldorf, NJW-RR 1992, 1174, 1175; OLG Hamm, NJW-RR 1992, 1049; OLG Köln, BauR 1992, 803; OLG Frankfurt, Schäfer/Finnern/Hochstein, §8 HOAI Nr. 2; Hesse/Korbion/Mantscheff/Vygen, HOAI, 4. Aufl. §8 Rdn. 21 f; Jochem, HOAI Großkommentar, 3. Aufl., §8 Rdn. 3, §15 Rdn. 79; Werner/Pastor, Der Bauprozeß, 7. Aufl., Rdn. 2094; Locher, Das private Baurecht, 5. Aufl., Rdn. 248; Löffelmann/Fleischmann, Architektenrecht, 2. Aufl., Rdn. 609, 610; Kaiser, Das Mängelhaftungsrecht in Baupraxis und Bauprozeß, 7. Aufl., Rdn. 283 mit Fußn. 81; Schmalzl, Die Haftung des Architekten und des Bauunternehmers, 4. Aufl., Rdn. 58.

不是将物业管理和文件包括在"正常服务范围"中。相反,它是额外的服务(Zusatzleistungen)。即使人们不同意,建筑师也有权在第8服务阶段结束后要求部分验收[1]。还有人认为,在第9服务阶段中,以前被视为合同后义务的服务已被纳入服务范围中,在《建筑师和工程师的收费规则》第15条的目录中引入这些义务并没有改变后合同性(Nachvertraglichkeit)方面的任何事情。[2]

b) 完成所有合同约定的服务属于建筑工程施工具备可验收性的一部分。如果建筑师在合同中也承担了《建筑师和工程师的收费规则》第15条的第9服务阶段所描述的服务,那么只有当建筑师已提供了这些服务的时候,建筑师的整体工作才算完成。

《建筑师和工程师的收费规则》第15条没有规定相反的内容,双方在建筑师合同中也提到了该条款,以描述建筑师所负担的服务。作为合同约定的服务,第9服务阶段的服务是建筑师的主要义务。通常情况下,业主依赖建筑师的专业知识来提供这些服务。许多建筑瑕疵,只能被专家识别,如果建筑师发现施工瑕疵,在业主行使保修请求权(Gewährleistungsansprüche)时,为业主提供专业的建议和代表通常都是相当重要的。对整改工作(Nachbesserungsarbeiten)的监督需要特别谨慎和专业,因为合规地消除瑕疵往往存在技术上的问题,而消除瑕疵工作主要是由那些已经在工作中出现疏忽的承包人进行的,常见的是几个承揽人共同协作提供服务的情形。最后,如果没有专家的帮助,业主通常无法判断解除担保的正确时间。所有这些服务对业主而言都具有巨大的经济意义。对于建筑师来说往往会涉及大量的工作,如建筑师必须在现场监督瑕疵的消除。

c) 与雅根堡的意见相反,通常在承揽人完成第8个工作阶段后,不能考虑部分验收的请求。根据合议庭判例法的规定,建筑师只能基于相应协议要求部分验收。[3]

双方尚未就部分验收建筑师的工作达成一致,原告也未主动同

---

[1] Bindhardt/Jagenburg, Die Haftung des Architekten 8. Aufl., § 3Rdn. 43,73ff.

[2] Koeble in Festschrift für Locher (1990), S. 117, 121; Locher/Koeble/Frik, Kommentar zur HOAI, 6. Aufl. § 8 Rdn. 6.

[3] Urteil vom 9. Oktober 1986 aaO.

意。由于验收会导致严肃的后果,业主必须明确表达出其预先验收(Vorwegabnahme)的意愿。验收不能被假定,也不能被推定,如果建筑师主张这一点,必须由其提供证明。[①]

尤其是,原告检查并支付了1984年11月26日的最终账单时,并没有表达这样(即验收)的意思。在建筑师完成工作的情况下,这种行为可能是推定验收的充分证据。然而,在建筑师只履行了部分服务的情况下,一般不可能通过结论性的行为来推定验收。这里的情况正是如此,因为被告仍负有未完成的、作为主合同服务之第9阶段的服务。

d) 上诉法院因此认定建筑师的作品至少在1987年11月之前没有被验收,原告的保修请求权尚未失效。

(申柳华 译)

[①] Senat Urteil vom 30. Dezember 1963-VII ZR 88/62=NJW 1964,647.

判例十

承 揽 合 同

《联邦普通高等法院民事裁判集》第 50 卷,第 175—179 页
BGHZ50,175-179
《经济法与银行法杂志》1968 年,第 847—848 页
WM1968,847-848

【要旨】

在工作完成前,如果定作人最终无故拒绝履行合同,承揽人可以要求支付报酬。

承揽人的权利不限于《德国民法典》第 642、643 和 645 条,如果定作人最终拒绝履行其合作义务。承揽人也可以在这种情况下要求预付工作报酬。

【主文】

经原告上告,1965 年 11 月 5 日,在策勒的州高等法院第八民事合议庭作出的判决被撤销。

被告对汉诺威州法院商业事务第三法庭于 1964 年 12 月 11 日的判决提出的上诉被驳回,该判决要求被告自 1964 年 5 月 12 日起支付 59240 马克及其 5% 的利息以及 9/10 的一审费用。

另外,此案被发回上诉法院进行新的听证会和判决。

被告必须承担上告费用的 9/10。上诉法院必须对剩余的 1/10 作

出裁决。

【事实】

1963年7月13日,被告向原告订购了总价为47900马克的S-IBM会计系统,并于1963年8月14日订购了一些额外的设备,价格为11340马克。这些机器由原告制造,然而,被告必须为此编制一些数据并将其传输给原告。

原告基本上完成了这些设备的制造。然而,原告无法完成工作,因为被告没有向其发送承诺的数据。为此,原告为被告设定了1964年1月6日的最后期限,并要求被告在过期无果的情况下"从积极违反合同(Positive Vertragsverletzung)的角度……支付总购买价"。尽管如此,被告还是没有向原告提供缺失的数据。

在诉讼中,原告要求被告支付59240马克的"购买价"以及自1964年2月14日起计算的10%的利息;另外,原告还要求被告同时交付机器。

被告在第一审中否认双方达成了有效合同。她预护性地对合同提出了异议并予以撤销,由于这些原因,她也拒验收设备的交付。

州法院认可了原告在损害赔偿方面的主要诉求。

在二审中,被告不再对合同的成立提出异议,但另一方面,其在回答法院问题时,明确拒绝说明合同是否仍然存在。被告否认自己有义务支付预付款(Vorleistung)。此外,被告认为,由于缺乏合适的专家,其迄今为止无法编辑数据。最后,被告还否认造成了损害。

州高级法院驳回了该诉讼。

在上告中,原告要求维持一审判决。被告要求驳回该法律补救措施(Rechtsmittel)。

【判决理由】

一

根据合议庭主审法官的命令,上诉法院邀请了位于H地名的I公司的M.经理提供专家建议,并在听证会听取了他的意见,以"了解相关技术术语,澄清当事人的意思"。判决书中称,法院没有进行任何证据调查。

上告人指出,听证会的结果并未在任何地方被披露;在这方面,其认为这一点违反了《德国民事诉讼法》第 373 条。

即使没有实质性申诉,上告也应当被批准。

二

原告表示坚持履行合同,但不是基于《德国民法典》第 642 条及以下条款为依据主张请求权,而是要求通过支付报酬来履行合同。在二审中,原告再次明确确认了这一点。因此,上诉法院认定合同关系继续存在,并无法律错误。

然而,上诉法院认为该上告是没有根据的,因为原告负有支付预付款的义务。根据法院的说法,被告没有违反债务人的义务。被告拒绝共同参与作品的制作;但这是对债权人义务(Gläubigerobliegenheit)的违反,不适合触发无条件支付义务。被告在一审中的行为也没有表明其持续地拒绝履行合同义务;她在上诉法院放弃的行为只不过是一个"诉讼策略行为"(prozeßtaktisches Verhalten)。在这种情况下,原告不得不依赖于其并未主张的《德国民法典》第 643 条中规定的权利。

此判决是有法律错误的。

(1) 在本案所涉及的可替代物的承揽合同中,作为企业主的原告原则上对生产的作品有先行给付的义务;除此之外,验收必须在支付工作报酬的情况下同时履行。①

a) 如果定作人最终拒绝验收,根本不想支付报酬并声明合同不存在,则此法律情况将发生变化。

依据于声明的具体内容,这种行为可能有不同的含义。如果它是基于承揽人的违约行为,可以被视为撤销(Rücktritt)或取消(Wandelung);此外,它可以包含一个根据《德国民法典》第 649 条的解除合同(Kündigung)。相应的法律后果则以此为基础。

这里没有考虑这些。在一审中,被告明确表示其未承担任何合同义务。正如她后来承认的那样,其无权这样做,这也适用于她最初提

---

① RGZ 171、287、307。

出的撤销权。

基于这些事实和法律情况,定作人不能如一般人认为的那样,以合同未到期或合同未履行为由,反驳承包人支付工程报酬的要求。因为以加重承揽人的负担为代价授予定作人权利是荒谬的,而定作人从一开始就拒绝行使这一权利。[①]

然而,上诉法院认为,被告这样做只是出于"程序原因"。目前还不清楚这会对法律状况造成什么改变。被告的声明在措辞、含义和目的上都很明确,即驳回原告的诉讼请求。如果他们的反对得到证实,他们的反对意见也适用于此。

然而,上诉法院认为,被告的目的是结束原告的债权,为此他们的抗辩如果得到证实,也是正当的。

因此,通过对《德国民法典》第157条进行相当性的解释,唯一可能的结论是被告在一审中严肃与最终无理由地拒绝验收并否定了合同中的义务承担。由此看来,至少在当时,原告的诉讼是有根据的。

b) 然而,在二审中,被告不再对合同的缔结提出异议。

被告是否能够通过事后承认其义务,重新获得其因一审行为而失去的法律地位,这一点尚无定论。因为,在任何情况下,都必须要求这一承诺(Bekenntnis)是无条件和无保留地作出的。

这一点在本案中并不存在。被告在上诉程序中仍未解决合同是否应被视为继续存在或是根据《德国民法典》第649条应当被解除的问题。因此,其仍然没有无条件地坚持其所承担的义务。

这种行为在任何情况下都不能消除其以前拒绝履行义务的影响。在任何情况下,都不可期待原告基于诚信原则向一个已被证明如此不可靠的债务人进行先行给付。被告基于上述原因,不能提出关于不履行合同的抗辩。

(2) 上诉法院认为,被告的合作义务(Mitwirkungspflicht)是债权人的义务。这些违法行为仅会触发《德国民法典》第642、643和645条中承揽人的权利,但这不能得出授予其有权要求无条件履行合同的

[①] u. a. RG aaO; Urt. d. Sen. vom 14. April 1960 VII ZR 63/59; RGRK BGB 11. Aufl. §320 Anm. 10.

权利。

州高等法院最初忽视了一个事实,即被告不仅拒绝配合提供数据,而且拒绝验收和支付报酬。

然而,除此之外,认为承揽人在定作人不履行合作义务的情况下只享有《德国民法典》第642条及以下条款规定的权利的观点也是不正确的。因此,在违反这些义务的情况下,承揽人可以获得当合同伙伴违反其他义务时有权获得的所有法律救济措施。此外,他还拥有《德国民法典》第642条及以下的额外权利。

这些原则不仅适用于承揽人由《德国民法典》第642条规定的权利,还适用于从积极违反合同中获得权利的情况。更确切地说,它们也适用于如果承揽人要求履行的情形。① 在这方面,利益情况并无不同。如果定作人可以自由地通过恣意不履行其债权人义务来迫使承揽人解除合同,这会导致一个不可容忍且违背诚信原则的结果。

这一判决与被上告人引用的1962年11月15日合议庭的VI-IZR113/61号判决并不矛盾。在其中,《德国民法典》第643条只被视为一个特殊条款,因为它涉及承揽人解除合同的先决条件。② 在这里不存在这样的解除合同。

(3)据此,根据《德国民事诉讼法》第565条第3款第2项,被告将被判处支付无异议的报酬,而无须说明被告是否因违反《德国民法典》第162条和第242条规定的配合义务(Mitwirkungspflicht)且有过错,如同已完成和验收一样。

三

但是,合议庭无法对整个利息的请求权作出裁决。

(1)原告要求自1964年2月14日起支付10%的利息作为违约的损害赔偿,理由是她因未得到付款而不得不去银行贷款。

被告在一审中没有对利率提出任何异议。然而,其在1965年3月17日的二审声明中提出了反对意见。在这种悬而未决的情况下,根据《德国民法典》第288条和《德国商法典》第352条,合议庭无权判

---

① Staudinger, 11. Aufl., §642 Anm. 2 a.
② 1Staudinger aaO, Anm. 1.

决原告获得超过其应得的5％的赔偿。

（2）利息义务从何时开始的问题也仍未解决。

然而，可以肯定的是，从被告最终拒绝验收、拒绝合作准备数据和拒绝支付报酬时起，被告就处于违约状态。其在1964年5月8日的书面声明中也坚持如此，该声明最迟于1964年5月12日提交给了原告。因此，从该日起，被告毋庸置疑地负有支付利息义务。

另一方面，不清楚被告之前是否已经对合同的有效性提出过异议。这必须由事实审法官来查明。如果有必要，也可以从被告在1964年5月12日之前拒绝提供数据这一有过错的事实中推断出被告的违约。

四

根据《德国民事诉讼法》第91条和第92条的规定，合议庭对此案进行了裁决，命令被告支付一审和三审的费用。由于不确定是否应当判决其支付剩余的利息，合议庭将有关此部分费用的决定留给了上诉法院判决。[①]

（申柳华　译）

[①] BGH LM §92 ZPO No.7.

判例十一

定作人注意义务的免除

《联邦普通高等法院民事裁判集》第56卷,第269—275页
BGHZ56,269-275
《经济法与银行法杂志》1971年,第1100—1102页
WM1971,1100-1102

【要旨】

定作人只在承揽合同框架内根据《德国民法典》第618条承担注意义务,如果此义务旨在保护承包人或其分包人,则可以免除。

【主文】

原告不服杜塞尔多夫州高级法院第四民事合议庭1969年10月14日判决的上告被驳回。

上告费用由原告承担。

【事实】

1965年,被告委托K公司在其一家分厂的几个油罐之间建造一条走道。这项工程中,K公司不应当自行搭建脚手架,由被告提供其油漆工给油罐刷漆时使用过的脚手架。该脚手架是多年前组装的,并一直使用。

K公司在被告同意的情况下,将钳工的工作外包给原告——一个钢结构公司的所有者作为分包人。原告与K公司一起查看了被告的油漆工师傅搭建的脚手架后,认为适合于原告的用途,几天后就开始

了工作。工作第一天的下午,当原告和他的钳工以及另外两名工人站在脚手架上时,脚手架倒塌了。原告、钳工和其中一名工人跌倒并受重伤。其中一根由两根对接焊在一起而组成的管子在此时断裂。

原告诉称被告的油漆工师傅及其经理应当知道,这些从战后废弃库中取出的管道是可能会出现损坏的,至少他们应该在仔细检查后能认识到这一点。原告自己无法认识到那根外部看不见,却已断裂的管道的缺陷。

在诉讼中,原告要求被告赔偿收入损失 2000 马克,以及 1000 马克的精神损害抚慰金(Schmerzensgeld)。

在州法院驳回诉讼后,原告在上诉审中增加了其上诉要求,要求被告支付 14500 马克(加上利息),包括对精神损害抚慰金的合理赔偿,此部分他要求认定赔偿 2000 马克。

州高级法院支持了原告在一审中要求的 1000 马克的精神损害抚慰金,还宣告其在一审中要求的 2000 马克的收入损失赔偿金是合理的。它驳回了原告进一步的索赔,因为被告对诉讼时效的异议是有效的。

在上诉法院批准上告的情况下,原告在被驳回的情况下继续请求赔偿。

【判决理由】

据上诉法院的观点,原告有权根据侵权法请求赔偿。被告应对管道破裂负责,因其无法根据《德国民法典》第 831 和 836 条提供无过错的证据。然而,原告只是中断了其最初提出的索赔部分的诉讼时效。根据《德国民法典》第 852 条,原告在二审中才提出的增加的索赔请求已经超过了诉讼时效。上诉法院不同意原告的观点,即被告与 K 公司签订的是对其有保护作用的合同,因此要遵守 30 年的常规时效期限。

上告人对这些观点(Standpunkt)的抗辩没有成功。

一

就原告要求的精神损害抚慰金高于根据《德国民法典》第 831、

836、847条的数额,即关于已经判决的1000马克而言,上诉法院的裁决当然是正确的。原告只能根据侵权法要求获得精神损害抚慰金的赔偿,然而,正如其不否认的那样,这些请求已超出诉讼时效。即使适用对其有利的《德国民法典》第618条第3款的规定,即其赔偿请求权来源于合同,也无权获得精神损害抚慰金的赔偿。

二

关于被驳回的诉讼部分,取决于原告是否也能以被告的合同责任为由提出赔偿请求。正如其本人一直承认的那样,原告与被告没有直接的合同关系。被告与K公司签订的承揽合同并没有完全被原告接管。相反,原告只是K公司与被告合同关系中的分包人,虽然他是K公司的履行帮手(Erfüllungsgehilfe),但与被告不存在合同关系。原告当然可以直接向被告要求赔偿,如果被告因违反其保护义务而有责任支付损害赔偿金,那么被告也对原告这个局外人负有支付损害赔偿金的义务。此处考虑了《德国民法典》第618条规定的劳务权利人(Dienstberechtigter)的注意义务。这种有利于第三方的保护作用的合同的法律概念(Rechtsfigur)已经被判例法发展了很长时间,尤其是在允许受损害的第三方根据《德国民法典》第823条及以下条款提出损害赔偿要求却过了诉讼时效时,才会被应用。①

上诉法院从这一法律角度审查了诉讼请求,但得出的结论是,被告与K公司之间的关系以及他与原告的关系(内部关系)不能证明原告应被纳入被告承担保护和照顾义务的范围内的假定(Annahme)是合理的。

上诉法院对此给出的理由经得起上告的责问(Rügen)。

(1)上诉法院不容质疑地裁定被告与总承包人K公司之间并无有利于原告(K公司的分包人)的明示协议。因此,上诉法院调查了本案的案情中是否未表明这两个缔约方默认将原告纳入合同保护的问题,并得出了否定的答案。

---

① BGH Urteile vom 15. Mai 1959-VI ZR 109/58-LM § 328 BGB Nr. 18-VersR 1959, 645 und vom 8. Mai 1956-VI ZR 58/55-LM BGB § 254(E) Nr. 2-VersR 1956, 500.

a）上告并未没有认识到，就算由于债务人（这里是被告）的疏忽行为而遭受损害的第三方与债务人的履约有所牵连，也并非每个人都能从债权人（这里是 K 公司）与债务人之间的合同中推导出自己的赔偿权。① 一般来说，仅在特定的受益方数量是有限的、可预见的情况下②，并且原本有权利的债权人对于这些受益方的"幸福与痛苦"负有共同责任时，合同的意义和目的才会允许并要求将保护和照顾（Schutz und Fürsorge）责任扩展到这些受益的第三方身上。因为本身享有权利的债权人对于这些受益的第三方也有保护和照顾的义务。③

b）上诉法院认为，本案不满足这些前提条件，因为 K 公司和原告之间只有一份"正常"的承揽合同，不涉及人身权（Personenrechtlich），即不具备参照《联邦普通高等法院民事判例集》第 51、91、97 号判决的特征。上告认为这种判定是不正确的，因为 K 公司不仅委托原告做钳工工作，而且将被告提供的脚手架留给原告开展工作。

上告承认，这种情况在本案中也可能具有重要意义。如果工作的定作人向承包人提供了一件用于工作的设备，则《德国民法典》第 618 条的规定也应相应地适用于此类承揽合同。因此，根据《德国民法典》第 618 条，被告有义务为承包人 K 公司提供能够安全使用的脚手架。然而，准确地说，当债务人负有《德国民法典》第 618 条规定的保护和照顾义务时，判例法指出，显然，不仅合同的对方当事人，而且使用债务人提供的工作设备的第三方，如承包人的雇员或家庭成员，都应被纳入该合同的保护目的之中。④

在这些情况下，承包人一般要对这些第三方负责，因为这些损害也会影响到其自身。很多迹象表明，尤其是在 K 公司知道被告将工作

---

① BGHZ 51，91，99.
② BGHZ 33，247，249.
③ BGHZ 51，96；Senatsurteil vom 30. September 1969-VI ZR 254/67-LM BGH §823(Ae) Nr. 3=VersR 1969，1117.
④ RGZ 164，397，399；BGH Urteile vom 21. September 1955-VI ZR 118/54-LM §157 BGB (D) Nr. 5-VersR 1955，740，vom 25. April 1956-VI ZR 34/55-LM §328 BGB Nr. 11=VersR 1956，419，519.

转包给原告之后,也对该分包人负有此义务,至少在保护其免受损害方面应当如此。然而,如果这种外部关系已经包含了保护和照顾的义务,那么这些义务不仅限于合同的对方当事人,也包括与对方当事人关系密切的第三方。①

(2) 但是不必对是否将原告纳入根据《德国民法典》第 618 条规定的被告所负有的保护和照顾义务的保护范围内作出最终判决。即使假定这是从有利于上诉的角度出发,但由于被告根据相关条款和条件排除了其责任,这也排除了其根据合同的赔偿请求。这些条款中的第 11 条("在工厂工作")构成了其与 K 公司签订的合同的基础,规定如下:"……使用我们提供的工具和设备的费用和风险由承包人承担。"

a) 上诉法院认为,这一豁免(Freizeichnung)也涵盖了工作设备有瑕疵的情形,如本案一样。上告认为这是不正确的,根据《德国民法典》第 242、133、157 条进行的合乎事理的解释表明,被告只想通过这一条款排除工作设备等使用者可识别瑕疵情况下的责任。

这一申诉未获得成功。上诉法院对该条款进行解释:它未揭示出任何法律上的错误,也没有违反经验法则,这一条款的内容和效果是无可非议的。这种免责条款是相当普遍的,承包人必须考虑到这一点。

b) 然而,如果被告排除了合同方 K 公司的责任,则上诉法院能够推断出,被告和 K 公司不愿意授予作为分包人的原告享有比总承包人 K 公司的更多合同权利。由于在有利于第三方的保护效力的合同中,其权利来自于债权人和债务人之间缔结的合同,因此原则上不能超越债权人作为侵权人的合同方的权利。②

根据判例法,受害的第三方对债务人提出的赔偿要求作为合同上的损害赔偿请求,是基于根据《德国民法典》第 133 条与第 157 规定的

---

① BGHZ 49, 350, 353 m. w. Nachw.; Senatsurteil vom 30. April 1968 VI ZR 29/67-LM § 278 BGB Nr. 51-VersR 1968, 673; BGH Urteil vom 17. Dezember 1969-VIII ZR 52/68-VersR 1970, 162.

② BGHZ 33, 247, 250; BGH Urteil vom 23. Juni 1965-VIII ZR 201/63-LM § 328 BGB Nr. 28.

有关债务人和债权人之间缔结的合同而作出的补充解释。① 如果通过对债务人和债权人之间的合同的解释表明,根据合同的含义和目的以及根据诚信原则,债权人希望将第三方纳入其对债务人承担的保护义务中,因为其对后者的"幸福和痛苦"负有责任,而且债权人的这种希望是可以被认识到的,甚至债务人知道的,则可假定合同具备有利于第三方的保护作用。鉴于上述引用的免责条款,上诉法院否认了被告和 K 公司默许了原告在使用脚手架时受到伤害,可以按合同要求赔偿的观点,虽然这种观点在法律上是无可非议的。② 如果原告的权利是通过被告与 K 公司的合同的补充解释而获得的,即凭借双方的意愿,则没有必要审查《德国民法典》第 619 条是否可以排除赔偿的问题。该条款禁止放弃法律授予的权利,因此不适用于仅通过当事人的意愿才授予和创造的权利。

如果人们想假定受害方根据《德国民法典》第 618 条从有利于第三方的保护效力的合同中受益的权利不是基于对合同的补充解释,而是基于法律规定第三方的权利,则结果没有什么不同。③ 即使"为第三方利益具有保护作用的合同"(Vertrag mit Schutzwirkung Zugunsten Dritter)下的主张应该已经可以从法律中推导出来,仍然必须由缔约方在一般合同自由的框架内,承担这种法定的保护和注意义务,将其对第三方的责任风险限制在缔约方可能做到的范围内。④ 在本案中,《德国民法典》第 619 条的规定不会阻止被告排除其对原告的责任:该条文为了有利于分包人的利益,而不适用于分包人。诚然,《德国民法典》第 618、619 条的规定本身可被视为保护服务提供者的不可分割的总规定(参见《德国民法典》第 16、273 条)。然而,必须根据《德国民法典》第 618、619 条等条款的含义和目的,将其具体适用到各自的案件组(Fallgruppe)中。因此,联邦最高普通法院裁定,如果承揽合同涉及

---

① RGZ 127, 218, 221/222; 164, 397; BGH Urteile vom 21. September 1955-VI ZR 118/54-LM § 157 BGB (D) Nr. 5 und vom 21. Mai 1970-VII ZR 175/68-VersR 1970, 831.
② VersR 1969, 1117, 1118 liSp.
③ Esser, Schuldrecht 4. Aufl. Bd. I § 54 I 2; Gernhuber in der Festschrift für Nikisch 1958, 249, 261 und in JZ 1962, 553; Erman/Küchenhoff, BGB 4. Aufl. § 618 Anm. 3.
④ § 334 BGB und das oben angeführte Urteil vom 23. Juni 1965.

保护为承包人工作的附属雇员的问题,则《德国民法典》第618、619条也都应适用于该承揽合同。① 然而,在本案中起决定性的是,在承揽合同的情况下,定作人是否也可以放弃其与一个经营者相关联的注意义务(《德国民法典》第618条)。这个问题的答案是肯定的。正如上诉判决所述,原告是一名独立承包人、机械工程师和结构工程师。《德国民法典》第619条的规定希望根据服务定作人指示而工作的服务供应商有权出于社会政治原因而受到其照顾,将其适用于个体经营者(Selbständige Unternehmer)实际上是不合理的。原告能够影响其想要和将要工作的合同条款。与附属员工不同的是,他可以与K公司协商其工作条款和工作成果。可以期待的是,原告向后者询问了其与被告商定的合同条款。如果他没有这样做,则必须接受他的主要承包人与定作人达成的协议,该协议对其也有效。原告相对于被告和K公司而言都是个体经营户,而不是应该按照后两者的指示来提供服务的雇员。他接手K公司的工作时,并未成为被告的间接雇员(Mittelbarer Arbeitnehmer);K公司不仅仅是主要雇员(Hauptarbeitnehmer),而且作为独立承包人(Selbständiger Unternehmer)存在于双方之间。② 作为有别于雇员的中间工头(Zwischenmeister),可以期待K公司因工作分包合同而对原告承担风险责任,根据《德国民法典》第278条,其必须为被告的过错承担责任。因此,K公司的免除责任条款没有理由也适用于原告,从而不可避免地将这种风险转移给被告(《德国民法典》第619条)。

(3)综上所述,原告在侵权行为方面的部分赔偿请求在诉讼时效逾期的情况下,不能通过合同的补充解释得到恢复。被告的条款和条件中的免责条款并未剥夺原告对被告的侵权性损害赔偿请求权,但确实剥夺了其基于合同的赔偿请求权。③

(申柳华 译)

---

① BGHZ 26,372.
② BAGE 4,93=NJW 1957,1165; auch Goetz Hueck in AP Nr. 1 zu §1542 RVO.
③ Gernhuber in Festschrift für Nikisch aaO S. 268.

第四编
合同终止

判例一

建筑工程合同:将合同的特别终止解释为普通终止

《联邦最高普通法院民事判决选》第 156 卷,第 82 页以下
BGH,BGHZ156,82

【要旨】

(1) 如果不存在根据《通则 B》第 8 条第 2 款至第 4 款规定的特别终止理由,则该特别终止(Außerordentliche Kündigung)无效。

(2) 根据《德国民法典》第 649 条第 1 款或《通则 B》第 8 条第 1 款,工程合同的特别终止是否也可以理解为普通终止(Freie Kündigung),取决于终止声明的内容。

(3) 通常情况下,工程合同的终止应被理解为,该合同也可以被普通终止。如果定作人不希望他的终止声明被这样理解,那么这一点必须在终止声明或者具体案情中得以体现。

【主文】

根据被告的上告,在 2002 年 4 月 9 日斯图加特地区高级法院第十二民事庭的判决中关于审判程序费用以及对被告不利的裁决被撤销。

上述事项被发回上诉法院重新审理(包括对上告程序费用的审理)和裁决。

【事实】

原告要求被告偿还金额为 33904 马克的首付款,并在终止工程合

同后要求被告偿还 3724.71 马克的费用。双方主要就合同是否因终止声明而有效终止产生了争议。

在 2000 年 7 月 19 日和 22 日的建筑合同中,被告作为总承包人为原告建造一栋可以即刻入住的住宅,总价为 423000 马克,双方协定合同受《通则 B》管辖。根据施工进度表第 2 条,"被告争取在收到建筑许可证后的四个星期内开始施工活动"。该工程将在七个月后完工。按照合同,原告在获得建筑许可证后支付首付款 33904 马克(占购工程价款的 8%)。第二笔分期付款金额为工程价款的 22%,并于地下室施工开始时支付。由于应原告的要求对建筑许可证进行了变更,原告直到 2000 年 11 月 6 日将变更许可证交给被告,并要求被告立即开始施工。

在对被告的个人责任合伙人(Persönlich Haftende Gesellschafterin)H. GmbH 的资产启动破产程序(Insolvenzverfahren)后,双方协商将第二笔分期付款降至工程价款的 13.5%,但是被告拒绝接受这一结果。在 2000 年 12 月 4 日的信中,原告对以下事实提出异议:与被告声明不同的是,工程并没有在 2000 年 11 月 29 日开始施工。2000 年 12 月 8 日,原告根据《通则 B》第 5 条的规定,由于承包人延迟开工对被告发出了终止合同声明,并要求被告偿还首付款。

被告在 2000 年 12 月 13 日的信中声明原告已取代 H. GmbH 成为个人责任合伙人。原告的律师在 2000 年 12 月 19 日的信中声明,由于被告宣布有能力履约,他将撤回 2000 年 12 月 8 日的终止声明。在这封信中,他还要求被告最迟于 2001 年 1 月 8 日开始施工(开挖地下室),否则原告将根据《通则 B》第 8 条第 3 项的规定终止合同。被告在 2000 年 12 月 15 日的信中提到了被告发出过的终止声明,并在 2000 年 12 月 28 日的另一封信中指出,被告不能接受原告于 2000 年 12 月 19 日发出的信的内容以及被告无法于 2001 年 1 月 8 日开始施工。被告已经接受了原告发出的终止合同声明,并进行了相应的计划。但是被告愿意与原告重新商定一份新的工程合同。在被告未于 2001 年 1 月 8 日开始施工后,原告律师于 2001 年 1 月 9 日根据《通则 B》第 8 条第 3 项,因重大事由发出了合同终止声明。

原告要求被告偿还首付款 33904 马克、更改建筑许可证产生的费用200马克、律师费3504.71马克以及利息和诉前费用。

地区法院裁决被告应偿还首付款33904马克。双方就这一判决提起上诉,上诉法院裁决被告支付原告17437.10欧元(33904马克的首付款以及200马克的建筑许可证更改费用),外加利息和诉前费用。

上诉法院允许被告就以下问题提出上告:发包人不合理地发出的因重大事由终止承揽合同的声明是否作为普通合同终止声明终止发包人与承包人之间的合同关系。

在上告中,被告继续要求驳回原告请求。

【判决理由】

上诉成功。上诉法院判决被撤销,本案重新发回上诉法院进行审理裁决。

本案中的合同义务受2001年12月31日之前适用的《德国民法典》管辖(《德国民法典施行法》第229条编号5第1句)。

上诉法院认为,合同没有因2000年12月8日的终止声明而终止,而是通过2001年1月9日的终止声明因重大事由而终止。因此,根据《通则B》第8条第3款或《德国民法典》第326条的规定,原告有权获得赔偿,赔偿金额为原告为不再需要的建设规划所支付的首付款,以及由于变更建筑许可证而产生的200马克的费用。

地区法院认为发包人无权根据《建筑施工发包及合同通则B部分》第8条第3款第1项和第5条第4款对合同因重要事由而终止是没有法律错误的。因为原告没有对被告设定最后期限,并告知被告其有权拒绝对被告的工作进行验收。原告不可以援引《通则B》第8条第2款规定的终止理由,因为他在被告告知其有能力履行合同后还想遵守该合同。所以在本案中不存在由于被告严重违约而使原告无法继续遵守该合同(《通则B》第8条第3款)这一重大事由。

该合同也并没有通过2000年12月8日的合同终止声明作为普通终止声明(《通则B》第8条第1款)而终止。判例法和学者的观点是,在没有特别终止重大事由的情况下,合同可以通过该特别终止声明以普通终止的形式而终止。从2000年12月8日的终止声明中可以看出,原告想在被告不履行其合同义务的情况下终止合同。因此,他的声明不能被解释或重新解释为普通终止(《通则B》第8条第1款第1项)。

2001年1月9日,原告律师通过信件有效地终止了该承揽合同。由于合同仍在继续,而被告没有终止合同,原告有权根据《通则B》第8条第3款第1项的规定有效地终止该合同。在2000年12月19日的终止声明中,原告将2001年1月8日设为最后期限。这一期限过短。然而,由于被告明确拒绝履行其合同义务,设定更长的期限是不必要的。因此,该合同得以终止。

上诉法院在关键问题上的裁决是经不起法律推敲的。

双方的工程合同因原告于2000年12月8日发出的终止声明而终止。上诉法院与此不同的观点忽视了解释工程合同终止的相关重要原则。

上诉法院对普通终止合同的权利(《通则B》第8条第1款第1项)与特别终止合同的权利(《通则B》第8条第2款至第4款)进行区分是没有法律错误的。

根据《通则B》第8条第1款第2项,普通终止权是以《德国民法典》第649条第1句的终止权为基础的,它"在任何时候"都存在。这表达了定作人可以在不需要提供特别的终止事由的情况下终止合同。定作人希望从工作中获益,因此应给予其在利益不再存在的情况下终止合同的可能性,承揽人受到《德国民法典》第649条第2句(《通则B》第8条第1款第2项)的充分保护。① 据此,承揽人保留其合同中的报酬请求权,但是他必须从报酬中扣除他因终止合同而节省的费用,或者他通过在其他地方使用其劳动力而获得或恶意未获得的利益。

另一方面,《通则B》第8条第2款至第4款只赋予了发包人特别终止权。在合同有效终止后,承包人只有权获得截至终止前完成工作而应获得的报酬[②],并根据《通则B》第6条第5款计算其报酬。[③] 只因

---

① BGH, Urteil vom 8. Juli 1999-VII ZR 237/98, NJW 1999, 3261=BauR 1999, 1294=ZfBR 2000, 30.

② BGH, Urteil vom 26. November 1959-VII ZR 120/58, BGHZ 31, 224, 229; Urteil vom 12. Februar 2003-X ZR 62/01, BauR 2003, 880, 881.

③ BGH, Urteil vom 7. Januar 2003-X ZR 16/01=BauR 2003, 877.

重大事由(《通则 B》第 8 条第 2 款至第 4 款)而发出的合同终止声明,在特殊事由不存在的情况下是无效的。合同关系以及合同义务存续。

上诉法院对发包人于 2000 年 12 月 8 日发出的特别终止声明无效的裁决是没有法律错误的,上告人对此也没有提出异议。根据《通则 B》第 8 条第 3 款和第 5 款第 4 项而发出的终止合同声明是无效的,因为原告没有为被告设定履行合同的最后期限,也没有告知被告在继续不履行合同的情况下将终止合同。上诉法院的观点也是正确的,即在发包人没有设定最后期限也没有告知承包人如果继续不履行合同将终止合同的情况下,不存在即刻终止合同的特别权利,并且该终止声明也不满足《通则 B》第 8 条第 2 款的要求。

上诉法院也裁定,根据联邦最高普通法院的判例,特别终止不能"自动"被视为普通终止。[1] 相反,只有在具体案情中假定当事人的意愿,并且这一意愿在他对其相对人的终止声明中得到表达时,才能将无效的特别终止解释或重新解释为普通终止。[2]

然而,在对终止声明的解释中,上诉法院没有考虑到工程合同的特殊性,并上诉法院在这一问题上的裁决上,认为原告只希望基于一个重大事由而终止合同。在被告看来,原告并不想承担在普通终止的情况下必须支付全部报酬的风险。对本案的裁决不应基于上述考量。

是否也可以将对工程合同的特别终止理解为普通终止,取决于是否可以从终止声明中看出,无论重大事由是否存在,工程合同应被终止。对工程合同终止声明的解释通常可以看出这一点,除非个案中的终止声明明确说明该合同只因重大事由而终止。终止建筑合同是一项决定,不仅具有法律效力,而且具有实际效力。它不仅表达了合同关系的终止,而且还为使用第三方承包人或完全放弃工程创造了条件。只有在重大终止事由不存在的情况下,特别终止也有效时,才有可能不产生利益冲突。因此,根据特别终止声明,工程合同也可以以普通终止的形式被终止。

定作人不准备支付《德国民法典》第 649 条第 2 句规定的报酬(上

---

[1] Schmidt, NJW 1995, 1313, 1314.
[2] BGH, Urteil vom 26. Juli 2001-X ZR 162/99, NZBau 2001, 621, 622.

诉法院也基于此情况作出裁决），定作人不准备支付报酬并不影响法院对终止声明作出上述解释。这是因为，即使定作人的终止只被理解为特别终止，他通常也要承担这种风险。在常规情况下，如果定作人使承包人在终止合同后无法继续施工，承包人将根据《德国民法典》第326条第2款保留要求定作人支付报酬的请求权，将从其报酬中扣除他因终止合同而节省的费用，或者他通过在其他地方使用其劳动力而获得或恶意未获得的利益。与上诉法院的意见不同的是，不能仅从定作人在终止合同时表示他有权特别终止合同这一事实得出其不想承担支付报酬的风险的结论。相反，在接受这种风险的情况下，普通终止本身就是《德国民法典》第649条第1款规定的在任何情况下终止工程合同的一种可能性。如果定作人不希望他的终止声明被这样理解，那么必须从其终止声明或具体情况中明确这一点。

对建筑工程合同终止的这种理解是符合各方利益的。工程合同是一种特殊的合同关系，这种合同一般都有一个具体的时间框架，其特点是相互的权利和义务，在施工期间双方也有合作义务。这种类型的合同很难调和，因为它在是否还继续与承包人履行合同方面产生了不确定性。定作人通常也将合同特别终止解释为普通终止，这将工程项目的进一步处理放在一个安全的法律和时间基础上。定作人与承包人的合同关系因此得到终止。双方在这种情况下均不必考虑其中一方可能援引与无效终止相关的法律规定，也不必有合同仍应继续被遵守的顾虑。因此，这只是一个法律后果的问题，特别是承包人是否有权根据《德国民法典》第649条第2款获得报酬或根据《德国民法典》第631条第1款只是根据其所完成的工作获得报酬。对工程合同终止的这种理解对合同双方来说都是可以提前预料的，并且在不确定性的情况下是最符合双方利益的。

一般来说，定作人不希望合同终止是否有效这一问题一直悬而未决。这是因为定作人一般都希望在有保障的法律评估的基础上继续进行工程项目。否则，定作人就不能使用第三方承包人同时不使自己面临违约风险。即使他后悔终止合同（因为他可能后来发现终止合同的条件没有得到满足），那么他也无权获得保护。

如果终止不被理解为普通终止，承包人也没有值得保护的利益。

因为在这种情况下，根据《德国民法典》第 649 条第 2 款的规定，他保留了对报酬的全部请求权。就像定作人一样，他也不希望合同终止是否有效这一问题一直悬而未决。因为他必须在这一合同终止后作出新的安排。

如果定作人不合理地要求特别终止工程合同，以上解释原则也适用，因为特别终止重大事由不存在的错误并不会使终止（也可以理解为普通终止）无效。合议庭在 1968 年 12 月 5 日的判决裁定[①]，每一个特别终止都应被视为普通终止的备选方案，但是合议庭并没有一直采用这一观点。决定性的因素是在考虑到上述解释原则的前提下在个案中对终止声明的解释。联邦法院一直裁定，如果事实证明所宣称的特别终止重大事由不存在，则根据《德国民法典》第 649 条第 2 句进行工程的报酬结算。[②] 上诉法院引用的第十民事合议庭的判决并没有偏离工程合同法原则[③]，该判决涉及对软件开发合同中终止声明的解释。至于其他解释原则在其他类型的合同中是否具有决定性，合议庭不需要进行裁决。在任何情况下，都不能证明第十民事合议庭想要质疑第七民事合议庭的判决。

根据所述原则，2000 年 12 月 8 日的终止是有效的。这虽然是一种特别终止，但是应解释为即使所宣称的特别终止重大事由不存在，工程合同也应被终止。这也适用于原告仅仅因为被告延迟开工而发出的终止声明，该终止具有法律效力。它不能被撤回。

因此，合议庭不能支持上诉法院的判决。合议庭指出以下几点供上诉法院进一步审理裁决：

上诉法院认为，原告要求偿还所支付的分期付款是基于《德国民法典》第 812 条第 1 款的规定，这一意见不能被采纳。相反，基于双方

---

① VII ZR 127，128/66，NJW 1969，419，421。

② BGH，Urteil vom 8. Februar 1996-VII ZR 219/94，ZfBR 1996，200；Urteil vom 10. Oktober 1996-VII ZR 250/94，BauR 1997，157 = ZfBR 1997，36 = NJW 1997，259；Urteil vom 24. Juni 1999-VII ZR 196/98，NJW 1999，3554 = BauR 1999，1319 = ZfBR 2000，28；Urteil vom 8. Juli 1999-VII ZR 237/98，BauR 1999，1294。

③ Urteil vom 26. Juli 2001-X ZR 162/99，NZBau 2001，621，622。

对付款协议的分歧,承包人有合同义务对其工作进行结算。[①] 如果结算后有盈余,那么发包人就有基于合同的请求权,要求承包人支付盈余。

由于在上告中假定工程的施工尚未开始,原告关于偿还分期支付的报酬的陈述是可以被采纳的。被告可以根据《通则B》第8条第1款第2项进行结算。

(刘易洲 译)

[①] BGH, Urteil vom 11. Februar 1999-VII ZR 399/97, BGHZ 140, 365, 374; Urteil vom 24. Januar 2002-VII ZR 196/00, NJW 2002, 1567 = BauR 2002, 938 = ZfBR 2002, 474.

第五编
担保权

判例一

通过建设工程合同的格式条款排除承包人的留置权的请求权

《联邦最高普通法院民事判决选》第91卷,第139页以下
BGH,BGHZ91,139

【要旨】

建设工程监理人的格式条款中包含一个条款。根据该条款,承包人无权根据《德国民法典》第648条的规定,对建设工程行使留置权。如果没有向承包人提供其他适当的担保,则该条款有悖于诚信原则。

【主文】

根据原告的上告,1981年12月17日哈姆地区高级法院第二十四民事庭的判决被撤销。

该案被发回上诉法院重新审理(包括对上告程序费用的审理)和裁决。

【事实】

被告是一个民法合伙企业的合伙人,该企业获得了一块土地的可继承建筑权,并在该土地上进行建设。合伙人将公司的管理和代表权交给了 R. I. GmbH & CoKG 公司,并将其作为"监理人"。根据合伙协议和一份"监理协议"以及所有被告签发的授权书,监理人的管理权和代理权受到如下限制:该合伙企业的合伙人只可以作为部分债务人而非连带责任人,只按照其各自的出资份额承担有限责任。

监理人根据1980年5月8日和14日的合同和1980年8月14日的增编合同委托原告进行对窗户进行建设。该合同在第6条中载有精确的"付款和期限表",在第7条中规定如下:

承包人知晓并同意:

7.1

发包人的合伙人只作为部分债务人对合伙企业的义务负责,并以其参与合伙企业的出资份额为限。

7.2

发包人是民法合伙企业,根据签发给监理人的授权书,合伙企业的合伙人仅以其在出资份额为限对合伙企业的债务负责(类似于有限合伙人企业的有限责任)。

该合同是基于监理人制订的"提供建设工程服务的格式条款"。该条款规定:

第68条

由于合同而产生的索赔,承包人无权根据《德国民法典》第648条对建设工程行使留置权。

在原告于1980年12月16日及17日开出最后两张金额为348000.00马克和991.63马克的账单时,被告提到所谓的窗户瑕疵,并且没有支付其中的120135.23马克。因此,通过该诉讼,原告寻求获得被告的同意,对该建设工程行使留置权,因为其有权对被告作为连带债务人,或者按照其各自在合伙企业中的出资份额作为部分债务人提出剩余工程价款的索赔请求。地区法院和地区高级法院驳回了该请求。原告对此提出上告,被告请求驳回此上告。

【判决理由】

上诉法院对《德国格式条款法》[①]适用的裁决是没有法律错误的。因为被告的监理人使用的"提供建设工程服务的格式条款",与订单一起发给原告,并宣布该格式条款为"合同的组成部分",该格式条款是

---

① 该法已于2002年1月1日失效。(译者注)

预先制订的合同条件。正如合议庭从其他诉讼程序中了解到的那样，监理人在签订合同时总是将此格式条款作为合同基础，因此，它们是《德国格式条款法》第1条第1款第1句意义上的格式条款。

上诉法院认为，"格式条款"第68条中所包含的对建筑施工人留置权的排除，满足《德国格式条款法》第3条和第9条第1款设定的条件。该条款也不是一条令人意想不到的条款，特别是该条款没有惊喜或欺骗的效果，它也没有违背诚信原则。原告的留置权被该条款排除，但这并不是原告唯一的担保手段。根据《德国民事诉讼法》第916条及以下条款的规定，原告可以申请扣押。此外，原告还可以通过合同约定的分期付款获得保障。最后，该条款并没有声明，如果被告的情况发生重大变化，原告根据《德国民法典》第648条获得的留置权也应被排除。在此情况下，原告可以根据《德国民法典》第321条的规定撤销对该排除。此外，根据《德国民法典》第648条提供担保的可能性没有什么实际价值。还应考虑到，根据《德国民法典》第648条提出的请求，在实践中经常被用作施压的手段，使被告难以对地产进行出售或者抵押。此外，必须考虑到"格式条款"第68条所规定的排除是针对作为具有完整商人身份的原告。因此，如果原告不具有完整的商人身份或者只是施工人，那么该条款对原告的影响更是在其可以承受的范围之内。

针对这一争议点的上告得到了合议庭的支持。

原告有权根据1980年5月8日及14日与被告（被告由其监理人代表）签订的承揽合同以及1980年8月14日的增编合同，请求被告支付仍未支付的报酬。被告并不作为连带债务人，而作为部分债务人对这一索赔负有责任，并且只以他们各自在合伙企业的出资份额为限。被告对监理人管理权和代理权的限制是有效的，通过这一限制，由监理人代表被告签订的合同使他们只能作为部分债务人并以其在合伙企业中的出资份额为限对该合伙企业债务负责。此类有限制的授权书也是被法律允许的。[1]

---

[1] Ulmer in MünchKomm, BGB, §714 Rdn. 29; Staudinger/Keßler, BGB, 12. Aufl., §714 Rdn. 13.

监理人的有限代理权在合同中被明确提及，因此原告对此知情。被告责任限制的有效性是否取决于原告知晓监理人的有限代理权，或者代理权的限制必须对原告而言是足够明显的，或者甚至这一代理权的限制必须与原告商定，在本案中无须裁决。

原告在原则上也有权根据《德国民法典》第648条的规定，对被告的建设工程行使留置权。

被告不能仅仅因为声称原告安装并交付的窗户有瑕疵而拒绝支付原告部分报酬。诚然，如果施工人的工作有瑕疵，他就不能要求为其由于合同而产生的债权对建设工程行使留置权。① 然而，在本案中不能直接假定原告因为此瑕疵不能对该建设工程行使留置权。这是因为上诉法院没有对原告的工作在多大程度上存在瑕疵并且原告的工作因此验收不合格作出裁决。

原告的请求也不因被告的以其在合伙企业出资份额为限的赔偿责任而被排除。尽管对被告的赔偿责任进行了有效的限制，但他们作为民法合伙企业的股东，是原告所做工作的定作人，原告作为股东也有权享有不可分割的房产建筑权。因此，该担保物的抵押人和工作的定作人并不是两个不同的人。作为合伙企业共同财产一部分的可继承房产建筑权的所有者和作为定作人的发包人是同一个人。

通过原告请求的建筑施工人留置权对可继承的房产建筑权进行抵押也不影响被告以其在合伙企业中出资份额为限的赔偿责任。原告从其建筑施工人留置权中获得的权利仅根据《德国民法典》第1184条第1款规定的债权来确定。因此，债权人不能通过抵押权登记来证明其债权存在。在土地登记册上登记的以原告为抵押权人的建筑施工人留置权，只担保了对作为民法合伙企业股东的被告的部分债权。因原告监理人的有限授权，被告无须承担连带责任，但是这并不是登记留置权的先决条件，至少在本案中，所有股东都需按比例对该债权承担责任。

与上诉法院意见不同的是，原告关于授予留置权的请求并没有根据"格式条款"第68条所规定的条款而被排除。因为这一条款通过不

---

① Senatsurteil BGHZ 68, 180.

合理的方式使原告处于不利地位,进而违背了诚信原则的要求。因此根据《德国格式条款法》第 9 条,该条款是无效的。

上诉法院认为被告的监理人在"格式条款"中包含的条款不是一条让人意想不到的条款(《德国格式条款法》第 3 条),这是没有法律错误的。

格式条款中的某一条规定,特别是根据合同的整体情况,是如此的不寻常,以至于合同方没有预料到格式条款中有这样的规定。这一规定通常具有内在的惊喜或欺骗效果,并且其内容与合同方的期望之间存在明显的差异。该条款必须包含一个合同方在这种情况下无法合理预期的规定。如果该条款被将放置在合同中一个意想不到的地方,也可以使其成为一个不寻常的因而令人意想不到的条款。①

因此,"格式条款"中的第 68 条不能被视为一个令人意想不到的条款。原告需考虑到,被告可以要求其放弃建筑施工人留置权。因此,原告不可能对"格式条款"中第 68 条的规定感到意外。从该合同的整体状况来看,尤其是从"格式条款"的结构来看,该条款也没有如此不寻常,以至于成为一个令人意想不到的条款。

然而,根据《德国格式条款法》第 9 条,该条款不满足法律对格式条款内容的要求。

承包人因《德国民法典》第 648 条而请求建筑施工人留置权是否能被格式条款排除的问题在学术界存在较大的争议。联邦最高普通法院也尚未就这一问题作出裁决。

普遍的意见认为根据《德国格式条款法》第 9 条的这种排除在原则上是无效的。②

一些观点认为,如果不给予另一种担保,格式条款中的排除条款

---

① Senatsurteil BGHZ 84,109,112/113.
② Jagenburg BauR 1977, Sonderheft 1, 10 f; Locher, Das private Baurecht, 3. Aufl., Rdn. 432; Löwe/von Westphalen/Trinkner, Kommentar zum AGB-Gesetz, § 9 Rdn. 71; Palandt/Heinrichs, BGB, 43. Aufl., § 9 AGBG Anm. 7 g; Schlosser/Coester-Waltjen/Graba, AGBG, § 9 Rdn. 69; Staudinger/Schlosser, BGB, 12. Aufl., § 9 AGBG Rdn. 99; Ulmer/Brandner/Hensen, AGB-Kommentar, 4. Aufl., Anh. §§ 9-11 Rdn. 213; Werner/Pastor, Der Bauprozeß, 4. Aufl., Rdn. 155; auch LG Frankfurt AGBE III § 9 Nr. 17 a.

只会不合理地对合同方产生不利影响,进而违反诚信原则。①

与此同时,少数派认为,鉴于《德国民法典》第648条的保护作用相对较低,《德国格式条款法》第9条并不阻止通过格式条款对建筑施工人留置权进行排除。②

参议院认为"格式条款"中的第68条排除了根据《德国民法典》第648条承包人对建筑施工人的留置权的请求,并且没有给予其他的担保。根据《德国格式条款法》第9条,该条款是无效的。这样的条款不符合《德国民法典》第648条的基本立法思想,通过不合理地使用"格式条款"让格式条款使用者的合同方处于不利地位的行为违背了诚信原则的要求。

《德国民法典》第648条为建设工程的承包人提供了一种首选的、可迅速实现的担保手段。这一方面是由于承包人有义务提前履约,另一方面是由于发包人的财产通过承包人的履约获得了附加值,因此建筑施工人留置权是合理的。根据《德国民法典》第946条,承包人因在不动产中安装动产而丧失所有权,并且不能通过保留所有权或占有留置权来保证承包人可以获得价款,甚至在他的工程价款债权到期之前,就应给予他一种信用担保手段。③ 承包人被格式条款剥夺了这种可能性,并且没有得到其他的担保(如银行担保或金钱或证券的担保),发包人单方面并以承包人利益为代价,以滥用的方式保护自己的利益。

并且,与上诉法院的意见不同的是,扣押的可能性或合同约定的分期付款并不是一种充分的担保。法院下令扣押需要申请人提出可信的扣押理由,但根据《德国民法典》第648条提出的请求可以通过初

---

① Bunte, Bauverträge und AGB-Gesetz, S. 66 f; Erman/Hefermehl, BGB, 7. Aufl., § 9 AGBG Rdn. 18; Frikell/Glatzel/Hofmann, Bauvertragsklauseln und AGB-Gesetz, S. 193 ff; Groß, Die Bauhandwerkersicherungshypothek, S. 9 ff; Motzke, Die Bauhandwerkersicherungshypothek, S. 156; Palandt/Thomas aaO § 648 Anm. 1; Soergel in MünchKomm, BGB, § 648 Rdn. 2; Wolf/Horn/Lindacher, AGB-Gesetz, § 23 Rdn. 278; auch Glanzmann in BGB-RGRK, 12. Aufl., § 648 Rdn. 2; OLG München BB 1976, 1001; LG Frankfurt AGBE I § 24 Nr. 17.

② Ingenstau/Korbion, VOB, 9. Aufl., B § 16 Rdn. 97; Kapellmann BauR 1976, 323, 328.

③ Senatsurteil BGHZ 68, 180, 183.

步禁令(Einstweilige Verfügung)的方式得到保证,而不必对这一请求提出可信的理由(《德国民法典》第885条第1句)。因此,根据《德国民事诉讼法》启动扣押程序并不构成与《德国民法典》第648条规定的建筑施工人留置权具有同等担保效果的担保手段。

这也适用于合同中约定的分期付款。如果发包人不付款,这种付款方式对承包人的保护经常会失效。双方还商定,只有在完成某些工作后或在某一时期后才应支付此类款项。另一方面,根据《德国民法典》第648条的规定,在通过建筑施工人留置权来确保承包人的工程价款请求的情况中,承包人只需要开始工作,工程价款债权无须到期,承包人即有权行使其留置权。① 重要的是,《通则B》第16条第1项规定了发包人根据施工进度进行付款,但是并不包含任何排除承包人在《德国民法典》第648条中规定的权利。

最后,对承包人的不合理的不利条件并没有因此而消除。正如上诉法院所述,因为他可以在格式条款使用者的情况发生重大变化时,根据《德国民法典》第321条撤销格式条款中对《德国民法典》第648条规定的建筑施工人留置权的排除。在通过合同商定的方式对某一权利进行排除的情况下,承包人是否可以通过对合同进行解读而确定其是否有权对该权利排除进行撤销②,在本案中无须裁决。因为对通过格式条款规定的权利排除的解读与对双方商定的合同的解读是不同的。此外,因为发包人通常不可能同意此类撤销,承包人往往只能通过法律纠纷来澄清他是否有权对该权利排除进行撤销,这不符合《德国民法典》第648条的意义和立法目的,因为第648条旨在给予承包人一种可以迅速实现的担保手段。

同样,建筑施工人留置权的实际价值可能很低,对不同案件的评估可能有很大差异,以及原告具有完全的商人身份,不能因此否认原告的监理人使用的条款设立了不合理的不利条件。即使对建筑施工人留置权的预告登记在实践中也常被用作"施压的手段",但它还是给予了进行预先履约的承包人一个不得单方面剥夺的担保手段。最后,

---

① Senatsurteil BGHZ 68,180,183.
② OLG Köln BauR 1974,282.

作为具有完全商人身份的承包人,至少在他没有得到任何其他适当的担保手段的情况下,也应通过授予建筑施工人留置权对他进行保护。

综上所述,上诉判决不能得到合议庭的支持。因此,该判决须被撤销。由于合议庭无法评估被告所称的原告履约的不足之处,也无法根据《德国民事诉讼法》第565条第3款第1项作出最终裁定,因此必须将该案发回上诉法院重新审理并作出裁定。上诉法院也需对上告费用进行裁定。上诉法院现在必须审查原告的工作是否有瑕疵,以及因此在多大程度上无权根据《德国民法典》第648条的规定请求行使建筑施工人留置权。[①]

(刘易洲 译)

---

① BGHZ 68,180.

判例二

关于设计人的建筑用地抵押权

《联邦最高普通法院民事判决选》第 51 卷,第 190 页以下
BGH,BGHZ51,190

【要旨】

设计人提供从规划(Planung)到当地施工勘查(örtliche Bauaufsicht)的所有服务,他可以根据《德国民法典》第 648 条的规定要求对建筑用地进行抵押,以获得费用(必要时也包括他所编制的静态计算)。

如果因发包人的违约行为导致设计人按照相关合同规定终止发包人与设计人之间签订的合同,发包人须对设计人进行补偿。设计人不仅可以要求获得合同中规定的报酬(但是应扣除节省的费用),而且还可以要求对建筑用地进行抵押。

【事实】

根据 1963 年 6 月 15 日的书面设计合同,原告作为设计人为被告重建了一栋房屋。1964 年 8 月 14 日,被告终止了合同,并将进一步的工作委托给另一位设计人。

原告要求被告支付其应得的报酬,并要求被告对建筑用地进行抵押。地区法院和上诉法院核准了该请求,但不是全额。被告的上告未获成功。

【判决理由】

根据《德国民法典》第 648 条,原告可以要求对被告的建筑用地进

行抵押,以支付其设计费用,包括他有权要求的因编制静态计算而产生的费用。

根据《德国民法典》第648条,"承包人"有权要求因在建设工程合同中产生的债权对建筑用地进行抵押。

"承包人"也包括设计人(如原告),其承担了从规划到当地施工勘查的所有工作(在本案中也包括静态计算)。他因签订的承揽合同参与建筑物的设计①而没有参与建筑物的施工②,但这并不是决定性的。③ 他所作的设计和施工勘查也是工作成果。如果设计人也提供静态计算,由他所编制的静态计算同样属于工作成果。设计人对建筑工程的贡献不亚于建筑工匠通过建筑施工而完成的工作成果,因为他的设计使得建筑物可以按照计划建造完成,并且没有瑕疵。

《德国民法典》第648条赋予承包人对建筑用地抵押的权利,用于保障其应获得的工程价款。这是因为设计人通过其工作增加了建筑用地的价值。然而,建筑用地的价值不仅因建筑过程中增加的实际物质资产和建筑工匠及其助手的体力劳动而增长,还涉及设计人的智力表现,设计人的工作甚至对建筑物的价值起到决定性作用。与上告法院意见相反,设计人本身没有通过使用并加工材料来参与建筑施工并不排除设计人也被视为《德国民法典》第648条意义上的"承包人"。

合议庭已经裁定,设计人对由于其工作瑕疵造成的建筑瑕疵负有责任。④ 合议庭还裁定,《德国民法典》第638条所列的定作人对设计人的索赔请求源于其为建筑物而完成的工作,因此只有在5年后才会失去诉讼时效。⑤ 合议庭认为将设计人的非物质工作与建筑工匠的物质工作进行区别对待是没有依据的。因而根据《德国民法典》第648条的规定,设计人作为"承包人"可以对建筑用地进行抵押也是合乎逻辑的。

原告有权获得他在合同终止前所完成工作的那部分合同报酬。

---

① BHGZ 31, 224.
② RGZ 63, 312, 316; JW 1913, 133; SeuffArch 62 no. 83.
③ BGHZ 32, 206, 207.
④ BGH NJW 1962, 1499; BGHZ 42, 16.
⑤ BGHZ 32, 206.

对于他因被告无故终止合同而无法再完成的工作,他有权获得与合同规定的报酬数额相同的损害赔偿。因此,在决定他的索赔金额时,对于他索赔的设计(其中88.5%是他自称执行的)和架空线(其中60%是他自称执行的)的金额在多大限度上作为合同报酬或作为积极违约的损害赔偿,是不需要进行裁决的。

然而,在本案中,也没有必要决定《德国民法典》第648条是否已经赋予了原告对其在损害赔偿方面所产生的部分债权的抵押权。尽管在这方面,建筑用地的价值并没有因为原告的工作而出现任何增长。积极的违约行为,即被告无故终止合同,使其有义务支付不履行合同的损失。因此,根据《德国民法典》第249条,他们必须使原告处于如果他们没有通过无理拒绝强迫他终止合同的情况下的状态。他们必须恢复原告在能够完成他应完成的工作的情况下会存在的状态。然而这样一来,他不仅可以获得全部合同报酬的索赔,而且根据上述解释,他还可以要求对建筑用地进行抵押,以确保他可以获得全部报酬索赔。因此,从《德国民法典》第249条规定的损害赔偿的角度来看,原告要求按其请求的金额对建筑用地进行抵押是合理的。

(刘易洲 译)

判例三

施工单位的担保留置权：施工单位对后期全部完成的工作而获得的担保留置权预告登记可否使用先前施工单位对部分完成的工作而获得的担保留置权预告登记的顺位

《联邦最高普通法院新法学周刊》2001年，第3701页以下
BGH,NJW2001,3701

【要旨】

对部分完成的工作而授予施工单位的担保留置权（Bauhandwerkersicherungshypothek）预告登记（Vormerkung）的顺位（Rang）不能用于后期全部完成的工作的担保留置权。

【主文】

驳回原告对美因河畔法兰克福高级地区法院达姆施塔特第十三民事法庭于2000年3月29日作出的判决的上告。

原告应承担上告程序的费用。

【事实】

原告要求被告允许其将施工单位担保留置权登记在通过行为保全而获得的预告登记的顺位上。被告曾委托原告建造一栋公寓楼，预付款项将根据施工进度进行支付。

原告以1997年8月13日的第二张预付款账单作为其申请行为

保全的证据。被告在行为保全程序之前和期间都付过款,但存在一笔46335.88马克的未付款项。

1997年12月18日,地方法院下令在被告的土地登记册上进行预告登记,以保证原告的"因建筑合同而产生的46335.88马克的担保留置"得以执行。

1997年12月19日,原告又开出了一张预付款账单,并在诉讼送达前开出了最后一张账单,金额为295085.65马克。

原告声称,根据最后一张账单和另一张账单,减掉被告已经支付的款项,原告有权请求获得剩余的91330.86马克工资索赔。对部分款项在通过预告登记而获得的顺位上进行施工单位担保留置权登记从而进行保全。

地区法院驳回了该请求。上诉法院驳回了原告的上诉。原告就此提出上告。

【判决理由】

一

原告的上告理由不充分。上诉法院驳回了原告将施工单位担保留置权登记在通过预告登记而获得的顺位上的请求是没有法律错误的。

二

上诉法院对此作出如下解释:

行为保全是针对原告具体指定的付款请求而发出的。通过后续的付款,原告的付款请求无可争议地得到了满足。原告对于行为保全的具体需求已经不再存在了。如果现在原告因同一建筑合同下的工程付款请求尚未得到满足而再次请求行为保全,那么原告无法继续使用上一次通过预告登记而获得的顺位。

三

这经得起法律的检验。

在上告程序中,必须假定对原告有利的是,原告仍有权要求被告支付剩余工程款,并可向被告要求担保。但是,原告不能通过预告登记而获得的顺位请求通过对施工单位担保留置权进行登记来保全其剩余工程款的请求权(《德国民法典》第648条第1款第1句)。正如上诉法院所作的解释,预告登记保全的是行为保全的请求权,得到保全的是在预告登记中所登记的通过行为保全而保全的请求权。[①]

通过预告登记保全的对担保留置权进行登记的请求权主要基于1997年8月13日的账单(《德国民法典》第648条第1款第2句)。预告登记指出被保全的请求权是因建筑合同而产生的债权。上诉法院在考虑到行为保全的基础上对预告登记进行了正确的解释,它认为只有在1997年8月13日的账单上的未付款项被保全,这是申请行为保全后的结果。原告明确指出其行为保全基于1997年8月13日的账单,并以这张账单中尚未支付的款项来证明其需要保全的索赔金额(《德国民法典》第648条第1款第2句)。

通过预告登记获得的用于登记担保留置权的顺位(《德国民法典》第883条第3款)仅适用于通过预告登记所保全的债权(《德国民法典》第883条第1款、第879条第1款)。预告登记具有强烈的附属性。它取决于保全债权的存在,如果它不再存在,预告登记也失去其效力。这样一来,土地登记就不再正确,预告登记则必须被删除。[②]

《德国民法典》第648条第1款第2句规定的保全债权的基础通过支付1997年8月13日账单上的未付款项而不复存在,土地登记则因此变得不正确。

上告法院认为,为了保障施工单位的利益,施工单位应该被允许将因已经完成的工作而获得的顺位用于其担保留置权或者后期完成的工作,因为这样可以避免施工单位在施工过程中反复寻求其担保权利。这与预告登记的强烈附属性(Strenge Akzessorietät)是无法调和的。

原告对担保留置权的登记不可以使用通过行为保全登记的预告登记所占有的顺位,因为需要保全的债权已不复存在。

(刘易洲 译)

[①] BGH, Urteil vom 17. Mai 1974-V ZR 187/72, NJW 1974, 1761, 1762=BauR 1974, 419, 420.

[②] BGH, Urteil vom 26. November 1999-V ZR 432/98=BGHZ 143, 175, 179.

第六编
建筑师合同

判例一

设计合同:在规划住宅建筑前审查发包人的经济状况;发包人在基本设计规划框架内的成本估算的约束性质

《联邦最高普通法院民事判决选》第 197 卷,第 93 页以下
BGH,BGHZ197,93

【要旨】

如果设计人在没有基于可靠的信息了解发包人经济状况的情况下进行住宅建筑的规划设计,在一般情况下应被视为违反其合同义务。

发包人在基本规划过程中向设计人表达的成本预期具有约束力,因为它们决定了可改变的设计规划框架,并且如果设计人也认可该成本预期,那么该成本预期在一般情况下也成为合同的一部分。

如果该成本预期并不包含确切的工程价款上限(Bausummenobergrenze),而只是对工程价款进行大致估算,并以此来确定成本高低,那么该成本预期也应在解读合同时被考虑。

【主文】

根据被告的上告,2011 年 11 月 2 日班贝克地区高院第三民事法庭的判决在费用方面的裁决和对被告不利的裁决被撤销。

该案件被发回上诉法院重新审理并裁决,包括对上诉程序费用的裁决。

【事实】

原告要求被告支付因其丈夫提供的建筑设计服务而产生的费用。原告是其丈夫（建筑师 M.）的继承人。

被告委托 M. 对一栋住宅楼进行第 1 至第 4 阶段的工作（《设计师及工程师费用条例》第 15 条第 2 款）。双方争议的是成本预期的金额。由被告签署的 1998 年 9 月 28 日的建筑申请书显示，建筑工程成本共计 1541700 马克。该申请于 1999 年 3 月 15 日被批准。据被告称，他没有完成该建筑项目，因为建筑工程成本远远超过了他向 M. 提供的 80 万马克的预期。

原告要求被告支付 27887.89 欧元的建筑设计费用。地区法院根据该请求作出裁决。对此被告提起上诉，上诉法院将应支付的金额减少到 25940.56 欧元，并驳回了其余上诉。被告对此提起上告，合议庭对该上告进行受理，被告要求驳回诉讼。

【判决理由】

基于被告的上告，对其不利的上诉裁决被撤销，该案件被发回上诉法院。

双方之间的法律关系受《设计师及工程师费用条例》（第五次修正版本）和《德国民法典》的约束。[①]

上诉法院裁定收费要求为 25940.56 欧元。这项索赔请求基于被告接受了 M. 的工作，他在由 M. 制订的建筑设计规划的基础上提交了一份建筑申请。该申请也得到了建筑当局的批准。

被告无权因所谓的超过工程价款而提出反诉。负有举证责任的被告没有证明已就 80 万马克的工程价款上限达成一致。从证人的陈述中可以看出，双方只是讨论了可能的建筑成本，但被告没有向 M. 提供具体的金额。从证人的陈述中可以看出，被告也参与了策划。

这一点经不起法律的推敲。

---

① BGBl. I 1995, 1174, BGBl. I 1996, 51.

如果根据设计人的设计,工程建设需要的生产成本高于设计合同各方商定的成本,那么该设计成果不符合商定的质量要求。设计人有义务遵守发包人设定的建筑成本。在这样做的时候,他不仅需要遵守商定的工程价款上限①,他还有义务在设计中考虑到发包人对成本的预期。②原则上,设计人必须在基本规划评估过程中询问发包人对成本的预期。这是因为设计人在这个规划阶段已经被要求确定该建筑工程项目的成本估算。③特别是在发包人是自然人的情况下,他们的财务状况并不公开,而且通常无法估计他们对建筑工程成本的承受能力,因此有必要在设计开始前对成本预期进行商讨。如果设计人在没有根据可靠的信息对发包人的经济状况进行了解的情况下进行建筑工程的规划,那么他在一般情况下违反了其合同义务。他必须摸清发包人的经济状况,不得在不考虑发包人财务状况的情况下对建筑工程进行规划。④

发包人在多大程度上充分表达了他对建筑成本的预期,必须通过对个案的评估来确定。关于建筑工程成本不应超过某一最高数额的声明,充分表达了发包人对建筑工程的成本预期。⑤发包人并不一定要向设计人表明他对成本的预期。在个别案例中,成本预期也可以由与设计人进行讨论的家庭成员提出,并且发包人没有对此进行反驳或以其他方式表明该家庭成员的想法也是他的想法。发包人在基本规划评估过程中向设计人表达的成本预期对设计人具有约束力,因为该成本估算决定了可以改变的设计规划框架,并且如果设计人不反对的话,该成本预期自动成为合同的一部分。⑥如果设计人声明他能够按

---

① BGH, Urteil vom 23. Januar 2003-VII ZR 362/01, BauR 2003, 566 = NZBau 2003, 281 = ZfBR 2003, 359; Urteil vom 13. Februar 2003-VII ZR 395/01, BauR 2003, 1061 = NZBau 2003, 388 = ZfBR 2003, 452.

② BGH, Urteil vom 24. Juni 1999-VII ZR 196/98, BauR 1999, 1319 = ZfBR 2000, 28.

③ BGH, Urteil vom 11. November 2004-VII ZR 128/03, BauR 2005, 400 = NZBau 2005, 158 = ZfBR 2005, 178; Urteil vom 17. Januar 1991-VII ZR 47/90, BauR 1991, 366 = ZfBR 1991, 104.

④ Kniffka, Bauvertragsrecht, § 633 Rn. 99.

⑤ Locher/Koeble/Frik, HOAI, 11. Aufl., Einleitung Rn. 185.

⑥ Löffelmann/Fleischmann, Architektenrecht, 6. Aufl., Rn. 2137.

照成本预期进行设计,那么在解读合同时需考虑该成本预期。① 设计合同的性质决定了并非所有的与设计相关的信息在合同签订时就已经确定下来,而是逐渐在设计过程中被确定,并成为合同的一部分。在设计规划过程中确定的与设计相关的信息也包括发包人对建筑工程的成本预期,如果该成本预期在签订合同时没有被明确表达出来的话,即使发包人只是对工程价款进行了粗略的估算,那么此成本预期在解读合同时也应被考虑。② 通常情况下,这些成本估算定义了一个发包人不希望超过的成本估算。如果发包人在披露他的成本估算时,明确指出了一个估算的"近似"金额,那么这个估算的金额对于设计人而言是应该被"近似"遵守的。一个"估算金额"在多大程度上留有"向上"的规划余地,需要根据不同案情而进行判断。在设计过程中,设计人须消除发包人对可能产生的并由发包人承担的工程成本的疑虑。③ 例如,设计人可以作出他对工程成本的估算。如果该估算在"近似"成本的范围内,设计人至少可以在与发包人对成本问题进行讨论后,相信发包人会反驳成本计算中提出的建筑成本,并对尚不精确的陈述进行补充。④ 如果发包人没有对设计人作出的建筑成本估算进行反驳,设计人可以在他的成本估算的基础上制订进一步的规划。这同样适用于在合同内容还没有完全确定的情况下对建筑成本进行的估算。在建筑申请中的信息一般不适合用来确定设计合同的内容,它们只能用于对合同某些内容进行解释。⑤

从上诉判决书中可以看出上诉法院的法官并没有严格遵守上述原则。上诉法院只认定 80 万马克为工程价款的上限,但是忽视了被告对工程价款的某些限定。然而这些限定在本案中并不一定需要讨论。被告的妻子和被告的父亲向 M. 表达了大约 80 万马克的成本估

---

① Locher/Koeble/Frik, HOAI, 11. Aufl., Einleitung Rn. 185, unter Berufung auf OLG Düsseldorf, BauR 2002, 1583.
② Locher/Koeble/Frik, HOAI, 11. Aufl., Einleitung Rn. 185.
③ Wirth in Korbion/Mantscheff/Vygen, HOAI, 6. Aufl., Einführung Rn. 237.
④ Löffelmann/Fleischmann, Architektenrecht, 6. Aufl., Rn. 2140; OLG Celle, BauR 2008, 122, 123.
⑤ BGH, Urteil vom 13. Februar 2003-VII ZR 395/01, BauR 2003, 1061 = NZBau 2003, 388 = ZfBR 2003, 452.

算,而且每次讨论时被告都在场,并且没有反驳他们,这一情况足够表明被告认可了 80 万马克的成本估算。在没有其他迹象的情况下,M.须考虑这一情况,除非他自己不认可这一估算并给出一个与之不同的成本估算。被告或他的雇员 N 博士所说的建造成本是 600 马克/立方米的事实不可以被视为对成本估算的不认可。被告不需要只因此就认为由 M.设计规划的房屋所需的建筑成本远远高过他的成本估算。也没有证据表明被告知道由 M.设计规划的房屋所需的建筑成本远远高出他的成本估算。相反,M.无权假设这些成本估算不具有约束力。M.不可以将他单方面作出的成本估算作为设计的基础。在被告希望扩展设计规划愿望的情况下,M.也要遵守被告的成本估算,并向他指出新的期望超出了他给出的成本估算,这属于 M.的合同义务。[①] M.没有履行这一义务(在上告中也采纳 M 没有履行这一义务的裁判)。特别是,在提交成本估算或成本计算后,他没有对成本估算进行更新。原告在审判过程中才提交成本估算。根据被告的陈述(在上告中也认为被告的陈述是正确的),他并没有收到成本估算。

仅仅是被告签署了建筑申请书这一事实,并不足以证明双方商定的成本估算偏离了被告最初表达的约 80 万马克的成本估算。根据被告在证据中的陈述,他在非常仓促的情况下签署了建筑申请书,没有注意到其中所述的工程价款。上告法院假定这一陈述是正确的,因为正如上告人所述,上诉法庭对此没有取证。此外,证人 N 博士陈述说,合同双方没有讨论过费用问题。

上诉法院在认定合同双方没有商定 80 万马克作为工程价款上限时,主要考虑到被告一直参与了房屋的设计规划。这只能证明设计规划的房屋符合被告的想法,但对于他是否准备接受成本过高的房屋来说,并不是决定性的。

因此,合议庭不能支持上诉判决,因为不能排除 M.的设计规划不符合合同要求,即对被告来说该房屋无法使用,因为 M.设计规划的房屋需要高于 150 万马克的工程价款。上诉法院需重新进入取证阶段,并根据合议庭的法律意见对房屋质量约定的取证重新进行评估。新

[①] BGH, Urteil vom 3. Juli 1997-VII ZR 159/96, BauR 1997, 1067＝ZfBR 1998, 22.

的口头听证会也将使上诉法院有机会审查其关于 M. 的设计规划服务已被验收的观点。诚然,对设计规划工作的验收也可以通过发包人签署建筑申请并且在授予建筑许可后对该设计规划进行默许。然而,如果发包人没有机会检查设计规划是否符合合同规定,就无法采纳对设计规划进行默许这一观点。根据被告的证据,这种情况是可能的。如果这仍然是相关的,上诉法院将不得不审查可能的损害赔偿请求,这一请求权基于 M. 未履行其义务,即在基本设计规划的范围内确定建筑工程所需的成本,并将建筑工程可能产生的成本充分告知被告,使被告有机会将这一成本估算作为其接受建筑工程合同的重要依据。

(刘易洲 译)

判例二

关于在不履行义务(《德国民法典》第635条)的损害赔偿案件中适用《德国民法典》第426条

《联邦最高普通法院民事判决选》第43卷,第227页以下
BGH,BGHZ43,227

【要旨】

根据《德国民法典》第635条因违反监督职责(Aufsichtspflichtverletzung)而被发包人要求赔偿的设计人可以根据《德国民法典》第426条向承包人提出赔偿请求。

【事实】

被告于1958年由承包人E.建造了一栋单户住宅。他将规划、施工管理和施工监督委托给原告。在完工后,被告于1959年入住,并发现该建筑存在各种瑕疵。出于这个原因,被告拒绝向承包人支付部分工程报酬。在随后的法律纠纷中,被告与承包人达成和解,只需向其支付6000马克,而不是要求的15000马克及其10%的利息。此后发包人和承包人之间互不相欠。根据目前的事实调查结果,被告在达成和解时,只可以根据《德国民法典》第633条第2款第1句要求承包人消除瑕疵,但无权根据《德国民法典》第635条对后者提出不履行义务的赔偿请求。

1960年4月,原告向被告提出索赔,要求其支付剩余的6595马克的费用及利息。由于建筑物的瑕疵,他没有通过和解得到充分的赔

偿,被告拒绝支付。他认为,原告对出现的瑕疵也负有责任。他的设计是有问题的,并且他违反了监督的义务。这些瑕疵在很大程度上是由于在没有地下室的房间里,潮湿的矿渣被涂在了保温混凝土层上,并且向上隔温,原告本该阻止湿矿渣被运进来。

地方法院驳回了该请求。上诉法院驳回了原告的上诉。原告继续在上告中提出他的请求。

第七民事合议庭认为,根据上诉法院的事实调查结果,原告违反了其监督义务,并且这些调查结果是没有法律错误的。他应该阻止湿矿渣被运进来。然而,合议庭认为,主要责任在于将湿矿渣运进来的承包人。然而,在与承包人达成的和解中,发包人声称放弃因这些瑕疵而对承包人提出进一步索赔的权利。因此,他不能再向承包人提出索赔。

第七民事合议庭的关注点在于:在原告对被告,即承包人的损害负有责任的情况下,是否有权向发包人提出赔偿请求。合议庭认为,上诉法院的裁决可以在满足如下条件时得到支持:即虽然发包人已经与承包人达成了和解,但是因瑕疵而被发包人要求赔偿的设计人可以向承包人要求赔偿。

根据《德国法院组织法》第137条,第七民事合议庭将此问题提交给民事大合议庭,以便对以下问题作出裁决。即发包人根据《德国民法典》第635条对违反监督职责的设计人提出损害赔偿请求,设计人是否可以根据《德国民法典》第426条对承包人提出赔偿请求。

民事大合议庭对这个问题作出了肯定的回答。

【判决理由】

民事大合议庭以及联邦最高普通法院第六和第三民事合议庭都指出,共同义务(Gesamtschuldverhältnis)的前提是两个义务之间存在内部联系(法律目的共同体)。[①] 通常情况下,设计人和承包人之间没有合同关系。然而,发包人与两者均签订合同,根据合同,他们有义务提供服务,其结果是按照计划和无瑕疵地建造建筑物。为了实现这一

---

① BGHZ 13,360;365;19,114,123;28,297,300.

目标,设计人和承包人紧密合作。因此,他们之间存在着密切的法律目的共同体,这绝不仅仅是巧合,而是符合发包人计划的,正如同联邦最高普通法院在以前的判例中认定的承担连带责任所需的法律目的共同体。

然而,设计人和承包人是否以及何时"各自有义务提供全部服务,但发包人只有权要求提供一次服务"(《德国民法典》第421条)的问题还有待回答。在回答这个问题时,民事大合议庭同意第七民事合议庭的判例,即发包人与设计人的合同,就像与承包人的合同一样,一般是承揽合同。设计人承诺的工作一般包括施工规划与现场监督。① 然而,设计人在与发包人缔结的合同基础上所应交付的工作成果不是作为实物的建筑物本身。② 虽然他应交付的工作成果是对建筑物进行设计,但是他必须通过对现场施工进行监督以确保建筑物按计划完成施工,并且没有瑕疵。③ 而承包人只对他应交付的建筑工程,即砖石、地板等的无瑕疵生产负责。

因此,只要给付障碍不改变合同义务内容,在《德国民法典》第421条的层面上,设计人与承包人承担不同的责任。设计人或承包人履行了其应交付的工作成果,并不代表另一个人的义务也被履行。因此,就建筑物的建造而言,设计人和承包人不是连带债务人。④

另一方面,如果设计人和承包人都因建筑物的瑕疵而根据《德国民法典》第635条的规定对不履行义务负有赔偿责任,则他们应承担共同责任。另外,在履行这一赔偿责任方面,他们之间却存在着以往判例在这方面认为必要的法律目的共同体,这一法律目的共同体并不是偶然和无意的产物。这个共同体的目的是,设计人和承包人各自以自己的方式负责补救发包人因其各自有瑕疵地履行合同规定的义务而遭受的同一损害。发包人可以酌情选择让其中一方承担责任。然而,他只能要求履行一次赔偿责任。如果一方对发包人进行赔偿,另

---

① BGHZ 13, 224.
② BGHZ 31, 224, 227; 32, 206; 37, 341; BGH NJW 1961, 269; BGH NJW 1962, 1499.
③ BGHZ 31, 224, 227.
④ BGHZ 37, 341, 344; 39, 261, 264; BGH NJW 1962, 1499.

一方则无须再次赔偿。履行赔偿义务的一方可以根据《德国民法典》第 426 条要求另一方提供补偿。另一方有义务赔偿的程度取决于个案的具体情况。特别是,根据《德国民法典》第 254 条,必须考虑到损害主要是由一方或另一方造成的。① 由此可能出现这样的情况,一个连带债务人对另一个连带债务人不承担任何责任。②

本案与上面讨论的案件不同,在本案中,设计人只需根据《德国民法典》第 635 条的规定赔偿金钱损失,而承包人需根据《德国民法典》第 633 条第 2 款的规定对瑕疵进行补救。第七民事合议庭认为,设计人和承包人在本案中也应被视为连带债务人。虽然他们不承担相同的履约责任,但在此应相应适用《德国民法典》第 426 条第 1 款,因为此利益状况与《德国民法典》第 426 条第 1 款规定的利益状况相符。有鉴于此,该合议庭将此案提交给大合议庭先行进行裁决。

民事大合议庭得出结论,设计人和承包人在本案中也应承担连带责任。《德国民法典》第 426 条第 1 款在本案应直接适用。

然而,在判例中,帝国法院和联邦最高普通法院迄今都隐含地假定,连带债务(Gesamtschuld)的前提是,几个债务人至少在开始时要履行相同的义务。根据此判例,只有当所需履行的义务具有相同的内容时,才能产生连带债务,尽管它们不必完全一致。③ 在法律文献中也经常明确指出,"需履行义务的同一性"是构成连带债务的一个不可或缺的先决条件。④ 恩内克鲁斯(Enneccerus)⑤、良纳(Leonhard)⑥以及克雷斯(Kress)⑦持不同观点。

尽管如此,设计人和承包人所需履行的义务在这里并不是完全不同的,即使设计人必须支付赔偿金钱损失,承包人对瑕疵进行补救,承包人补救瑕疵的义务也会变成金钱赔偿义务(《德国民法典》第 633 条

---

① BGHZ 12, 213;17, 214, 222;26, 217, 222;BGH NJW 1963, 2067.
② BGHZ 17, 214, 222.
③ RGZ 92, 401, 408.
④ Planck, BGB 4. Aufl, § 421 Anm 1; Larenz, Schuldrecht, 6. Aufl, Bd 1 S 371; Soergel/Siebert, BGB, 9. Aufl, § 421 Anm 4; Klingmüller, Jherings Jahrbücher 64, 66.
⑤ Enneccerus in: Allgemeines Schuldrecht des BGB, 1929, S. 719.
⑥ Leonhard in: Allgemeines Schuldrecht des BGB, 1929, S. 719.
⑦ Kress in: Lehrbuch des Allgemeinen Schuldrechts, S. 608.

第 3 款、第 635 条)。相反,在本案中,设计人通常无法根据《德国民法典》第 633 条对瑕疵进行补救,因为仅仅修改一个可能存在问题的计划并不能补救瑕疵,未对施工进行监督也无法弥补该瑕疵。因此,设计人对建筑瑕疵的补救并不是对设计人工作瑕疵的补救。[①] 然而,在特殊情况下,设计人也可自己对瑕疵进行补救,如果发包人不给他机会,就可能违反了《德国民法典》第 254 条第 2 款第 1 句规定的减轻损失的责任。[②] 在这种情况下,如果设计人自己补救瑕疵,他需要做的(至少在结果上),与发包人可以要求承包人做的是一样的。

因此,在这种情况下,设计人和承包人的义务不仅因为他们被一个紧密的法律目的共同体联系在一起,这个法律目的共同体的目标是按照计划和无瑕疵地建造建筑物。并且,一个特别密切的关系也存在于他们的内在关系,因为他们需履行的责任看似不同,实际上是(近乎)相同的。

至少在这种情况下,似乎有必要根据帝国法院的判例,放宽对身份同一性的要求。《德国民法典》第 421 条并不要求这种确切的身份(法条中的"一种"义务表达的是任意的"某一种"义务)。根据《德国民法典》第 421 条,存在连带债务的不可或缺的先决条件是,几个债务人对债权人负有责任,并且其中一个债务人的履约行为可以被视为对债权人责任的履行。如果承包人补救了瑕疵,发包人就不能再根据《德国民法典》第 635 条对设计人提出索赔,因为损失已经得到补救。另一方面,如果设计人对金钱损失进行了赔偿,那么《德国民法典》第 633 条第 2 款所追求的目的就已经达到了,因为发包人已经得到了《德国民法典》第 633 条第 3 款所规定的补救瑕疵的必要材料。除了提供补救瑕疵的必要材料外,根据《德国民法典》第 633 条第 3 款,发包人不能要求设计人对瑕疵本身进行补救。由此可见,设计人和发包人各自的行为对双方均有利。

《德国民法典》第 421 条适用于这种情况也基于如下考量:这里的情况类似于通过侵权行为伤害第三方的几个债务人之间存在的情况。

---

① BGH NJW 1962,1499.
② BGH NJW 1962,1499.

由于这些债务人在侵权行为中造成了损害,他们因此结合在一起。根据《德国民法典》第 840 条,他们作为连带债务人承担责任。建筑物的错误施工可能同时对发包人的其他财产(如家具)造成损害。根据《德国民法典》第 823 条和第 840 条第 1 款,设计人和承包人必须作为连带债务人对损害进行赔偿,据此,如果发包人向其中一个债务人要求金钱赔偿未果,他也可以向其他债务人要求实物赔偿。那么,如果设计人和承包人根据《德国民法典》第 633 条及以下条款有瑕疵赔偿责任,显然也要承担连带责任。

设计人和承包人所负责任不同,并不妨碍他们根据《德国民法典》第 426 条第 1 款第 1 句进行赔偿。即使是在几个债务人最初负有相同责任的连带债务中,也可能出现债务人内部相互赔偿的内容与债权人对负有赔偿责任的债务人请求内容不同的情况,如几个债务人作为共同债务人应赔偿一个不可分割的东西,而该责任是由其中一个人履行的。这种情况下,内部赔偿请求只能由未履约的债务人向履约的债务人进行金钱赔偿。同样,如果设计人已经为不履行义务进行了金钱补偿,而承包人也因此被免除了补救瑕疵的义务,那么承包人应对设计人进行相应的金钱补偿。

鉴于设计人和承包人在法律上有密切的法律目的联系,他们所应完成的工作成果并非完全不同,而且必须以实物补救瑕疵的人的义务也可以成为以金钱支付的损害赔偿义务。所以他们在此应承担连带责任,虽然设计人和承包人的工作成果并不完全相同。民事大合议庭并没有对根据《德国民法典》第 426 条第 1 款第 1 句的赔偿是"平均分配"还是以其他方式进行这一问题进行回答。在一些情况下,设计人的监督责任相较于承包人的违约责任是十分重要的,以至于设计人和承包人在内部关系中应对赔偿责任进行分配。《德国民法典》第 254 条对内部赔偿责任分配的规定具有较大灵活性,这使得在实践中能够找到比无因管理和不当得利更好的解决方案。

(刘易洲 译)

判例三

总承包人在承揽合同下的义务；
在涉及过渡性法条的案件中
常规诉讼时效期的开始

《联邦最高普通法院新法学周刊—判例报告》2008年，第260页以下
BGH，NJW-RR2008,260

【要旨】

交给买受人的销售说明书(Prospekt)对于评价总承包人承担何种合同义务的问题具有决定性意义。

如果诉讼时效期限是基于《德国民法典》第195条的常规时效期限，那么在涉及过渡性法条(Überleitungsfälle)的案件中，应根据《德国民法典》第229条第6款第4句的规定，在考虑《德国民法典》第199条第1款要求的主观前提下确定其开始时间点(Fristbeginn)。[①]

【主文】

驳回被告对杜塞尔多夫高级法院第五民事合议庭于2006年9月28日作出的判决的上告。

被告应承担上告程序的费用。

【事实】

原告因与被告签订的建设工程合同而请求赔偿。

---

① BGH，Urteil vom 23. Januar 2007，XI ZR 44/06，BGHZ 171，1.

原告通过 1998 年 5 月 7 日的公证合同，购买了一幢由两层楼组成的阁楼公寓（Dachgeschosswohnung），该公寓仍需被告建造。在被告发布的销售说明书中，被告将该公寓宣传为阁楼式小套房，上层（阁楼）的平面图显示有一张双人床，配有床头柜和其他家具。该公寓于 1999 年 5 月 10 日被验收，由被告为原告出租。2002 年，建筑监察部门（Bauaufsichtsamt）禁止将上层楼房用于住宅，只允许将其作为储藏室（Abstellraum）使用。

在 2005 年 4 月 28 日送达的诉讼中，原告要求被告赔偿 13357.85 欧元以及因公寓价值减少而产生的利息。

地区法院因被告提出的诉讼时效抗辩驳回了原告诉讼。

上诉法院允许该诉讼，并准许上告。

被告通过上告请求维持地区法院的判决。

【判决理由】

上告理由不充分。

一

上诉法院认为被告的工作根据旧版《德国民法典》第 633 条第 1 款是有瑕疵的。该公寓应具备的条件特征包括：阁楼上的房间可以被允许作为公寓使用。这与实际合同文件中没有反映出将阁楼用于住宅用途（该用途并不违反相关建筑条例）的事实并不矛盾。公寓的条件特征不仅可以在销售合同中体现，也可以由其他情况确定，只要这些情况在缔结合同时仍然存在并不违反相关法律条例即可。在判断合同内容时，如果声明的相对人认识到行为人的真实意图，并在了解这一意图的情况下签订合同，那么即使这一意图只是合同一方的想法也可能对合同内容具有重要意义。买受人关于阁楼可以不受限制地用于居住目的的想法已经成为合同的一部分。从销售说明书上可以看出，被告提供的是一个套房（Maisonettewohnung），即"在建"的两层楼房。由于销售说明书上有家具，所以给人的印象是，这个房间可以作为卧室使用，从而达到生活的目的。审计师（Wirtschaftsprüfer）提供给原告的计算实例也显示居住面积为 42 平方米。扣除阁楼后，该公寓的居住空间只有约 34.68 平方米。

上诉法院认为,原告的损害赔偿请求没有超过诉讼时效。

根据旧版《德国民法典》第 195 条,从 1999 年 5 月 10 日的验收开始,可以有一个 30 年的诉讼时效期,因为被告以欺诈方式隐瞒了旧版《德国民法典》第 638 条第 1 款意义上的瑕疵。根据《德国民法典施行法》第 229 条,自 2002 年 1 月 1 日起适用的诉讼时效也适用于在该日尚未超过诉讼时效的索赔请求。

因此,30 年的诉讼时效被 3 年的常规诉讼时效所取代(新版《德国民法典》第 195 条、第 634a 条第 3 款第 1 句)。该期限从债权产生并且债权人意识到引起债权的情况和债务人身份或在没有重大过失的情况下应意识到引起债权的情况和债务人身份的那一年的年底开始。根据新版《德国民法典》第 634a 条第 3 款第 2 句,诉讼时效不得少于 5 年。

《德国民法典施行法》第 229 条第 4 款第 1 句进一步规定,较短的时效期限应根据新的诉讼时效计算方法自 2002 年 1 月 1 日起开始计算。因此,3 年的时效期应于 2004 年 12 月 31 日结束。在这一点上,普遍的意见是,应参考新版《德国民法典》第 199 条第 1 款的规定来确定时效的开始。合议庭对此表示赞同。由于无法确定原告是否在 2002 年 1 月 1 日之前就已经意识到引起债权的情况,诉讼时效期限不应该在 2002 年年底之前开始计算。并且在本案中,诉讼时效因提起诉讼而适时中断。

二

上告法院针对这一点的改判意见是不成立的。

上诉法院裁判无误。被告以欺诈方式隐瞒了公寓中的瑕疵,被告提出时效抗辩无效。

上诉法院裁判无误。原告的公寓有瑕疵,与约定的条件特征有很大偏差。在这一点上,上诉法院的法律考量无误,并且没有无视任何公认的解释原则。

上诉法院的意见是正确的,并且没有受到上告法院的质疑,即在购买合同中没有关于居住空间面积的信息,如果总承包人在签订合同时知道买受人意图,那么买受人的单方面想法对合同的内容是有重要意义的。①

上诉法院认为,被告知道原告因从被告处收到的文件而产生将阁楼用作公寓的想法,这在法律上是没有错误的。

在评估被告应履行的合同义务时,上诉法院着重参考了被告的销售说明书,这是正确且必要的。其中显示了一个"正在建造"的两层楼的小套房,在上层(阁楼)有一张带床头柜和其他家具的双人床。然而上告法院指出,在公证合同中,顶层只被描述为"储藏室",建筑师在计算居住空间面积时将其刨除。然而,这并不妨碍法院在解释合同时将重心放在销售说明书上。根据法院查明,原告的购买决定是基于销售说明书上的信息,上诉法院在此基础上对总承包人在承揽合同框架下应交付的工作成果的考量并不违反公认的解释原则并且没有法律适用错误,即使上诉法院在判决中没有充分考虑建筑说明和建筑图摘录。

上告人对上诉法院认定被告进行欺诈性隐瞒提出的质疑是徒劳的。

如果一方知道某种情况与另一方的决定有关,他本有义务诚实地披露该情况却没有披露,这一行为就是"欺诈性隐瞒"。② 对此,总承包人是否有意识地承担违反合同的后果并不具有决定性。欺诈也不以具有伤害意图或获得利益为前提。

根据上诉法院的查明,被告知道作为套房出售的公寓应当具备的条件特征,即由两层楼组成的适合居住并且不违反相关建筑法律法规的公寓。这对原告的购买决定是很重要的,如果他知道真实情况,就不会签订包含这种内容的合同。上诉法院还认为,可以肯定的是,获得建筑许可证的被告知道阁楼用于住宅的做法没有得到批准。相反,上告法院认为在评估欺诈意图时具有决定性意义的情况应该是购买协议及其所附文件,其中显示阁楼是一个储藏室,然而这些情况在本案中并不具有实质意义。这些情况并没有反驳被告的欺诈意图,而是

---

① BGH, Urteil vom 8. Januar 2004-VII ZR 181/02, BauR 2004, 847=ZfBR 2004, 359=NZBau 2004, 269.

② BGH, Urteil vom 23. Mai 2002-VII ZR 219/01, BauR 2002, 1401=ZfBR 2002, 680=NZBau 2002, 503.

证实了这种意图。

　　上诉法院裁判无误,根据《德国民法典施行法》第 229 条编号 6 第 4 款第 1 句及《德国民法典》第 195 条的规定,不仅 2002 年 1 月 1 日这一时间点是决定性的,还必须满足新版《德国民法典》第 199 条第 1 款第 2 项的要求,才可以开始计算诉讼时效。

　　关于在《德国民法典施行法》第 229 条编号 6 第 4 款第 1 句规定的过渡情况下,如何计算《德国民法典》第 195 条规定的 3 年诉讼时效期限的问题(这也是上诉法院允许上告人提起上告的原因),联邦最高普通法院第十一合议庭已经作出裁定,该合议庭认同上诉法院的法律适用,并认为上诉法院的法律考量是正确无误的。

　　根据上诉法院的查明(此结果没有受到上告人质疑),可以确定的是,原告在 2002 年才意识到引起债权的情况(《德国民法典》第 199 条第 1 款第 2 项)。因此,新版《德国民法典》第 195 条的常规诉讼时效期限在 2002 年年底开始计算,在 2005 年 4 月 28 日诉讼送达时尚未到期,这是没有法律适用错误的。

(刘易洲　译)

第七编
侵权相关的判决

判例一

建筑物施工中有瑕疵的承揽给付：侵权责任的范围

《联邦最高普通法院新法学周刊》2021年，第1883页以下
BGH,NJW2021,1883

【要旨】

建筑物施工中有瑕疵的承揽给付所导致的侵权责任范围。

【主文】

根据原告的上告，位于罗斯托克的州高等法院第五民事合议庭于2019年11月29日作出的判决被撤销。

本案发回上诉法院重新审理并作出裁判，包括就上告程序的费用另行审理并作出裁判。

【事实】

原告保险公司就建筑物水损而受让的权利向被告请求损害赔偿。

原告的投保人是一个体育馆的所有人，其于1995年建造了该体育馆。被告在大厅的卫生区进行的安装工作于1995年4月13日被验收。

原告声称，其在2009年3月察觉到在体育馆地下室的湿润室区域有水损现象，且在2009年7月发现有七个取水处存在漏水现象。被告错误、机械地锯短水龙头延长部分和不被允许地对连接处进行密封是导致漏水的原因。由于工作的实施不符合有效的技术规则，连接

的紧密性和稳定性没有得到保证。管道漏水在墙体和地板结构中扩散,导致湿气渗透。作为预防措施,所有水龙头的延长部分于2009年7月被更换。原告提出的索赔要求是赔偿因为使先前已经存在的建筑部件①湿透而由缺陷引起的进一步的损害。由于当被告送来这些安装材料时建筑物已经竣工,故受损害的部件与之没有直接的功能上的联系。尽管被告的作业存在缺陷,体育馆在整体上仍可被用于预定的目的。损害评估和水损修复造成的费用共计243944.72欧元,原告已将这些费用偿还给其投保人。由于这项工作能够带来41382.61欧元的价值提升,为谨慎起见,只索赔差额202562.11欧元。

州法院于2012年12月31日受领起诉并于2013年1月11日进行了送达,原告要求被告赔偿202562.11欧元(包含利息)。

州法院驳回了该诉讼。原告的上诉未获成功。原告经由上诉法院允许的上告程序继续进行索赔。

【判决理由】

一

上诉法院认为,瑕疵担保请求权不是争论的对象,并且该请求权已经罹于诉讼时效。

除了承揽合同外,依据《德国民法典》第823条第1款或第831条可能存在的损害赔偿请求权没有以有说服力的方式被提出。尽管这样的损害赔偿请求权没有罹于诉讼时效。当且仅当定作人的完整利益遭受侵害时,侵权请求权才会产生。瑕疵无价值与受害人遭受的所有权之损害相重合,即二者具有质料同一性(Stoffgleichheit)时,不属于这种情形。根据原告的陈述,其投保人因实际修复损失②而产生的11940.30欧元的费用,自始就不构成侵权索赔。

此外,原告对于其就消除损害所偿还的费用不享有请求权,该损害由水泄露至其他建筑部件而引起。1995年体育场馆的新建工程应被视为一个整体的建筑项目,即使工程的实施不是由一个主体单独完

---

① 墙壁、楼板和地板。
② 更换有缺陷的服务和为补救缺陷而必须销毁的部件。

成。因此,不能孤立地考虑诸如建造混凝土地板这样的个别措施。尽管根据原告的声称,有可能通过更换水龙头延长部分大体上就不会损坏其他建筑部件,但这并非起到决定性作用。相反,具有决定性意义的是,整个建筑项目由不同行业的、作为一个整体不能被分开且因此不能被孤立考量的作业共同完成,用于创造功能上的联系。根据原告的陈述,被告首先进行了墙后的部分安装,然后架设了预制墙,并完成了安装,包括安装冷热水混合水龙头和配件。此外,原告指出,由于体育馆和湿润室的建设,泄漏的自来水在密封墙体后面和地板结构中扩散,湿气渗透了绝缘材料和斜坡混凝土。如果合同给付的目的在于一同保护遭受损害的建筑部件,则损害也符合合同给付的瑕疵无价值。根据原告的意见,如果其所称的缺陷从一开始就是建筑物固有的,那么投保人就没有获得后来才安装的地板、墙面、面砖、瓷砖和密封部分未损坏的所有权。评估的费用并不涉及对外壳的损害,而显然是对于后续完成部分造成的损害。

二

上诉法院的这些衡量经不起上告法院的审查。

(1) 当然,上诉法院的出发点是正确的,其认为侵权规则不应当被合同规则排挤,且原则上每种类型的责任都应当遵循其自身的规则。① 这也适用于建造建筑物。②

侵权法的交往义务不以(如同在瑕疵担保义务的情形)获得无瑕疵的物的合同期待,尤其是保护使用利益和价值利益为内容(使用利益和等值利益)。相反,其所针对的是法律交往所具有的保障投入到

---

① Senat, Urteile vom 14. Mai 1985-VI ZR 168/83, NJW 1985, 2420, juris Rn. 8 f.; vom 18. Januar 1983-VI ZR 310/79, BGHZ 86, 256, juris Rn. 10; BGH, Urteile vom 28. Oktober 2010-VII ZR 172/09, NJW 2011, 594 Rn. 26; vom 27. Januar 2005-VII ZR 158/03, BGHZ 162, 86, juris Rn. 32; vom 3. Februar 1998-X ZR 27/96, NJW 1998, 2282, juris Rn. 9; vom 7. November 1985-VII ZR 270/83, BGHZ 96, 221, juris Rn. 25; vom 24. November 1976-VIII ZR 137/75, BGHZ 67, 359, juris Rn. 24.

② BGH, Urteile vom 12. Februar 1992-VIII ZR 276/90, BGHZ 117, 183, juris Rn. 23; vom 7. November 1985-VII ZR 270/83, BGHZ 96, 221, juris Rn. 24 f.; vom 30. Mai 1963-VII ZR 236/61, BGHZ 39, 366, juris Rn. 6; siehe weiter Wagner, in: MüKoBGB, 8. Aufl., § 823 Rn. 293 ff.; BeckOGK/Kober [1. 1. 2021], BGB § 634 Rn. 160 ff.; Schlechtriem, ZfBR 1992, 95, 96 f.

法律交往中的物的所有权或占有不被侵害的利益。如果所主张的损害符合物由于其所具有的瑕疵从一开始被取得时就伴随着的无价值,则其完全是由于受挫的合同期待(Vertragserwartungen),且在此范围内没有主张侵权损害赔偿请求权的空间。另一方面,如果损害并非与在瑕疵中体现出的物的等值利益和使用利益的价值减损"质料同一",则所有权人或占有人受到侵害的完整利益也可以在损害中表现出来;这原则上也可以被侵权责任接收,即使合同上的瑕疵担保权利或损害赔偿权利与之相竞争。①

(2)根据上诉法院的说理,不能认为原告没有以有说服力的方式论证所有权受到了侵害,该所有权遭受侵害是其投保人依据《德国民法典》第823条第1款或者第831条第1款第1句对于被告享有请求权的前提条件。

a)只要上诉法院指出对于更换水龙头延长部分所支出费用的侵权损害赔偿请求权不存在,则法院的出发点就无可指摘。因为根据原告的陈述,被告已经无瑕疵地对此进行了安装,并不存在所有权侵害。②

当然,更换水龙头延长部分的费用不随诉讼一起被请求。上诉判决的事实表明,原告称其为消除水损而偿还的总费用,包括评估损害和专家鉴定人的费用,达到了243944.72欧元。请求权所指向的内容

---

① Senat, Urteile vom 12. Dezember 2000-VI ZR 242/99, BGHZ 146, 144 juris Rn. 10 ff; vom 31. März 1998-VI ZR 109/97, BGHZ 138, 230, juris Rn. 12, 20 f; vom 14. Mai 1985-VI ZR 168/83, NJW 1985, 2420, juris Rn. 9 f; vom 18. Januar 1983-VI ZR 310/79, BGHZ 86, 256, juris Rn. 9 f; vom 18. Januar 1983-VI ZR 270/80, NJW 1983, 812, juris Rn. 10 f; BGH, Urteile vom 28. Oktober 2010-VII ZR 172/09, NJW 2011, 594 Rn. 26; vom 27. Januar 2005-VII ZR 158/03, BGHZ 162, 86, juris Rn. 33; vom 3. Februar 1998-X ZR 27/96, NJW 1998, 2282, juris Rn. 17 ff; vom 12. Februar 1992-VIII ZR 276/90, BGHZ 117, 183, juris Rn. 20; vom 5. Juli 1978-VIII ZR 172/77, NJW 1978, 2241, juris Rn. 19 ff; vom 24. November 1976-VIII ZR 137/75, BGHZ 67, 359, juris Rn. 26 f.

② Senat, Beschluss vom 20. Mai 1986-VI ZR 127/85, VersR 1986, 1003, juris Rn. 2; Urteil vom 18. September 1984-VI ZR 51/83, NJW 1985, 194, juris Rn. 14; BGH, Urteile vom 28. Oktober 2010-VII ZR 172/09, NJW 2011, 594 Rn. 26 f.; vom 27. Januar 2005-VII ZR 158/03, BGHZ 162, 86, juris Rn. 35; vom 3. Februar 1998-X ZR 27/96, NJW 1998, 2282, juris Rn. 22; vom 7. November 1985-VII ZR 270/83, BGHZ 96, 221, juris Rn. 26; vom 30. Mai 1963-VII ZR 236/61, BGHZ 39, 366, juris Rn. 6.

是赔偿由于墙壁、楼板和地板等建筑物先前存在的部件被浸泡而造成的进一步损失。因为根据损害评估,可能会出现41382.61欧元的市场价值提升,所以其只是预防性地要求赔偿差额。上诉判决决定理由中的解释并无不同,原告提交了关于卫生设施的输水管和更换水龙头延长部分所支出费用的补充资料。即使孤立地看,也不能由此推断出补充材料与诉讼中所主张的损害项目有关。此外,从上诉判决提到的法院说明中可以看出,原告在上诉程序中被要求提供更详细的资料,说明被告进行的工作、发现的损害以及维修服务的分配和实际的损害修复。因此,原告提出的补充资料有助于区分索赔的费用和未索赔的费用。

b) 上诉法院判决中认为对于消除漏水给其他建筑部件带来的损害的赔偿请求权不存在,因为其是质料同一的,这一判断在法律上是错误的。

aa) 与自始就存在的瑕疵无价值"质料同一"的是在取得物的所有权时就已经受挫之利益的经济反应。因此,如果从经济的角度看,缺陷自始就影响整个物。[①] 如果因为该物作为整体由于存在瑕疵自始就不能或者在非常有限的范围内可被用于预定的目的,那么符合"质料同一"。消除缺陷在技术上不可能也属于这种情形,如果瑕疵不能以经济上合理的方式被除去,则可以得出同样的结论。反之,如果瑕疵首先只存在于物的一部分且可被消除,并且该瑕疵之后导致了物的毁损或者给该物的其他部件造成了损害,则该缺陷一开始没有涉及的物的部件具有独立的价值,瑕疵无价值也就与损害不同了。对于物的取得者的完整利益或只是他的等值利益受到损害的问题,其是否能在正常情况下在损害发生之前发现缺陷,在法律上是不重要的,主观的可辨认性并不起决定作用。然而,至关重要的是,瑕疵——从客观技术的立场来看——是可以被发现的,只要这不会涉及时间和成本方面不合比例的花费。瑕疵的经济意义取决于在哪些情形下可以发现可疑的缺陷。因为如果是在这个意义上难以发现的瑕疵,技术上或者经济上的可消除性会受到质疑。如果检查缺陷和消除缺陷导致大致等于

---

① 损害赔偿就该物的损害被提出。

或者超过整个物之价值的费用产生,则自始的瑕疵无价值和损害就重合了。① 这些最初针对产品责任发展出来的原则也适用于承揽人的侵权责任,无论经营者和受害人之间是否存在或曾经存在直接的合同关系。

bb) 因此,与上诉法院的意见相反,体育馆的新建筑是否是一个整体的建筑措施,由不同行业的工作来建立功能上的联系是不重要的。与上诉法院的意见相反,所谓的泄漏是否不可避免地导致下面或后面的建筑部件受损,也是不重要的。相反,在审查原告的陈述是否具有说服力时,须以其"在不破坏其他建筑部件的前提下更换水龙头延长部分是可能的"主张为基础。此外,目前还不能判断体育馆不能被投入使用或只能在非常有限的范围内被使用。

cc) 上诉法院的答复认为对其他建筑部件造成的损害不能根据侵权法进行赔偿,因为水龙头延长部分也起到保护作用,这一观点是不正确的。就此如下问题的回答是开放的,即是否以及在多大范围内联邦最高普通法院于 2005 年 1 月 27 日作出的判决的第一条要旨中的措辞、该判决所举的例子以及紧随其后的衡量与上面提到的界定标准相一致。至少,联邦最高普通法院 2005 年 1 月 27 日的判决②不能作如下理解,即如果其他建筑部件被损坏或者可能被损坏,那么合同给付总是旨在保护其他建筑物部件。每个给付基本都是这种情况,因为所有的建筑物都是为其各个部件的无故障运作和相互配合而设计的。因此,至少在这种广泛的理解基础上,上述划分标准将没有可识别的意义,侵权责任将不再有实际的适用范围。因此,并不排除存在对于体育馆其他建筑部件的财产侵害,因为对水龙头延长部分进行专业安装和密封不仅是为了实现放水的功能,而且也应当防止水不受控制地侵入体育馆。

dd) 上诉法院认为如果原告声称的建筑物瑕疵自始就存在,则原告的投保人对于之后安装的地板、墙饰面、面砖、瓷砖和密封材料均不享有未受损害的所有权。并且它还认为评估的费用不涉及对房屋外

---

① Senat, Urteil vom 24. März 1992-VI ZR 210/91, NJW 1992, 1678, juris Rn. 12 f., 15.

② VII ZR 158/03, BGHZ 162, 86.

壳的损害,而是显然涉及之后完成的部分。因为从上诉判决的事实来看,原告的上诉理由是要求赔偿因建筑物先前存在的部件(墙壁、楼板和地板)被浸泡而造成的进一步损失,而被告运来这些材料时,建筑物已经建造完成了。此外,不清楚为什么不存在对所有权的侵害,因为建筑物的很多部件是在安装了水龙头延长部分之后才建设完成的。起决定作用的只是所有权首先未被侵害,之后才因为水泄露而受到侵害这一事实。①

(3) 基于其他理由,上诉判决也是不正确的(《德国民事诉讼法》第561条)。

特别是,原告提出的损害赔偿请求权没有罹于诉讼时效。然而,与上诉法院的意见相反,根据《德国民法典》第199条第3款第1句第1项②,罹于诉讼时效并不以请求权于1999年或更早的时候发生为前提。因为根据《德国民法典》第204条第1款第1项、第209条,《德国民事诉讼法》第253条第1款、第167条,起诉所导致的时效中止于2012年12月31日开始发生。因此,重要的是——以其他时效中断要件为先决条件——请求权是否在2002年12月31日前产生。与被告的观点不同的是,法益侵害并非由于被告于1995年安装了自来水管道而发生,而是由于水泄露而发生。

三

上诉判决须被撤销,本案须发回上诉法院,由其重新审理并作出裁判。

(孙鸿亮　译)

---

① Senat, Urteil vom 5. Mai 1981-VI ZR 280/79, NJW 1981, 2250, juris Rn. 8.
② 在特定情形中可能要结合《德国民法典施行法》第229条第6款第4项第1句。

判例二

建筑物受损情形下建筑师的侵权责任；责任保险公司检查缺陷情形下消灭时效的中止

《联邦最高普通法院民事判决选》第162卷,第86页以下
BGHZ 162,86

【要旨】

(1) 如果建筑物的损害是由建筑商或建筑师的合同给付引起的,则若该损害与合同给付的瑕疵无价值相符合,那么不存在《德国民法典》第823条第1款规定的请求权。如果合同给付以保护受损的建筑部件为目的,则这一结论也适用。

(2) 如果建筑师的责任保险公司根据《责任保险一般保险条款》(AHB)第5条第7项被授予管理代表权,则根据《德国民法典》第639条第2款,建筑师的责任保险公司检查缺陷导致瑕疵担保请求权的消灭时效中止。

【主文】

根据原告的上告,位于策勒的州高等法院第十六民事合议庭于2003年4月29日作出的判决被撤销。

本案发回上诉法院重新审理并作出裁判,包括就上告程序的费用重新审理并作出裁判。

【事实】

原告要求被告建筑师赔偿更换天花板和阳台的费用和委托专家

的费用以及相应利息，并声称其已经将这些钱用于消除瑕疵。

原告是 C 区一栋商业楼的所有权人，他于 1991 年将其改建。他委托被告提供建筑服务。改建于 1991 年完成。

2001 年，剩余的横梁发生了爆炸，导致一楼上方的天花板发生了损坏。经原告告知后，被告于 2001 年 7 月 1 日检查了该建筑。原告委托的专家于 2001 年 7 月 5 日和 2001 年 7 月 14 日检查了该建筑物。被告的责任保险公司于 1001 年 7 月 18 日援引时效抗辩并否认责任请求权，因为不存在故意的义务违反。

2001 年 10 月 9 日，专家编写了一份书面报告，其在报告中得出的结论是，地板的损坏是由搁栅平顶无法支撑铺设的沥青地面所致。放置在搁栅平顶下的大梁而非挡土墙是无效的，因为天花板没有支撑，被告在施工监督期间必须确定这一点。此外，被告必须发现静力学假设梁之间的间距比实际情况更窄。

专家意见还指出，屋顶工没有对阳台进行充分的防水处理，而阳台的表面已经作为改建工程的一部分进行了翻新。结果，降水渗入了阳台的混凝土核心，所以混凝土的强度受到了很大影响。被告应当觉察到密封部分的瑕疵。

在 2001 年 11 月 8 日的一封信中，原告的律师要求被告的责任保险公司于年底前放弃时效抗辩权，只要请求权还未罹于消灭时效。责任保险公司在同一天就此作出了表示。2001 年 11 月 23 日，原告以信件的方式向责任保险公司送交了专家的鉴定意见。保险公司于 2002 年 4 月 18 日回信告知，其援引时效抗辩权。

州法院基于瑕疵担保责任请求权罹于消灭时效而否认了原告要求被告支付 74112.39 欧元的诉讼，并认为原告不存在侵权请求权。上诉是失败的。随着上告被合议庭受理，原告继续行使其请求权。

【判决理由】

上告导致上诉判决被撤销，本案被发回上诉法院重新审理。

一

上诉法院认为原告的合同请求权罹于消灭时效。因为建筑工作已于1991年完成,故可以推断出建筑工人行业协会至迟于1991年12月完成了验收,被告的工作随着建筑工人的瑕疵担保责任到期而于1996年终止。因此,有关建筑师给付的瑕疵担保责任于2001年12月31日到期。但根据旧版《德国民法典》第639条第2款,时效没有中止。在2001年12月31日之前放弃时效抗辩权不是旧版《德国民法典》第639条第2款所指的对瑕疵的审查。被告的责任保险公司以2001年11月23日的信件为契机,要求对本案请求权的正当性进行审查,这一点并不明显。

不存在搁栅平顶受损导致的侵权请求权。裂开的搁栅平顶的完整性及其支撑天花板的能力已经受到了建设工程的影响。搁栅平顶和天花板必须在改建过程中进行设计,以便在最后阶段再次建设出承重天花板。这是由被告计划和监督的工程的目标,如果该工程失败了,则存在工程瑕疵,而不存在对所有权的侵害。

不存在阳台受损导致的侵权请求权。因为原告没有说明在装修前阳台是什么状态以及对阳台进行了怎样的装修。此外,不存在任何可以证明被告责任的调查结果。

二

上诉判决不能完全经得起法律的检验。

天花板受损导致的合同请求权不能根据上诉法院的理由而被否认,但阳台受损导致的合同请求权已经罹于消灭时效。从结果来看,上诉法院没有正确地否认侵权请求权。

1. 合同请求权

上诉法院认为原告基于导致天花板和阳台发生损害的可能的设计缺陷和监督缺陷的合同请求权的消灭时效自1996年12月31日后开始计算。如果消灭时效不发生中止,则其于2001年12月31日届满。这不存在法律适用上的错误。

上告法院失败地指摘上诉法院没有注意到被告有过失地实施了一项积极侵害债权的行为。被告在天花板发生损害和原告通知其后于2001年的夏天并未调查原因,且未考虑可能的个人责任。因此,被告不享有时效抗辩权。①

原告没有对于导致消灭时效开始计算的义务违反进行说明。原告在通知被告几天后,委托专家进行了全面检查。专家一经检查立即明确地指出了被告的责任。

根据上告中假定的事实,原告对被告的损害赔偿请求权并没有罹于消灭时效。

(1) 保险公司于2001年11月8日发送的信件是一个表示行为,根据该表示行为其经受了瑕疵存在的检验。

在这封信之前,被告的责任保险公司于2001年7月18日发出了一封信件。在信件中,责任保险公司提到了被告于2001年7月2日发给它的信,并与责任保险公司在信件中提出的故意违约指责相矛盾。此外,其援引了时效抗辩权。在2001年11月8日的传真中,原告的新律师向被告的责任保险公司行使了瑕疵担保责任请求权,并要求其放弃时效抗辩权。在同一天的回信中,责任保险公司放弃了时效抗辩权。责任保险公司在回信中还指出,大家普遍认为,在任何情形下故意的义务违反导致保险保护的排除。

原告可以这样理解,责任保险公司的这种行为意味着其在对针对被告的请求权进行重新审查。即使责任保险公司放弃时效抗辩权也会给债权人留下这样的印象,即责任保险公司将审查其他请求权并就此进行协商。联邦最高普通法院认同了如果责任保险公司经债权人请求放弃了时效抗辩权,则应当进行旧版《德国民法典》第852条意义上的协商的做法。② 如果责任保险公司在此之外还作出了表示,该表示应当被理解为请求权的正当性被重新审查,则责任保险公司替被告审查旧版《德国民法典》第639条第2款意义上的瑕疵是否存在。这一表示指出,大家一致认为故意违反义务的行为不在保险保护范围之内。原告应当将其理解为,被告因为过失违反合同义务而要承担责任的可能性被重新检验。

(2) 上诉法院没有就被告是否须将其责任保险公司的信件归责

---

① BGH, Urteil vom 16. März 1978-VII ZR 145/76, BGHZ 71, 144, 147.
② BGH, Urteil vom 17. Februar 2004-VI ZR 429/02, NJW 2004, 1654.

于其作出判断。上告法院就此作出了认定。

在上告审中,不能认为被告自己通知了其责任保险公司并由此将对瑕疵的审查移转到责任保险公司这样的事实可以推导出归责。[①] 尽管根据2001年7月18日的信件,这确实是很明显的。然而,州法院在判决中指出,被告没有委托其责任保险公司调查索赔,而是由原告独立与责任保险公司联系,这一点是无可争议的。这些事实认定在上诉程序中没有受到质疑,上诉法院提到了州法院的事实认定。因此,对上告程序有约束力的是,被告没有委托其责任保险公司对索赔进行审查。

被告是否亲自告知其责任保险公司,或者原告在被告告知其责任保险公司的信息后自行向保险公司进行索赔,这一事实是不重要的。起决定作用的仅仅是,被告的责任保险公司进行了瑕疵审查。责任保险公司实施的瑕疵审查不仅在建筑商自己发起的情形下导致时效中止,而且在责任保险公司基于合同中被授予的权能在没有建筑商介入而发起的情形下也是如此。在上告中应当认为,责任保险公司是依据与被告订立的合同而被授权替被告进行瑕疵审查。作为责任保险合同基础的保险条款通常包含管理代表权的授予(参见《责任保险一般保险条款》第5条第7项),该管理代表权也包含通过审查瑕疵而使消灭时效中止的权能。[②] 上诉判决中没有证据表明被告的责任保险公司没有以这样的方式被授权。

侵权人的责任保险公司所引发的事实是否可归责于侵权人自身,在本案中是不重要的。

(3) 在2002年4月18日的信件到达时,消灭时效中止就结束了。责任保险公司在该信件中援引了时效抗辩权。据此,责任保险公司使得消灭时效中止状态结束,因此,这些规则中的哪些规则在此范围内需被适用是不重要的。在2002年4月18日前不存在使得消灭时效中止状态结束的要件事实。被告的责任保险公司放弃时效抗辩权的

---

① BGH, Urteil vom 7. Oktober 1982-VII ZR 334/80, BauR 1983, 87=ZfBR 1982, 254; Urteil vom 22. November 1984-VII ZR 115/83, BauR 1985, 202=ZfBR 1985, 70.

② Littbarski, AHB, §5 Rdn. 145.

事实对于消灭时效中止状态的结束并无影响。①

消灭时效中止导致消灭时效期间延长至 2002 年 5 月 24 日之后。在这一天诉讼被提起,故消灭时效重新中止,依据为新版《德国民法典》第 204 条第 1 款第 1 项。

(4) 上诉法院认为被告提出的阳台受损的合同请求权已经罹于消灭时效,上告法院对此提出的质疑是没有根据的。

上告中没有显示任何事实证明被告的责任保险公司会替被告对瑕疵进行审查,2001 年 11 月 8 日的信件并没有说明这一点。责任保险公司之所以同意放弃时效抗辩权,只是因为在 2001 年 7 月 18 日的信中原告只提出了对于天花板受损的索赔。上告法院未对导致时效中止的回信进行说明,专家的鉴定意见与该信件一起被寄给了责任保险公司,且基于该信件,责任保险公司可能首次知晓阳台的缺陷。

2. 侵权请求权

从结果上看,上诉法院正确地否认了被告基于《德国民法典》第 823 条第 1 款提出的对于天花板和阳台受损的赔偿请求权。

(1) 即使作为或不作为侵害行为发生在合同关系之中,且基于合同请求权可以得到损害填补,《德国民法典》第 823 条第 1 款规定的侵害他人所有权的请求权也同时存在。相互竞争的基于合同以及基于《德国民法典》第 823 条第 1 款的请求权根据其构成要件和法律效果原则上应当被独立判断。② 尤其是合同和侵权请求权的消灭时效应当分别依据各自规则进行判断。③ 联邦最高普通法院认为,由于建筑师或工程师的错误规划或施工监督,有可能造成对所有权的侵害。④

如果请求赔偿的损害只是表达了对于取得者的使用利益和等值利益来说的基于缺陷的物无价值,则不存在《德国民法典》第 823 条第 1 款规定的请求权。相反,如果不是这种情况,即所要求赔偿的损害与物一开始就具有的瑕疵无价值不是实质等同的,则存在《德国民法典》

---

① BGH, Urteil vom 17. Februar 2004-VI ZR 429/02, NJW 2004, 1654.
② BGH, Urteil vom 24. November 1976-VIII ZR 137/75, BGHZ 67, 359, 363; Urteil vom 7. November 1985-VII ZR 270/83, BGHZ 96, 221, 229.
③ BGH, Urteil vom 3. Februar 1998-X ZR 27/96, NJW 1998, 2282.
④ BGH, Urteil vom 9. März 2004-X ZR 67/01, BauR 2004, 1798, 1799.

第823条第1款规定的请求权。①

（2）如果由于翻新或维修措施,已经存在的建筑实体的所有权受到了损害,则《德国民法典》第823条第1款规定的侵权请求权不能仅因为在翻新前就存在未受损害的所有权而被认可。当且仅当定作人的完整利益受到侵害,侵权请求权才会产生。瑕疵翻新给付的瑕疵无价值与所有权受到的损害相符,即存在实质等同并不属于这种情形。因为该损害只是源于受挫的合同期待。② 保护定作人的期待,即合同按照债之本质被履行并产生翻新措施所欲达到的效果并非侵权法的任务。

a) 只要瑕疵本身就是建筑给付的损害且未超出建筑给付的损害,则瑕疵给付的瑕疵无价值原则上符合所有权受到的损害。③ 如果损害赔偿请求权仅指向消除被委托的建筑给付的瑕疵而支出的费用,那么原则上不存在《德国民法典》第823条第1款规定的请求权。如果损害存在于未发生通过建筑给付所追求的效果,则该损害通常为与建筑给付瑕疵相符的损害。如果建筑给付服务于特定的效果,则该效果为合同利益的标的。

b) 如果承揽商根据被授予的建设委托或建筑师委托而须干预建筑实体,则伴随着的对于建筑实体的损害通常并非对于所有权的侵害。这是因为通过改变建筑实体而提供翻新给付,并由此引发合同上的债之效果,这是合同的标的。如果该给付失败了,则只涉及定作人对于符合债之本质的合同履行的利益。这不仅仅适用于以下情形,即损害通过瑕疵给付产生于全新的建筑部件,定作人本来就无法获得该建筑部件无瑕疵的所有权。④ 这也适用于瑕疵给付给建筑部件造成损

---

① BGH, Urteil vom 18. Januar 1983-VI ZR 310/79, BGHZ 86, 256; Urteil vom 12. Dezember 2000-VI ZR 242/99, BauR 2001, 800, 801 ff.

② BGH, Urteil vom 12. Februar 1992-VIII ZR 276/90, BGHZ 117, 183, 187.

③ BGH, Urteil vom 10. April 2003-VII ZR 251/02, BauR 2003, 1211 = NZBau 2003, 375=ZfBR 2003, 462; Urteil vom 27. Juni 2002-VII ZR 238/01, BauR 2003, 123=NZBau 2002, 573.

④ BGH, Urteil vom 30. Mai 1963-VII ZR 236/61, BGHZ 39, 366; Urteil vom 24. Juni 1981-VIII ZR 96/80, BauR 1982, 175, 178; Urteil vom 18. Januar 1983-VI ZR 270/80, NJW 1983, 812.

害的情况,虽然这些建筑部件没有被翻新,然而其可以以这样的方式被纳入翻新作业中去,以至于若没有这样的纳入,那么合同上负担的效果就无法被获得。也是因为在这些情形,损害通常符合建筑给付的瑕疵无价值。定作人的利益也存在于如下情形,即通过将现有的建筑实体考虑在内而获得功能上合适的建筑部件,这些利益通过合同规则被保护。无论通过建筑给付所追求的目的是不是为了保护定作人的所有权,该结论均适用。如建筑物后续的防水工程存在瑕疵并导致该防水工程用于保护的建筑部件受到损害,则这也仅仅表达了基于给付瑕疵性之无价值的损害。

这与联邦最高普通法院于1984年9月18日作出的判决[1]不冲突。该案涉及屋顶覆盖膜生产者的侵权责任,其并未向房屋所有权人承担任何合同义务。如果产品使用者存在提供完整性保护的使用利益,且产品由于适于保障完整性保护而被投入流通,则联邦最高普通法院会支持生产者的侵权责任。在该案中,使用利益同样例外地落入侵权责任的保护范围。这些衡量没有就对于基于合同负担的效果出现享有的利益在多大范围内被侵权法保护这一问题进行说明。

c) 另一方面,如果损害发生在翻修委托不涉及的财产上,则可以考虑定作人依据《德国民法典》第823条第1款享有的请求权。这包括被带入建筑物的物[2]或土地[3]被失败的建筑措施损坏的情形。翻新给付的瑕疵导致其他的、未被建筑措施影响的建筑部件发生损害也属于这种情形。司法实践中,机动车、机器或者其他设备以如下方式被损害的情形也被认为存在对所有权的侵害,即之后安装的备件或者附加设备有缺陷并因为这些缺陷给其他事先已经存在的设备部件造成损害。[4] 因此,基于这些发生在有缺陷的设备上的损害对承揽商的侵权请求权被支持。在这些案例中,对于单个部件的维修导致其他的、

---

[1] BauR 1985,102=ZfBR 1985,36.
[2] BGH,Urteil vom 24. April 1974-VII ZR 114/73,NJW 1975,1316.
[3] BGH,Urteil vom 9. März 2004-X ZR 67/01,BauR 2004,1798,1799;Urteil vom 19. Oktober 2004-X ZR 142/03,zur Veröffentlichung bestimmt.
[4] BGH,Urteil vom 12. Februar 1992-VIII ZR 276/90,BGHZ 117,183,188.

维修未涉及的设备部件受到损坏,设备因而无法被使用。[①] 翻新未涉及的建筑物部件出现损害的情形也不例外。

(3) 基于此,上诉法院否认被告对于导致天花板受损的设计缺陷和监督缺陷负有侵权责任并不存在法律适用上的错误。上诉法院认定,混凝土地板和天花板的内衬已经被拆除或消除,木材也从天花板移除,且23.10平方米的木质搁栅平顶也已经被拆除。此外,天花板上有专门为烟囱开的口子,并且贫混凝土被置入木质天花板。上层天花板下安装了一个拦截梁。搁栅平顶在改建过程中被直接加工过。这些未在上告程序中受到质疑的认定证实了如下判断的合理性,即对于包括剩余搁栅层在内的整个天花板结构进行新建的任务被委托。委托的标的也包括检查余下的搁栅在多大程度上能够支撑起新的天花板结构。只要建筑的瑕疵导致搁栅和天花板的损害,那么只涉及定作人的使用利益。

(4) 从结果上看,就阳台的损害而言,上诉法院否定被告的侵权责任也是正确的。

a) 上诉法院认为,依据被告的观点可能存在的《德国民法典》第823条第1款所规定的请求权没有被有说服力地阐明,因为无法确定被告是否尽到监督职责,且未说明被告在实施防水工程前阳台就属于原告未受损害的财产。这一观点正如上告法院所阐明的那样,是有缺陷的。然而,这并非关键,因为原告自始就不享有《德国民法典》第823条第1款规定的请求权。

b) 原告请求赔偿的损害根据其主张应归因于如下事实,即在对建筑进行翻新的过程中防水工程出现了瑕疵,且被告对此没有注意。该损害与被告有瑕疵的监督给付之无价值相符合。被告受到的委托之目的在于对阳台采取合格的防水措施并由此确保阳台不会被湿气侵袭。原告请求被告赔偿因瑕疵合同给付而产生的损害。对于被告来说不存在侵权责任。

[①] BGH, Urteil vom 2. Februar 1998-X ZR 27/96, NJW 1998, 2282; Urteil vom 4. März 1971-VII ZR 40/70, NJW 1971, 1131, 1132.

三

上诉判决不能得到维持。合议庭就本案也不能独立作出判决,因为请求权是未被证立的。上诉判决和州法院的判决均未说明请求权指向的数额。因此,撤销上诉判决并将本案发回上诉法院重新审理。

(孙鸿亮　译)

判例三

建筑师格式合同中的消灭时效条款

《联邦最高普通法院新法学周刊》1975 年第 1315 页以下
BGH,NJW 1975,1315

【要旨】

建筑师有义务向客户全面地澄清可见的建筑瑕疵的原因。与此同时,其也必须及时披露自己在工作中的缺陷,以便客户能够在消灭时效届满前向其主张权利。

如果在建筑师格式合同(Architekten Formularvertrag)中约定,定作人对于建筑师基于不符合合同约定的履行以及对于损害赔偿的请求权的消灭时效为两年,且时效期间自定作人受领或者建筑物被投入使用(Ingebrauchnahme)时开始计算,则在建筑物被受领后才发生的积极侵害债权的损害赔偿请求权不受该条款的约束。①

【事实】

根据 1967 年 6 月 29 日的建筑师格式合同,原告委托被告对其办公大楼的改建(加层和扩建)进行规划、总体领导和监工。此外,合同中还有如下约定:

  第 6 条 委托人的代理
  建筑师有权利也有义务在其所承担的任务范围内保障委托人的权利。
  ……

---

① BGH,1971-06-24,VII ZR 254/69,NJW 1971,1840.

第 12 条　责任范围——从属性

建筑师只对有证据证明是其过失导致的损害负责,其责任限于赔偿建筑物的直接损害。

如果有证据证明建筑师由于对建筑商有缺陷的建筑施工未尽到充分的监督和审查而被请求承担责任,则其只在建筑商没有资历的情形下才担责。

第 14 条　消灭时效

定作人对于建筑师基于不符合合同约定的履行以及对于损害赔偿的请求权的消灭时效期间为两年……消灭时效自建筑物受领时起开始计算,当建筑物被投入使用时,视为受领已经发生。

如果建筑师与建筑商一起被请求承担责任,则建筑师的责任至迟与建筑商的责任一起消灭。

被告以原告的名义将结构工程作业的执行交给建筑公司 S.,双方就《通则 B》的适用达成了合意。该建筑于 1968 年 4 月 18 日被占用。

1970 年,建筑物出现了裂缝,其原因有争议。在 1974 年 1 月,原告启动了证据保全程序,并分别于 1974 年 7 月 2 日、8 月 5 日、9 月 5 日和 9 月 24 日征求了专家意见。此外,根据这些意见,裂缝的可能原因之一是新的混凝土地基后面的挖掘土没有被重新填充。

在 1975 年 2 月底提起的诉讼中,原告要求法院确认被告必须为消除裂缝而支付赔偿。被告否认了其需要承担的责任,被告援引了其对于监督过失所要承担的责任的从属性(Subsidiarität),并且提出了时效抗辩权。

州法院和州高等法院驳回起诉,因为其消灭时效已经届满。对于被告要求驳回原告诉讼请求的上告,原告继续向法院提出确认申请。

【判决理由】

上诉法院对办公楼的损坏是否由于被告的过失行为造成的,以及办公楼后面是否有"工作空间"被挖掘出来而没有进行回填作出决定。损害不是由被告的规划缺陷(Planungsfehler)导致的,被告对于建筑监督缺陷承担的责任仅仅是从属的。首先应当承担责任的建筑公司的无资力(Unvermögen)没有被说明。对于建筑公司的瑕疵担保责任请求权(Gewährleistungsansprüche)于 1970 年 4 月 18 日罹于消灭时效并不意味着建筑公司无资力，因为原告在时效届满前，已经知晓损害并可以以书面形式对于建筑公司行使瑕疵消除请求权而更新瑕疵担保责任期(Gewährleistungsfrist)，其不能将因为自己的疏忽导致的损害转移给被告负担。

如果被告在 1970 年 3 月就知道有裂缝，那么根据建筑师合同的第 6 条，其有义务确保原告对于建筑公司的瑕疵担保责任请求权不罹于诉讼时效。原告享有的因被告违反该义务产生的积极侵害债权请求权与对被告的瑕疵担保责任请求权一样罹于诉讼时效。原告对被告的瑕疵担保责任请求权于 1970 年 4 月 18 日罹于时效，且根据《德国民法典》第 639 条第 2 款未发生中止，因为被告没有接受对其承揽给付的审查。上述因积极侵害债权而产生的损害赔偿请求权的消灭时效在 1970 年 4 月 18 日才开始计算，其也要遵守合同规定的两年有效期，不发生中止。

被告援引时效抗辩权并非具有欺诈性。

上诉法院的上述解释并非没有法律适用错误。

一

(1) 不存在因为对土方工程的说明不充分而导致的规划过失，因为给付清单第 Ⅱ 部分项目 1 和 4 对"工作空间的填充"进行了说明。上诉法院忽视了结构工程师 C. 和建筑专家 B. 的意见所支持的原告的上诉陈述，规划没有考虑到特殊的地面条件，旧建筑与扩建部分之间也缺少伸缩缝。

(2) 就被告可以被指责对这些土方工程的监督有缺陷而言，上诉法院错误地排除了被告的责任。上诉法院所认为的原告对于建筑公司 S. 享有的瑕疵担保责任请求权罹于消灭时效须被视为 S. 符合建筑师合同第 12 条第 2 项意义上的无资力。[①] 尽管请求权罹于消灭时效是业主的疏忽造成的，消灭时效届满不能被理解为建筑商的无资力。[②]

---

① Senatsurteil vom 27. September 1973-VII ZR 142/71＝BauR 1974, 66.
② Senatsurteil vom 29. Oktober 1964-VII ZR 69/63＝VersR 1965, 45, 46.

然而，上诉法院确定的情况并不表明原告有过失。

直到1970年4月中旬，原告只抱怨过窗框和窗台下沉，并于1970年3月20日的信中提示被告就此事联系木匠S.。当对于建筑公司S.的请求权已经罹于消灭时效时，在1970年11月3日的信中第一次提到墙壁上有明显的、越来越大的裂缝，被告当时应当检查一下这些裂缝。原告只是在1974年9月24日专家B.的专家意见中被提请注意建筑公司S.可能存在的过失是导致建筑物裂缝的原因。直到1970年4月18日瑕疵担保责任期过期后，双方当事人的消除瑕疵请求只涉及假定的木匠的瑕疵工作，而不涉及墙壁的下沉现象。

根据原告的陈述，1970年3月，木匠S.在一次与双方当事人的会面中提到墙壁下沉是窗户漏水的原因，且被告允诺对相关问题进行跟进。为了确保这一点，考虑砌体下沉的原因和维护瑕疵担保责任请求权，首先不是业主的责任，而是主管建筑师的责任，就此他也必须考虑到自己的错误。① 确定通过及时的瑕疵消除请求来维持瑕疵担保责任请求权的单纯可能性不足以认定业主的过失，该过失禁止其援引建筑商的无资力。业主至少须意识到其对于特定经营者可能享有瑕疵担保责任请求权，该请求权即将罹于消灭时效。② 不能从既定的情况中推断出这里的情况会是这样。

(3) 因此，在这种情况下，被告既要承担已证实的规划过失的责任，也要承担对未充分执行的土方工程的缺陷监督的责任。如果原告尚未被澄清的主张是真实的，那么争议的焦点就在于关于时效的抗辩权是否成立的问题。

上诉法院认为，对于建筑师工作商定的两年瑕疵担保责任期并没有因为1970年4月中旬之前的检查而中止，这在法律理由层面是无可指摘的。被告并没有接受对其承揽给付的合意检查，而是协助原告行使其可能享有的对于木匠S.的请求权。③

因此，原告对于被告的瑕疵担保责任请求权于1970年4月18日

---

① Senatsentscheidungen NJW 1967，2010，2011；1971，1130.
② die og Senatsentscheidung VersR 1965，45.
③ Senatsentscheidungen NJW 1964，647，648 und vom 2. März 1972-VII ZR 146/70 =BauR 1972，251.

罹于消灭时效。

二

（1）上诉法院从以下情形中看到了被告可能存在的积极侵害债权的行为，即被告违反义务地实施了不作为行为，其没有以书面形式提出瑕疵消除要求以阻止原告对于建筑公司 S. 享有的瑕疵担保责任请求权罹于消灭时效。被告负有的维护定作人对于手工业者享有的权利来自建筑师合同第 6 条的约定，此外还来自建筑师全面的义务范围，其被委托进行规划、总体领导和监工。[①] 被告的过失至少体现在其在被提示窗户存在漏水的现象以及窗台存在下沉的现象后没有立即调查背后的原因，基于已经存在的可能的认定没有考虑实施建设工程的公司的赔偿义务，且没有预防性地阻止业主可能享有的请求权罹于诉讼时效。[②] 其必须认识并考虑到，对于手工业者的瑕疵担保责任请求权的时效即将届满，且其必须及时维护原告享有的利益。

如果建筑公司 S. 事实上有瑕疵地执行了土方作业，则原告由此被施加的损害在于如果推定的缺陷没有被欺诈性地隐瞒，则原告不能再从承揽人那里得到改善或者损害赔偿。只有在对建筑企业的瑕疵担保责任请求权罹于消灭时效时，损害才发生。

（2）上诉法院不认为被告通过以下方式实施了其他积极侵害债权的行为，即其在首次出现由下沉所导致的建筑瑕疵后，没有确定原因，且没有在考虑到可能的自身责任的基础上进一步跟进，并且没有向原告及时提供技术和法律上消除损害的方案，以至于原告对其享有的瑕疵担保责任请求权和损害赔偿请求权罹于诉讼时效。被告于 1970 年 4 月 18 日前，即在其承揽瑕疵责任对应的时效届满前就应该有充足的动机和机会向原告提供这些全面和利他的建议。在之后被告任由原告对建筑公司 S. 的瑕疵担保责任请求权超过时效后，其也应该向原告指出这一疏忽。相反，被告违反义务地将查明损害原因的工作移转给了原告，从双方提交的往来信件可以清晰地表明这一点。

---

① Senatsentscheidungen NJW 1967, 2010, 2011; 1973, 1457, 1458.
② Senatsentscheidung vom 23. März 1970-VII ZR 87/68＝Schäfer/Finnern Z 3.00 Bl 182.

被全面委托的建筑师在其被委托的任务框架内[1]不仅负有保障承揽人对建筑商享有的权利的义务,而且首先应当对瑕疵原因进行客观澄清,即使该原因属于其个人的规划缺陷或者监督缺陷。[2] 尽管一般来说,人们可能无法像要求律师那样,要求建筑师向其定作人明确指出定作人对其享有由于其未能维护定作人权利的追偿权(Regreßanspruch),[3]然而,作为业主的受托人,其有义务立即全面澄清已经显现的建筑缺陷的原因,并将调查结果和由此产生的法律状况向业主发出专家通知。向业主说明这些信息在建筑师的职责范围内并不亚于在这些情形下必要的对公法规定或建筑业税收优惠的提及。[4] 建筑师尽可能地避免自己的责任这一对立的利益不能使得未能正确告知客户的不作为行为正当化。相反,业主赋予建筑师的信任地位要求其在审查缺陷原因的过程中,也要向客户披露自己的工作瑕疵,这样业主也可以在消灭时效届满前及时行使其作为定作人对建筑师享有的权利。

建筑师通过持续违反义务的对于调查和咨询的不作为——该不作为可能导致被告对于建筑师的请求权罹于消灭时效——使得一项其他的损害赔偿请求权——与错误提供咨询的情形没有差异——得以成立,即原告对于被告的瑕疵担保责任请求权和损害赔偿请求权罹于诉讼时效视为未发生。[5]

(3)上诉法院不认为建筑师合同第 14 条第 1 款规定的作为前提的两年时效期也适用于此处可能的、在对建筑物进行受领后才产生的积极侵害债权的损害赔偿请求权。

a)此处所使用的合同格式在整个德国是通用的,合议庭可以自由解释预先制订的合同条款。[6]

---

[1] Senatsentscheidung NJW 1973,1457.
[2] Senatsentscheidungen NJW 1967,2010,2011;1971,1130.
[3] BGH NJW 1975,1655,1656.
[4] BGHZ 60,1,3.
[5] RGZ 158,130,136;Senatsentscheidung NJW 1964,1022,1023;BGH Urteil vom 28. Januar 1977-I ZR 171/75=WM 1977,410.
[6] Senatsentscheidung vom 12. Juli 1971-VII ZR 286/69=WM 1971,1371-und NJW 1975,1315,1316.

b) 合同条款约定定作人对于建筑师享有的因没有按照合同约定履行的请求权以及损害赔偿请求权的消灭时效为两年,在对于一般交易条款所要求的狭义解释情形,该约定仅扩展到由于有瑕疵的建筑师工作而产生的履行请求权和损害赔偿请求权,导致建筑师工作瑕疵的积极侵害债权的请求权当然也属于此。① 限制业主请求权(其法律基础在于对建筑物受领前建筑师的行为)的时效条款可以理解为来源于如下事实,即该建筑物已经正式受领或者投入使用。这项对于时效开始的约定不适用于之后(可能甚至在瑕疵担保责任请求权罹于诉讼时效之时或之后)产生的损害赔偿请求权。这证明了如下结论,即在对该条款进行所要求的限制解释的情形,在对建筑物进行受领后或将其投入使用后产生的请求权根据该条款并不适用短期时效。

c) 相反,上诉法院在此也适用了两年的时效期间,使得之后产生的请求权的时效自产生时起开始计算。从其立场来看,这是一个合乎逻辑的解释,本身也是一个可能的补充解释。然而,上诉法院没有充分考虑到,在本案中不仅时效期间被调整,而且开始计算时效的时点也被调整以适应《通则 B》第 13 章规定的适用于建筑商的规则。然而,很明显的是,就像建筑商的情况那样,在建筑师的情形自受领时起开始计算的两年时效期的整体规则不得适用于业主在对建筑物进行受领后的违反义务的请求权。如在检查和消除之后暴露出来的建筑瑕疵的情形,以及在维护业主的瑕疵担保责任请求权和对业主之后的咨询进行答复的情形。建筑师合同第 14 条第 1 款第 1 句的表述并不全面,以至于必须通过解释才能得出如下合同意图,即所有损害赔偿请求权,无论其如何及何时产生,均应当在两年后罹于消灭时效。因此,对于此处可能存在的积极侵害债权的请求权,其消灭时效期应当为 30 年。②

d) 此处对 1967 年 6 月 29 日的建筑师格式合同的解释与合议庭

---

① Senatsentscheidungen vom 27. Februar 1975-VII ZR 138/74 = BauR 1976, 59-und vom 20. März 1975-VII ZR 221/72 = BauR 1975, 341.

② 参见《德国民法典》第 195 条。

先前的判决[1]并不矛盾。

1970年3月23日的判决（VIIZR87/68 = Schäfer/FinnernZ3.00Bl182）和1971年6月24日的判决（VIIZR254/69 = NJW1971, 1840）以预先拟定的合同条款为基础，根据这些合同条款，"所有合同请求权在建筑师完成工作的那一年结束后再经过两年罹于时效"。在这些案例中，双方当事人享有的请求权的消灭时效并非自展现建筑师工作的建筑物受领时就开始计算，而是在更晚些时候，即在建筑师最终完成其合同工作的那一年的年底才开始计算。即使在最终费用清算已经进行且支付后，调查出现的瑕疵、提供适当的咨询以及在特定情形协助消除瑕疵均属于建筑师所负担的工作任务。[2] 这样的时效条款，不是以建筑物的受领为依据，而是以建筑师的工作结束为依据，即使对于像本案中的请求权，将合同规定的时效期间缩短为两年似乎也是合理的。因此，就该条款而言，其还包括对于违反给付义务的请求权。从合同当事人表达的意图中可以推断出，在建筑师完成工作后的两个日历年结束的时候，应当在所有相互的请求权之下划定一道界限。[3]

对于本案中的格式合同，类似的时效始期规则以合议庭于1970年5月4日作出的判决（VIIZR134/68＝Schäfer/FinnernZ3.01Bl435）和1971年4月22日作出的判决（VIIZR213/69＝Schäfer/FinnernZ3.00Bl202）为基础。后一种情形不涉及业主的请求权，而是涉及建筑师的费用请求权的消灭时效。

三

综上所述，对于上告审来说，应认为被告须为原告对建筑公司S.可能享有的瑕疵担保责任请求权罹于时效负责，即使无法证明被告存在监督过失。此外，对于该审级来说，应认为可能的针对被告的积极侵害债权的请求权没有罹于消灭时效，因此其不能援引针对其的瑕疵担保责任请求权已经罹于时效的抗辩。

---

[1] NJW 1971, 1840, 1842.
[2] Senatsentscheidungen NJW 1967, 2010, 2011; 1971, 1130.
[3] Senatsentscheidung vom 23. März 1970.

因此，应当废止被撤销的判决，并将本案发回上诉法院重新审理并就包括上告费用在内的事项作出判决。从现在起，上诉法院将须就被告是否须对下沉和裂缝负责作出认定。

（孙鸿亮　译）

判例四

定作人代承揽人向其他承揽人行使损害赔偿请求权(第三人损害求偿)

《联邦最高普通法院民事判决选》第 96 卷,第 221—230 页
BGHZ96,221-230

【要旨】

承揽人有瑕疵的工作给其他承揽人的工作物造成的瑕疵结果损害,如果其他承揽人没有依据《通则 B》在合理期限内请求该承揽人消除瑕疵,则定作人可以代替请求。

合同请求权的规则对于相竞合的侵权行为请求权的扩张适用。[①]

【主文】

根据原告的上告,位于科隆的州高等法院第二十二民事合议庭于 1983 年 7 月 12 日作出的判决在费用问题方面被撤销。此外,104264.52 马克(包含利息)的诉讼和原告被判令向被告偿还自 1983 年 1 月 19 日起的超过 106766.97 马克(包含 4% 的利息)的判决也被撤销。驳回上告请求。

在判决被撤销的范围内将本案发回上诉法院重新进行审理并作出判决。

原告须承担上告程序 3/7 的费用。余下的上告程序费用由上诉法院作出裁判。

[①] BGH, 1971-03-04, VII ZR 40/70, BGHZ 55, 392; BGH, 1973-07-12, VII ZR 177/72, BGHZ 61, 203.

【事实】

原告经地方协会 R.①的委托于 1974 年和 1975 年在地区街道（Kreisstraße）上方建设了一座桥梁。作为这项工作的一部分，原告还建造了一个钢板桩墙（Stahlspundwand），通过几根钢缆将其固定在地面上。被告受该地方协会委托，负责该建筑项目的土方工程。被告必须筑起堤坝与桥梁结构对接，此外，还必须将原告建造的板桩墙与斜坡之间的空间回填并压实。这些合同的依据是《通则 B》。

板桩墙于 1975 年 7 月和 8 月发生了变形。在除去已经完成的回填后，发现有几根锚固杆（Ankerstäbe）出现了断裂。工作尚未被验收的原告支出了 180251.14 马克消除了损害，并向地方协会要求支付该金额，其理由为消除损害是地方协会的任务。180251.14 马克的债权由以下单项组成②：35637.60 马克用于除去回填材料的土方作业；32818.81 马克用于新的回填和压实；69350 马克用于修复锚杆；24582 马克用于技术加工的总费用。

当地方协会没有付款时，原告首先对其提起了诉讼，但该诉讼很快就扩大到唯一的被告。在原告的定作人向原告转让了其可能对被告享有的损害赔偿请求权后，原告撤回了对其提起的诉讼。

州法院完全支持了原告的诉讼请求。上诉法院则驳回了原告的诉讼请求，原告被要求根据《德国民事诉讼法》第 717 条第 2 款项向被告支付 245819.76 马克（包括利息），该费用是被告为了避免强制执行州法院的判决而支付的。在已经被受理的上告中，被告请求驳回上告，而原告则请求恢复一审判决。

【判决理由】

一

上诉法院认为，原告自身对被告不享有请求权，且该诉讼因此只

---

① 以下也称为定作人。
② 每项加上 11% 的增值税。

能在被转让的权利基础上取得成功。上告法院接受了这一点。

板桩墙的变形是否可归因于被告有缺陷的承揽给付,上诉法院没有给出回应。因此,对于上告审级来说,须假定原告的如下陈述是正确的,即板桩墙的锚固杆由于土壤压实度不够和/或者由于被告的地面振动器所造成的冲击负荷而出现断裂。

二

上诉法院认为原告不享有《通则 B》第 13 条第 7 款第 1 项规定的请求权,因为被告没有被请求在适当的期限内消除瑕疵。当且仅当涉及土方作业的瑕疵消除费用,而不涉及板桩墙的损害时,这个观点才是正确的。

(1) 作为《通则 B》基础的瑕疵请求权假定承揽人首先负有消除自己承揽物上瑕疵的义务。相应的,其必须从定作人那里获得修补的机会。① 只有当承揽人在为其设定的适当期间内没有采取任何措施,定作人才有权利自己采取行动消除瑕疵,而由承揽人承担消除瑕疵的费用。如果定作人没有设定这样的消除瑕疵的期限,则其通常会失去补偿请求权。②

这一原则的适用并非不受限制。就板桩墙而言,被告只须修补自己工作物上的瑕疵,被告既没有权利,也没有义务消除作为原告工作物的板桩墙所受到的结果损害。因为承揽人原则上只须消除其根据合同有义务建造、维护或者改造的建筑部件所具有的瑕疵。③

(2) 相反,上诉法院认为如果就此与其实际负担的给付所不同的其他给付是必要的,则承揽人有权自己消除所有损害。通常来说,这是不正确的。

a) 当然,上诉法院已经作出多个判决,认为承揽人的修补义务不限于自己的给付。例如,它把因修理安装方面有缺陷的排水管而必须进行的砌筑、抹灰、上石膏、油漆、清洁和建筑工作的费用列入承揽商

---

① 参见《通则 B》第 13 条第 5 项。
② Senat NJW 1982, 1524, 1525; Urt. v. 9. April 1981-VII ZR 263/79＝BauR 1981, 395, 398＝ZfBR 1981, 173, 179 jeweils m. N.
③ Kaiser, Mängelhaftungsrecht der VOB Teil B, 4. Aufl., Rdnr. 98, S. 229.

应承担的费用中。① 此外,在一个承揽商必须修复防水作业的案件中,合议庭也将就此必要的辅助工作所支出的费用描述为瑕疵消除费用,如拆除地窖门、油加热系统、油箱、地窖楼梯、拆卸和重新安装电气连接以及调整和重新安装地窖门。② 定作人代承揽人向其他承揽人行使损害赔偿请求权(第三人损害求偿)的工作有:定位受损区域,翻开路面,挖开土壤直至管道,暴露管道的泄漏点,回填管沟,压实土壤,恢复翻开的路面。③

正如这些例子所展示的,修补义务不仅仅延伸到随后将自身有瑕疵的给付置于无瑕疵的状态。准确来说,其包括所有对于消除自身给付之瑕疵所应采取的初步必要措施,还包括在消除瑕疵后为了恢复之前的状况所必要的工作。④ 所有这些开支都与消除工程瑕疵的义务密不可分,且属于承揽人合同履行的费用和承担瑕疵担保责任的费用。⑤ 因此,进行准备工作和辅助工作以及消除修补痕迹的义务并不取决于定作人对于承揽人享有损害赔偿请求权的条件。特别是当承揽人对于瑕疵不存在过错时,这些义务依旧存在。否则定作人就会面临以下风险,即必须支出费用以履行瑕疵消除请求权而给自己的财产造成损失。

b) 然而,本案并不属于这种情形。因为进行修补所不可避免产生的损害和费用必须与给其他建筑部件或者其他定作人的财产造成的只是基于给付瑕疵产生的损害区别开来。它们不能被修补义务所涵盖且可能只是依赖于过错的损害赔偿请求权的标的。

下面对本案进行分析。就板桩墙的损害而言,其并不涉及消除修补痕迹或者须修补的工程部件。这些损害并非在进行修补工作的情形下才产生或者为了消除瑕疵不可避免地发生,而仅仅是被告有瑕疵的承揽给付的结果。这里涉及的是瑕疵结果损害,其尽管发生在承揽物之外,但与瑕疵有着密切的联系。

---

① NJW 1963,805,806.
② Urt. v. 29. November 1971-VII ZR 19/70 = WM 1972, 800, 802, insoweit in NJW 1972, 447 nicht abgedruckt.
③ BGHZ 58,332,339.
④ Senat NJW 1979,2095,2096.
⑤ BGHZ 72,31,33.

根据《通则 B》第 13 条第 7 款第 1 项,承揽人须赔偿这些损害。①然而,这并不意味着这类损害只能在符合直接发生于承揽物上的损害的条件时才可以被请求赔偿。

c) 对于直接发生于承揽物上的损害的赔偿请求权,当然以为承揽人事先设定修补期限为前提。因为承揽人首先仅负有消除其承揽物上的瑕疵的义务。只有当承揽人没有按照期限消除瑕疵,定作人才可以就瑕疵消除费用请求损害赔偿。该期限设定的目的在于给与承揽人一个最后的机会,在对其来说通常更具负担性的其他瑕疵担保责任请求权发生前,将有瑕疵的承揽物恢复至符合合同约定的状态。因此,合议庭还将在维修管道期间由于以下辅助工作而产生的费用算作承揽商应偿还的费用。这一功能论证了事先设定带有拒绝威慑之期限的必要性。相反,如果涉及的是损害赔偿的问题,该损害自始就存在于修补请求权以外,那么期限设定就不是必要的。②联邦最高普通法院并未将为承揽人提前设定一个修补期限作为对由于瑕疵产生的收入逸失和鉴定费用的赔偿的前提条件。③在成功修补后存在交易性贬值的情形也是如此。④

其他规则不能适用于此处有争议的板桩墙的损害。该损害也是在被告实际的承揽给付之外发生的,并且尽管在此之前其瑕疵完全可以被发现或者可以被消除。该损害是瑕疵履行的结果,其不能再通过修补或者符合本旨的履行给付被挽回。这并非涉及对未履行合同约定之给付的赔偿,而是涉及对不依赖于修补请求权的实现而在所负担的承揽物给付之外发生的损害的赔偿。在此意义上,此处存在的损害与所谓的"更遥远的"瑕疵结果损害没有区别。在这两种情形中,满足定作人的修补请求权并不消除瑕疵在别处导致的损害。

本案中,由瑕疵产生的定作人的损害赔偿请求权没有取代最初的履行给付。更确切地说,其自始就产生于修补请求权之外。因此,根据建筑合同瑕疵担保责任请求权的结构,在此不必考虑事先存在的对

---

① BGHZ 58, 332, 340.
② BGHZ 72, 31, 33/34.
③ BGHZ 92, 308, 310.
④ Senatsurteil vom 19. September 1985-VII ZR 158/84 m. N.

于符合期限之修补的请求,恰恰是因为承揽人以此为限完全不负有修补的义务,而是仅负有损害赔偿的义务,且仅当其对瑕疵可归责时才负有该义务。该请求是针对金钱赔偿的,例外情形除外。①

d) 因此,被告没有被设定修补期限与原告享有赔偿请求权在涉及消除被告自身工作物上瑕疵的费用,即涉及消除土方作业瑕疵的费用时才是冲突的。此外,上诉法院否认在此根据这些情形没有必要要求被告消除瑕疵,这在法律适用方面是不存在缺陷的。上告法院也未对此进行指摘。

相反,就板桩墙的损害而言,原告可以基于所谓的"第三人损害求偿"原则享有从地方协会处受让的对于被告的请求权。②

三

原告是否由于定作人对板桩墙享有的所有权被侵害而享有《德国民法典》第 823 条第 1 款规定的请求权,这一问题的答案是开放的。因为这种类型的请求权的范围并不比前述被告的合同责任范围更广,且因此不包含土方作业的费用。

(1) 根据联邦最高普通法院的判决,在建造有瑕疵的建筑物的情形中,原则上不存在《德国民法典》第 823 条第 1 款规定的请求权。③因为有瑕疵的建筑给付并未侵害所有权,而是仅导致一般的财产损害,且不符合《德国民法典》第 823 条第 1 款的构成要件。因此,被告有瑕疵地执行土方作业本身不能使原告拥有《德国民法典》第 823 条规定的损害赔偿请求权。

(2) 当然,合议庭也曾经作出过判决,认为如果定作人现存的和先前未受损害的财产受到了影响,则无论如何有瑕疵的承揽给付同样符合《德国民法典》第 823 条第 1 款规定的侵害所有权的要件。④ 然而,没有必要更详细地探究,在前述情形被告是否因为侵害板桩墙的所有权而相应地负有损害赔偿义务。同样尚未确定的是,产品责任的

---

① BGHZ 61, 369, 371; NJW 1978, 1853; BauR 1981, 395.
② BGH NJW 1970, 38, 41.
③ BGHZ 39, 366; NJW 1978, 1051 Nr.5; NJW 1981, 2248, 2250.
④ BGHZ 55, 392, 394; BGHZ 61, 203; NJW 1977, 1819.

判决①所发展出的原则在多大程度上可以完全适用于建筑物的建造，因为被告在任何情况下都无须承担更新土方作业所要求的（在这种情形中唯一值得关注的）费用。

诚然，如果假定板桩墙的所有权本身受到侵害，则被告须赔偿所有由此产生的损害。但是，土方作业的费用须被排除在外，因为该损害项目只涉及仅能够作为瑕疵担保责任请求权标的本身的花费。当然，相互竞合的基于承揽合同和侵权行为的损害赔偿请求权根据其构成要件和法律效果，原则上应当各自单独加以判断。② 起决定作用的是，具有优先性的合同规则在多大程度上被削弱，如果其并非也适用于可能产生的、从相同事实中推导出来的基于侵权行为的请求权。如果在对于赔偿板桩墙恢复原状费用的侵权请求权内部，必要的土方作业的花费能够被请求而不用考虑被告是否获得了重新且无瑕疵地独自执行该作业的机会，则此处属于这一情形。进而作为建筑商/承揽人的被告首先享有的、对于其具有很大意义的基于承揽合同的补救权利被削弱，且保障该权利的《通则 B》第 13 条第 5 款、第 7 款第 1 项的规则实际上不适用这一情形，因为根据这些规则，承揽人原则上须被设定期限才可被请求消除其承揽物上附着的瑕疵。

合议庭曾多次判决符合赔偿他人修补费用或者损害赔偿的承揽合同请求权条件的定作人在此范围内，既享有无因管理请求权，也享有不当得利请求权。③ 在此也是类似的。怠于创造合同条件的人，就同一花费也不能迂回地借助于可能的来自侵害所有权的损害赔偿请求权要求赔偿。无论如何，基于这一原理，（就像本案中处于争议中的）合同规则必须"蔓延"至基于侵权行为产生的责任。

综上所述，被告是否因为合同和侵权请求权在范围上重合而也应当承担侵权责任，这一问题的答案是开放的。

四

尽管如此，更新土方作业所导致的费用开支使得驳回诉讼请求须

---

① BGHZ 86, 256.
② BGHZ 55, 392; 61, 203, 204.
③ BGHZ 92, 123, 125.

被维持,因而上告未取得成功。根据原告准备的发票,35637.60马克＋32818.81马克＋7530.21马克(11％增值税)＝75986.62马克。在当前的诉讼阶段,诉讼请求不能因不涉及被告工作物的修复锚的费用[1]而被驳回。这也包括原告索要的"技术处理费"[2],该费用当然可能包含无法轻易消除的新发生的土方工程的一部分。就此,上诉法院将必须对原告此时在多大范围内享有赔偿请求权进行必要的审查。

在同样的范围内,就像在驳回诉讼请求的情形那样,上诉法院根据《德国民事诉讼法》第717条第2款的规定认定原告负有还款义务的判决须以下金额得到维持:部分本金金额75986.62马克、9％的利息24410.72马克、不应收取的增值税产生利息6369.63马克,总计106766.97马克。

在撤销的范围内,本案须发回上诉法院重新审理并由上诉法院作出判决,包括上告程序的费用。

(孙鸿亮　译)

---

[1] 69350马克包含11％的增值税。
[2] 24582马克包含11％的增值税。

判例五

建筑商使用以延长的所有权保留方式购买的建筑材料时的业主责任

《联邦最高普通法院新法学周刊—判例报告》1991年,第343页以下
BGH,NJW-RR1991,343

【要旨】

对于就自身的报酬债权与业主达成让与禁止约定的建筑商使用其通过延长的所有权保留买卖获得的建筑材料而言,如果业主仅容忍材料的安装,那么业主对建筑材料供应商在法律上不负有任何责任。[1]

【事实】

在一般交易条款中约定了延长的所有权保留的原告向两合公司(KG)L.交付了建筑材料。其受被告委托建造污水净化装置。被告与两合公司 L.私下订立合同,约定禁止让与基于其所订立的合同产生的债权。两合公司 L.将直接交付到建筑场地的建筑材料安装到污水净化装置上。1985年11月29日,针对两合公司 L.的财产启动了破产程序(Konkursverfahren)。

原告提起诉讼,请求法院判令被告从余下的大约70000马克的交付债权中支付10000马克。

州法院支持了该诉讼请求,上诉法院则驳回了该诉讼请求。原告希望通过被允许的上告程序恢复州法院的判决。

---

[1] BGH,1971-05-27,VII ZR 85/69,BGHZ 56,228.

【判决理由】

上告未获得成功。

上诉法院认为,被原告作为条件的对于建筑材料延长的所有权保留由于两合公司 L. 与被告以私下订立合同的方式约定的报酬债权让与禁止而落空。① 债权让与禁止一方面阻止了原告的交付与承揽报酬债权取得,并导致两合公司 L. 违反了交付与支付条件的相关规定,其既未被授权转售保留所有权的货物,也未被授权将该货物用作建筑材料或者将该货物用于安装。② 然而,原告的财产损失和被告取得建筑材料的财产权是由于被告将建筑材料安装到污水净化装置中而发生的。两合公司 L. 通过安装建筑材料侵害了原告的所有权。③

上诉法院认为,联邦最高普通法院在这样的情形中否认了材料供应商对业主享有侵权损害赔偿请求权和不当得利请求权。④

(1)根据联邦最高普通法院第七民事合议庭作出的判决,在此处给定的情形中,由于已经存在使得损害赔偿责任成立的侵权行为,建筑材料供应商的侵权损害赔偿请求权不能得到支持。第七民事合议庭在前述判决中进行了说理,认为承揽商最终通过在建筑合同中约定的债权让与限制而忽视其与建筑材料供应商达成协议的建筑材料所有权保留,这并不能使得业主由于积极行为产生的责任得以成立,因为承揽商如何取得其对于执行所承担的工作来说必要的材料完全取决于他自己。从先前的行为中无论如何不能推断出业主负有制止承揽商在所有权保留的情形下违背供应商的意愿使用其所获得的建筑材料的法律义务,因为此处仅涉及债权让与限制的协议。业主原则上

---

① 由于以私下订立合同的方式达成协议,在此并不涉及一般交易条款所包含的债权让与禁止的有效性的问题。BGHZ 51, 113, 114ff.; 56, 228, 230ff.; 102, 293, 300 m. w. N.; Urt. v. 11. Mai 1989-VII ZR 150/88, WM 1989, 1227=BB 1989, 1442; Urt. v. 29. Juni 1989-VII ZR 211/88, WM 1989, 1470, 1471f.; Burger, NJW 1982, 80, 82; Klamroth, BB 1984, 1842ff.

② BGHZ 51, 113, 116.

③ BGH, Urt. v. 7. Januar 1970-VIII ZR 106/68, BB 1970, 514; Urt. v. 5. Dezember 1989-VI ZR 335/88, NJW 1990, 976.

④ BGHZ 56, 228, 237ff., 239ff.; 102, 293, 309.

可以相信,如果承揽商受到债权让与限制的约束,则其应当对其授信者适当采取行动,并向授信者披露其与业主达成的协议。就此而言,业主自始就不负有义务调查承揽商意图以何种方式购买必要的建筑材料。随着工作在约定条件下的转移,这是他的自由决定,并应保持下去。

(2)上告法院对该法律观点进行了指摘。

上告法院基于联邦最高普通法院第八民事合议庭的判决①提出如下观点,即业主在本案给定的情形中负有义务调查安装于其不动产上的建筑材料上的所有权关系。在该判决中,第八民事合议庭认为第二买受人负有义务调查其获得的纺织品上的所有权关系,该纺织品是其在就买卖价金债权达成的禁止让与协议的约束下从加工企业那里购买来的,加工企业用以延长的所有权保留的方式从供应商那里购得的原材料生产出了这些纺织品。在该情形中,第八民事审判庭认为第二买受人违反了其调查义务而否定了其基于《德国民法典》第932条善意取得所有权,并认为第二买受人基于《德国民法典》第989、990条对供应商负有损害赔偿义务。

上告法院认为,第八民事审判庭对供应商—加工商—第二买受人提出的原理也必须适用于建筑材料供应商—建筑商—业主之间形成的关系。无论供应商是否在新的货物被制造出来后交付给加工企业,或者将货物交付给建筑商,并不会影响该原理的适用。业主的调查义务一方面来自其促成的债权让与禁止的约定,并从先前的行为中为业主建立了一项义务,即在给定的情形中制止将材料安装到其不动产上,以及(如果其违反了调查义务而不作为)还要避免具有重大过失的行为,该行为证成了《德国民法典》第823条第1款规定的责任。如果业主在安装前取得了材料的占有,则业主的损害赔偿义务源自所有人—占有人关系的规定②,因为建筑商由于债权让与禁止的约定而无权转移占有,且业主由于违反调查义务而在取得占有时是恶意的。

---

① BGHZ 77,274.
② 参见《德国民法典》第989、990条。

(3) 合议庭不赞同上告法院的观点。

a) 在当前类型的案件中,究竟是否需要考虑源自所有人—占有人关系的请求权是存有疑问的。在当事人根据《德国民法典》第 946 条因安装丧失所有权的情形中,该观点支持其不享有源自所有权的任何请求权,这些请求权也不能根据《德国民法典》第 989 条以下的规定推导出来。① 然而,上告法院在先前提出来的问题可以留待以后解决,因为被告的理由无论如何不具有《德国民法典》第 990 条第 1 款意义上的恶意。

b) 与上告法院的观点相反,原告对于被告也不享有《德国民法典》第 823 条第 1 款意义上的侵权损害赔偿请求权。②

合议庭没有理由偏离第八合议庭的判决③,在现存类型的案例中支持业主负有一般性的调查义务,了解建筑商以何种方式购买必要的建筑材料,并因而认为业主负有采取行动的法律义务。在多份判决中,对于如果没有对所有权保留或延长的所有权保留进行调查,在哪些条件下被认为存在义务违反的问题,联邦最高普通法院根据个案情形作出判断,并当个案情形使人容易认为须对所有权或处分权进行审查时,支持了调查义务。④ 就此而言,通常禁止对所讨论的这些案件进行任何机械的处理。因此,物的购买者是否负有调查义务在本质上是一个事实问题,只有当其存在违反《德国民法典》第 286 条、逻辑规律或经验法则时,才会在上告程序中进行审查。⑤

同样与上告法院的观点相反,在存在债权禁止转让约定的情况下,将从一开始就须将对于所有权关系的调查义务强加给业主,并如上告法院所言,如果业主没有进行任何或充分的调查,就认为他是在恶意行事,这也是不对的。⑥ 所谓的业主获得所有权的安装案例的情

---

① BGHZ 40, 272, 275; Sundermann, WM 1989, 1197, 1201; Huber, NJW 1968, 1905, 1907; Serick, Eigentumsvorbehalt und Sicherungsübereignung, Bd. IV 1976 S. 696.

② Jakobs, Jus1973, 152, 154.

③ BGHZ 56, 228, 238.

④ BGH, Urt. v. 17. Januar 1968-VIII ZR 54/66, WM 1968, 540, 541f.; Urt. v. 4. Oktober 1972-VIII ZR 66/71, WM 1973, 38, 39; Urt. v. 5. Februar 1975-VIII ZR 151/73, WM 1975, 362, 363.

⑤ BGHZ 77, 274, 276 m. w. N.

⑥ Staudinger/Wiegand, BGB 12. Aufl. § 932 Rdn. 77.

形与第二买受人从加工商那里获得所有权的情形存在明显差异,并不容易进行比较。第二买受人从加工商那里获得了已经生产出来的货物,并因此在订立买卖合同时就可以调查所有权关系,且在必要时也可以向加工商的供应商询问。即使第二买受人在签订买卖合同时尚未向加工商订购尚未生产出来的货物,其仍然可以在货物所有权转移时进行调查。由于所有权关系不明确,第二买受人此时仍有可能拒绝提供货物所有权移转凭证。恰恰相反,在安装案例中,业主的处境完全不一样。在缔结建设工程施工合同以及附带约定禁止债权让与的情形中,完全无法确定建筑商将从哪个或哪些供应商那里购得必要的建筑材料。随着工作按照约定的合同条件移转至建筑商那里,这属于建筑商自由决定的范畴,且应当保持下去。在存在众多供应商的情形下,要求业主履行附加给其的调查义务是难以想象的。此外,与从加工商那里获得建筑材料的情形不同的是,依据《德国民法典》第946条,此时建筑材料所有权的转移无须业主的协助就可以发生。业主通常将不会且不可能知道建筑材料在什么样的情形以及在什么时点到达建筑场地,其同样不会也不可能知道建筑商何时将这些建筑材料安装到其不动产上。尽管从加工商那里购得的情形对第二买受人来说,在购买或者移转已经生产出来的货物时调查所有权关系是可能的,但是如果人们也希望以类似的方式要求业主,那么对于业主的这些要求是过高的。为了防止在安装情形中发生未经授权的所有权取得,业主必须在整个建设工程期间始终控制建筑商并持续监督建筑场地。只有当对被保留所有权的货物的所有权人的保护必要性进行强制性要求时,给业主施加这样远超过控制和监督义务的调查义务才是正当的,然而本案并不属于这种情形。

在充分认识到所有权保留在商业生活中的巨大重要性的同时,《德国民法典》第932、935条的相关规定也不能不加以考量:凡是把自己的财产从手中拿出的人,原则上都要承担财产被挪用和贪污的风险;不是所有人都这样,只有在购买者存在重大过失的情况下该风险才被转嫁给他。尽管向加工商供货的供应商通常并不知道其客户是谁,因而无法采取保障措施,但是对于建筑材料供应商而言,就如本案中一样,建筑材料被运送至建筑场地并由客户最终确定,建筑材料供应商是知道其客户的。其可以从自身角度针对对其具有威胁性的权利损失采取预防措施，特别是当其合同相对方在履行付款义务方面进展缓慢时。① 如果建筑材料供应商知道建筑材料是为公共建筑工程准备的，而且公共当局经常要求禁止或限制转让债权，但其仍然向建筑商供货，这一行为不能被视为授权建筑商在禁止债权让与的情况下处置被交付的货物，即加工这些货物。② 为了建筑材料供应商自身的利益，必须要求他调查被告是否已经同意或者将同意报酬债权的转让。他的利益并没有因此而受到不合理的损害，因为对他来说这样的调查是很容易就能够做到的。

本案也没有引起对以下问题的研究：如果业主实际知道或后来得知他委托的建筑商违背其供应商的意愿，使用在保留所有权的情况下提供的建筑材料，但却没有采取任何行动或行动太少，是否以及在何种程度上必须适用其他规则，因为原告的事实陈述没有提供这方面的充分证据。

（4）上诉法院认为被告最终也不负有《德国民法典》第951、812条规定的不当得利请求权。在上述判决中，联邦最高普通法院使用所谓的"辅助性原则"否定了建筑材料供应商对业主享有的不当得利请求权。因为供货商通过交付建筑材料，基于一个有效的买卖合同向建筑商提供了给付，从而存在一个双重的给付关系，该给付关系通过建筑商构建了一个有效的合同关系链条，建筑材料通过该链条到达业主那里。联邦最高普通法院并不重视建筑商在安装材料时违反了与供应商约定的延长所有权保留的事实。这一判决在其有关不当得利法的阐释中得到了部分赞同，当然也遭到了反对。本案并没有给合议庭任何理由来更详细地处理这个问题。根据学术界的主流观点，所有权人自己将物品投入流通，即物品对其来说并非是丢失的，并不足以否定其根据《德国民法典》第951、812条拥有的不当得利请求权，这一观点利用《德国民法典》第932条以下、第816条第1款的规定来判断不动产所有权人是否以不当得利的方式取得了被安装物品的所有权。如果业

---

① BGHZ 56，228，238.
② BGHZ 102，293，307f.

主是恶意的,则其因此相对于建筑材料供应商成立侵害型不当得利;如果其被认为是善意的,则材料供应商对于业主不享有不当得利请求权。如果人们遵循这一观点,则须审查被告是否善意取得了两合公司L.安装在其不动产上的建筑材料。如果人们就此认为这种观点基于《德国民法典》第932条、第816条第1款和《德国商法典》第366条的规定所表达出的价值,则取决于被告在建设工程施工期间是否负有调查义务。因为这一点在本案给定的情形中须被否认,所以如果人们遵循学术界的主流观点,则被告并非恶意,且也不会遭受不当得利请求权的追索。

(孙鸿亮　译)

判例六

建筑商对于承租人带来的财产损害的侵权赔偿义务;与有过失

《联邦最高普通法院新法学周刊—判例报告》1990年,第726页以下
BGH,NJW-RR1990,726

【要旨】

以可谴责的方式建造了有瑕疵的房屋且由此给承租人造成了水损害的建筑商,对承租人负有基于违法行为的损害赔偿义务。①

关于在这些情形下承租人的共同责任。

【事实】

女商人 Margot H. 和她的丈夫是一栋独立房屋的共同所有者,该独立房屋的外壳由被告于 1977 年和 1978 年建造完成。自 1980 年起,原告在其承租的地下室房间里经营一家厨具工作室,随后多次发生水渗进房间的情况。

1982 年 7 月 26 日,水再次渗入房屋的地下室,损坏了展览中的厨具和装修。原告估计其遭受的损失为 53385.74 马克。其要求被告支付该数额的赔偿,并声称被告有瑕疵地建造了地下室的地面和墙壁,渗水的原因就存在于此。下级法院均未支持原告的该要求。在上告中,原告继续坚持其赔偿要求。

---

① BGH,1986-10-28,VI ZR 254/85,VersR 1987,159.

【判决理由】

一

上诉法院否定了原告基于合同以及侵权的损害赔偿请求。上诉法院认为原告不是其丈夫单独和被告以口头方式订立的建设工程合同的当事人。原告作为经营性承租人也无法被纳入该合同的保护范围,因为被告不能预见为了健身、爱好和派对目的而建立的独立房屋的地下室房间会被用作厨具展览。原告不享有基于违法行为的请求权,因为其在先前发生的多次渗水事件后自担风险重新安放厨具,其必然已经考虑到之后可能发生的渗水风险。此外,其轻率的行为构成了如此高的与有过失,以至于被告被完全免除责任。

二

上诉判决在所有方面都经不起推敲。

(1) 上诉法院否认原告享有基于合同的损害赔偿请求权属于适用法律错误。

a) 毫无疑问,原告的丈夫在缔结建设工程合同时没有明确表达将其也作为原告的代理人。在上诉法院对事实进行确认后,从具体情境中同样不能得出原告的丈夫同时以原告的名义缔结合同。上诉法院事实评估没有被上告认定为法律适用错误。与其中代表性的观点相反,原告是被建造的不动产的共有人尤其不足以认定合同是以原告的名义缔结的[①],主要因为被告在缔结建设工程合同时对此并不知晓。

b) 从法律理由的角度来看,上诉法院的如下观点是无可指摘的,即原告的丈夫和被告缔结的建设工程合同不具有有利于原告的保护效力,该保护效力会导致原告就带入地下室房间的厨具和进行的装修对被告享有基于合同的损害赔偿请求权。

aa) 对于该判决,尚未确定的是,为了建造住宅而订立的建设工程合同是否始终也将发包人的家庭成员以及将被建造的不动产的可能

---

① Ingenstau/Korbion, VOB 11. Aufl., A § 28 Rdn. 28.

的共有人纳入合同的保护范围。① 因为这样的纳入只对由此发生的损害情形是有意义的,即上述人员恰好是作为业主的家庭成员或不动产的共有人而接触承包人的建设工程给付。然而本案并非此种情形。原告既不是作为独立房屋的共有人,也不是作为业主的妻子,而是作为地下室房间的经营性承租人遭受了原告声称的被带入地下室的厨具和在其中进行的装修的损害。

bb) 合议庭在其于1986年10月28日作出的判决②中没有对如下问题作出回答,即承租人是否被纳入业主为了建造房屋而缔结的建筑师合同的保护范围。无论如何,这个问题必须得到否定回答。一方面,对于此种纳入并无必要,因为承租人在这方面通常已经通过其对出租人的合同请求权享有了充分的保护。③ 另一方面,从其他角度看,建筑商的的合同义务以一种对其来说不合理的方式被扩展至其无法识别的风险,而没有清晰的、依据客观标准进行的划定的可能性。④

cc) 由于在本案中,基于合同的损害赔偿请求权已经因渗水所侵害的原告法益与被告的合同义务之间不接近而不存在,故有关地下室房间的经营性使用,正如被告所提出的那样,是否违反公法中的建筑法的规定,在此意义上不再具有决定性。

(2) 然而,上诉判决在法律上经不起推敲,因为其否定了原告享有基于违法行为的损害赔偿请求权。就此,上告法院不得不假定被告应受谴责地建造了有瑕疵的地下室地面和墙壁,以及该瑕疵给付是导致1982年7月26日地下室渗水的原因,因为上诉法院没有提及这一事实。

a) 作出判决的合议庭在前述判决中原则上支持了在如下情形中

---

① Senatsurteil vom 8. Mai 1956-VI ZR 58/55-LM §254 (E) BGB Nr. 2 zu II 2; Ballhaus in BGB-RGRK, 12. Aufl., §328 Rdn. 101; MünchKomm-Gottwald, BGB 2. Aufl., §328 Rdn. 92.

② VI ZR 254/85-VersR 1987, 159＝BGHR §823 Abs. 1 "Verkehrssicherungspflicht 4".

③ BGHZ 70, 327, 330.

④ BGHZ 70, 327, 330; BGH, Urteil vom 7. November 1984-VIII ZR 182/83-NJW 1985, 489f.

房屋建筑师对于承租人的责任,即由于其有瑕疵地提供给付,建筑没有能够提供预期的保护以对抗恶劣天气的影响,且侵入的湿气导致承租人的物品发生了损害。除此以外,在责任承担的法律体系内没有针对此种情况令建筑商承担责任的规定。其担保义务也不限于这样的危险,即对于房屋的使用者及其法益来说直接来自建筑物的危险。因为建筑至少在通常情形应当具备防御外部威胁性危险的作用,且其住户恰恰基于对这种保护的信赖才将自己的物品带入到房屋中,只要不存在如合议庭于1986年10月28日作出的判决所提及的最廉价的建筑方式这样特别的情形。本案中不存在导致例外的该种特性,相反,根据上告程序中作为基础的原告的陈述,该建筑是该地区"最宽敞和最豪华的房产之一"。

b) 在最初的情形下,适用于产品生产和销售的原则在责任法上不仅须适用于建筑师的建设工程给付的核心部分,也须适用于建筑商的建设工程给付的核心部分,这些产品被投入市场以防御特定的危险,但这些原则并不适用于此。[①] 因为同样就像购买人基于对这些产品会给与其适当程度保护的信赖而不对其法益采取其他保护措施,在没有特别情形的时候,房屋中房间的所有权人或承租人认为其带入房间的物品会受到充分保护而免遭恶劣天气的影响,不觉得有必要在这方面作出任何额外的安排。正如合议庭所强调的那样,使用法益或等价法益只在合同法领域受到保护,这些法益受到损害不会独立引发侵权损害赔偿请求权。[②] 但如果一项(建设工程)给付担负避免房屋住户绝对受保护的法益遭受危险的任务,且其未能发挥该功能,则该超越给付之瑕疵无价值的对于法益的损害侵害了《德国民法典》第823条第1款所保护的物之所有权人的完整利益。

c) 在本案中,不需要作出如下最终决定,即建筑商是否只能通过将其有瑕疵的承揽物改善为适于抵御危险的给付才能免于承担侵权责任,即使发包人由于对于这样的瑕疵消除的担保给付权利罹于时效

[①] BGHZ 80,186,189f;80,199,201;Senatsurteil vom 18. September 1984-VI ZR 51/83-VersR 1984,1151,1152.

[②] BGHZ 86,256,258ff;Senatsurteile vom 18. September 1984 und 28.

而不再享有可执行的合同请求权,或者是否建筑商的(其他)赔偿义务也由于其向信赖其给付的担保功能的人清晰地指明了该给付在保护效力方面存在瑕疵而消灭。无可争辩的是,在 1982 年 7 月 26 日发生渗水前,被告既没有向原告,也没有向原告的丈夫明确表达地下室地面和墙壁适于抵御渗水的危险。

d) 最后,被告负有的侵权法上的保障义务并不会因为其声称原告违反公法规定的建筑条例将地下室房间用于展览而被排除。这一情况并没有将基于有效的租赁合同使用房屋地下室的原告置于如下人员之外,这些人员的法益是被告通过合法的施工方式所要重点保障以免遭水侵入导致的损害。

b) 上告法院对上诉法院的如下观点进行了指摘,即上诉法院认为由于原告自担风险将厨具带入地下室房间,且相对于被告的错误行为,原告自身具有更显著的过失,故原告对被告不享有侵权损害赔偿请求权。

aa) 上诉法院由于原告自担风险的行为,在未与假定的被告的错误行为进行衡量的情况下否认了原告享有有效的损害赔偿请求权,这表明上诉法院遵循帝国法院后期的判决①,认为自担风险的行为中包含了同意法益侵害的违法性阻却事由。合议庭在其于 1961 年 3 月 14 日作出的判决②中将这一解释视为例外情形,如果像本案一样并非这种例外情形,则根据合议庭的判例,只涉及须根据《德国民法典》第 254 条第 1 款要进行判断的问题,即受害人通过其行为在多大的范围内助成了危险情况的发生,在该危险情况中侵害人的可被归责的对于损害发生的贡献能够发挥作用。为了确定被告责任的大小,须权衡双方当事人对损害发生的贡献程度。

bb) 先前基于上诉法院对于原告的与有过失进行的不太充分的阐释作出的认定不足以证成经权衡后可以完全免除被告的责任。诚然,上告法院只能就事实审法官是否对《德国民法典》第 254 条第

---

① RGZ 141, 262, 264f.
② BGHZ 34, 355, 360ff.

1款规定的框架内的所有明显事项进行了完全且正确的考量,并且是否违反逻辑和经验法则进行审查。① 但上诉法院并不受这样的限制。

上诉法院认为,被告在1982年7月26日的损害事故之前已经发生的1981年5月18日的渗水事故以及1981年8月7日和10日的渗水事故之后分别采取了补救措施。然而,有了这个出发点,就没有充分的理由认为原告于1982年7月不应再信赖地下室的密闭性。因为原告在本案中提出,被告曾承认用于供给的墙壁缺口没有密封好是导致1981年8月渗水的原因。② 因为上诉法院不仅认为墙壁不具有密闭性是当时导致损害发生的原因,而且认为被告为了消除瑕疵对墙壁缺口采取了密闭措施,所以不存在充分的事实基础以支撑这样的观点,即原告在被告于1982年7月采取补救措施后不应该相信地下室房间自此具有了密闭性。与上诉法院相反,无论如何都不能因为被告先前采取的补救措施被证明是不充分的而如此认定。一方面,这些措施涉及密闭的其他缺点;另一方面,建筑商多次失败的补救也不会轻易破坏发包人对最后一次措施已经完全消除瑕疵的信赖。

如果被告在完成对于1981年8月渗水的补救措施后"向原告告知房间现在具有的密闭性"③并向原告"保证地下室现在是密闭的"④,原告就更有充分的理由信赖渗水危险已被被完全消除。被告不得基于诚实信用原则认为原告不应当信赖这些陈述。与上诉法院的观点相反,原告的主张也得到了充分证实,尤其是因为对原告存在与有过失的情况进行说明应当由被告提出。无论如何,正如上告法院指摘的那样,上诉法院在采纳原告提出的证人证言之前,不应当确信原告也

---

① BGHZ 51,275,279f;Senatsurteil vom 12. Juli 1988-VI ZR 283/87-VersR 1988,1238,1239=BGHR §254 Abs.

② 在1981年5月18日发生的渗水事故后,上诉法院在其于1988年5月18日作出的由于1981年8月7日和10日的渗水事故而针对被告提起的诉讼的判决(20 U 3803/87)中已经支持了原告的该种信赖。

③ GA Bl. 108f.

④ GA Bl. 11f.

应当持续考虑渗水的危险。

三

因此,上诉法院的判决须被废止,且依据《德国民事诉讼法》第565条第1款,本案须发回上诉法院对事实进行进一步澄清。

(孙鸿亮 译)

附 录

附录一

《德国民法典》工程合同（相关）条文

第九节 承揽合同与类似合同

第一目 承揽合同

第一分目 一般规定[结构调整]

第631条 【承揽合同的典型义务】

(1) 因承揽合同，承揽人负担完成约定工作的义务，定作人负担支付约定报酬的义务。

(2) 承揽合同的标的，可以是物之制作或变更，也可以是其他因劳动或服务所可能产生的结果。

第632条 【报酬】

(1) 如果根据情况，不给付报酬，则不能预期工作的完成，视为以默示合意允诺了报酬。

(2) 没有确定报酬数额的，有价目表时，价目表所定的报酬，视同约定的报酬，无价目表时，习惯上的报酬，视同约定的报酬。

(3) 有疑问时报价不给予报酬。

第632条a【部分付款】(修订)

(1) 承揽人提供了符合合同的给付，则其可请求定作人提供相当于其给付价值的部分支付。如果承揽人所提供的给付不满足合同的要求，那么定作人有权拒绝相应部分的支付。至验收时为止，承揽人就合乎合同的给付承担举证责任。第641条第3款准用之。该给付应以列表证明之，列表应能够对给付进行快速而可靠的评估。就已交付或特别订制且已准备提出之必要材料或建筑组件，如该材料或建筑组件之所有权依定作人之选择而移转于定作人,或就此提供相当之担保,第 1 句至第 5 句亦适用之。

(2)第 1 款第 6 句所定之担保,亦得以于本法适用范围内有权营业之信用机构或信用保险人之保证或其他支付承诺提供之。

第 633 条　【物及权利瑕疵】

(1)承揽人应使定作人取得没有物的瑕疵和权利瑕疵的工作。

(2)工作具有约定的质量时,没有物的瑕疵。未约定品质时,有下列情形之一的,该工作没有物的瑕疵:

a) 工作适于合同预定的使用;

b) 适于通常的使用,并显示同种类的工作通常具有的品质,且该品质是定作人按其工作种类得以期待者;

承揽人完成的工作非属约定的工作,或承揽人完成数量短缺的工作,视同物的瑕疵;

c) 第三人就承揽的工作,对定作人不得主张任何权利,或仅可主张契约所取得的权利的,无权利瑕疵。

第 634 条　【定作人在工作物有瑕疵时的权利】

工作物有瑕疵的,除另有规定外,定作人于满足下列条文规定的要件时,得:

(1) 依据第 635 条请求补为履行;

(2) 依据第 637 条自行排除瑕疵,并请求补偿必要的费用;

(3) 依据第 636 条、第 323 条及第 326 条第 5 项解除合同或依据第 638 条请求减少报酬;

(4) 依据第 636 条、第 280 条、第 281 条、第 283 条、第 311a 条请求损害赔偿,或依据第 284 条请求补偿无效修补之费用。

第 634a 条　【瑕疵请求权的消灭时效】

(1) 第 634 条第 1 项、第 2 项及第 4 项所称的请求权:

a) 工作成果是物的制造、维修或变更,或就该物的规划或监督的给付的,除第 2 项规定外,因两年内不行使而消灭;

b) 就该工作的规划或监督的给付所生建筑物及工作成果的,因五年内不行使而消灭;

c) 其他情形,因一般时效期间不行使而消灭。

(2) 第1款第1项和第2项规定情形,其时效自验收时起算。

(3) 承揽人恶意不告知瑕疵时,其请求权不适用第1款第1项、第2项及第2款规定的,因一般时效期限不行使而消灭。但第1款第2项规定的情形,消灭时效在该项所定的期限届满前,其时效不完成。

(4) 第634条所称的解除权,适用第218条规定。解除依第218条第1款规定不生效力的,定作人仍得如同合同解除时,依其解除而拒绝支付报酬。定作人行使该权利的,承揽人得解除合同。

(5) 第634条所称减少报酬的权利,适用第218条和本条第4款第2段的规定。

第635条 【补为履行】

(1) 定作人请求补为履行的,承揽人得选择排除瑕疵或者重新施作。

(2) 承揽人基于补为履行目的,就运输、过路、工作及材料费用等应自行负担。

(3) 承揽人除第275条第2项和第3项规定外,仅于补为履行费用不成比例时才能拒绝为之。

(4) 承揽人若施作了一件新的工作物,其得依据第346条至第348条规定向定作人请求返还原本交付的瑕疵之物。

第636条 【解除合同及损害赔偿的特别规定】

除第281条第2款和第323条第2款规定的情形外,承揽人依第635条第3款规定拒绝嗣后履行,或嗣后履行失败或对定作人是不可期待的,亦无须定其期限。

第637条 【自行修补】

(1) 定作人因工作瑕疵,于其所定供嗣后履行之相当期限经过而无效果时,除承揽人依法拒绝履行者外,得自行排除瑕疵并请求必要费用之赔偿。

(2) 第323条第2款规定,准用之。嗣后履行失败,或对于定作人系属不可期待者,亦无须定其期限。

(3) 定作人得请求承揽人预先支付排除瑕疵之必要费用。

第638条 【减少报酬】

(1) 定作人得向承揽人表示减少报酬,以代替解除合同。第323

条第5款第2段规定之排除原因,不适用之。

(2)定作人之一方或承揽人之一方有数人者,减少报酬仅得由其全体或向其全体表示之。

(3)报酬之减少,应就报酬依契约制定时,工作无瑕疵状态之价值与其可能存在实际价值之比例减少之。必要时,应以估价定其减少之报酬。

(4)定作人已支付超过减少后之报酬者,其超过之数额应由承揽人返还之。第346条第1款和第347条第1款规定,准用之。

第639条 【责任之排除】

关于排除或限制定作人因瑕疵所生权利之约定,如承揽人恶意不告知瑕疵,或承担工作品质之保证者,承揽人不得主张之。

第640条 【验收】(修订)

(1)除根据工作性质无须验收者外,定作人有义务验收依据契约完成之工作。不得因非重大之瑕疵拒绝验收。

(2)工作完成后,承揽人为定作人指定了验收的合理期间,期限到达后,定作人未能指明至少一项缺陷,但却拒绝验收的,推定已验收。定作人是消费者的,仅于承揽人要求验收时说明不验收或者在未指出缺陷情况下拒绝验收的后果时,才发生第1句的法律后果,该说明须以文本形式提出。

(3)定作人明知有瑕疵,仍依第1款第1句验收有瑕疵之工作,以其于验收时保留因该瑕疵所生之权利者为限,享有第634条第1项至第3项所定之权利。

第641条 【报酬的到期】

(1)报酬应于验收工作时支付。工作系分部分验收,而报酬系就各部分而定者,应于验收每部分时,支付该部分的报酬。

(2)定作人向第三人承诺工作的完成时,最迟于下列情事之一者,该承揽人的工作报酬到期:

a)定作人就所承诺之工作,因其完成而自第三人获得报酬或该报酬之部分的。

b)定作人之工作,被第三人验收或视为已验收的,或

c)承揽人对定作人就第1项和第2项所定之情事,定相当期限请

求告知而无效的。

定作人因工作可能之瑕疵而已向第三人提供担保的,以承揽人对定作人提供相当之担保者为限,适用第 1 段规定。

(3) 定作人得请求排除瑕疵者,得于到期后,拒绝报酬相当部分之给付;所称相当,通常系指排除该瑕疵所需必要费用的两倍。

(4) 就以金钱所定之报酬,除报酬之支付延期者外,定作人应自验收工作时起加付利息。

第 642 条【定作人协力】

(1) 工作的完成,兼须定作人行为者,如定作人怠于其行为,致验收有迟延时,承揽人得请求相当之补偿。

(2) 该补偿之金额,按迟延时间之长短及约定报酬之额度,并按承揽人因迟延所减省之费用,或因转向他处服劳务所能取得之利益定之。

第 643 条【不为协力时的终止】

承揽人有第 642 条规定之情形时,得对定作人指定相当期限,请其补行该行为,声明不于期限届满前为该行为者,即终止合同。不于期限届满前补行该行为者,合同视为已经解消。

第 644 条【危险负担】

(1) 工作验收前,由承揽人负担危险。定作人验收迟延者,其危险转移于定作人。定作人所供给之材料,因事变而灭失及毁损者,承揽人不负责任。

(2) 承揽人因定作人之请求,将工作送交履行地以外之处所者,准用第 447 条关于买卖之规定。

第 645 条【定作人之责任】

(1) 因定作人所供给材料之瑕疵,或因定作人就工作实施所为之指示,致工作于受领前灭失、毁损或不能完成,而无可归责承揽人事由之参与者,承揽人得请求相当于已给付劳务部分之报酬,及报酬所不包含费用之赔偿。合同依第 643 条规定解消者,亦同。

(2) 定作人因可归责事由所生之其他责任,不受影响。

第 646 条【以工作之完成代替验收】

按工作之性质无须验收者,在第 634 条之 1 第 2 款及第 641 条、

第 644 条及第 645 条规定的情形下,以工作完成代替验收。

第 647 条【承揽人质权】

承揽人因合同所生之债权,就其所为制作或修缮之定作人之动产,如该动产于制作时或因修缮目的而归其占有者,享有质权。

第 647a 条 【造船厂所有人之保全抵押权】(原第 648 条第 2 款)

造船厂之所有人,就其基于船舶之建造或修缮所生之债权,得请求允许在定作人之建造中船舶或其船舶上设定船舶抵押权;于此情形,适用第 1 项第 2 段规定。第 647 条规定不适用之。

第 648 条 【定作人之终止权】(原第 649 条)

定作人至工作完成时止,得随时终止合同。定作人终止合同的,承揽人得请求约定之报酬,但应扣除其因合同解消所减省之费用,或转向他处提供劳力所得或恶意不为取得之价额。就此情形,推定承揽人就该分摊于尚未提供之工作给付部分之约定报酬者,享有其中 5%。

第 648a 条 【基于重大原因的终止】(新)

(1) 合同双方无须遵守终止期限,得基于重大事由终止合同。在斟酌个案所有情事,且衡量双方之利益后,维持该合同关系到约定的消灭期限或终止期限届满,对终止之一方无期待可能性者,有重大事由之存在。

(2) 一方可以通知终止,只需要该部分是其所负担工作的可界定部分。

(3) 第 314 条第 2 款和第 3 款得适用之。

(4) 终止后,合同任一方得向对方请求协助共同确认履行状态。对方拒绝协力,或者未在约定的时间或由另一方在合理期限内确定的时间共同确认履行状态,该一方在合同终止时负担履行状态的证明责任。但该一方因不可归责之事由无法到场并且毫不迟延地通知了另一方的,不在此限。

(5) 一方因重大原因终止合同后,承揽人仅有权就其至合同终止时所提供之给付请求报酬。

(6) 终止不排除请求损害赔偿之权利。

第 649 条 【费用之估价】(原第 650 条)

(1) 合同系以费用之估价为基础,且承揽人未担保估价之正确性,而结果为非明显超过估价而不能实施工作时,定作人以该事由终止契约者,承揽人仅得享有第645条第1款规定之请求权。

(2) 该估价超过应可期待者,承揽人应实时通知定作人。

第650条【买卖法之适用】(原第651条)

合同系以交付尚待制造或生产之动产为内容者,适用关于买卖之规定。于该合同,虽其瑕疵系因定作人供给之材料所致者,仍适用第442条第1款第1段规定。尚待制造或生产之动产为不代替物者,亦适用第642条、第643条、第645条、第648条及第649条规定,但以依第446条及第447条规定之时点取代受领。

第二分目　工程合同【结构调整】

第650a条　【工程合同】(新)

(1) 工程合同法所称之工程,是指建筑物或户外工作物的建造、修复、拆除、改建。建筑物之维修,若该工作物对建造、修复或约定目的之使用有重要意义者,也是工程合同。

(2) 建筑物之维修,若该工作物对建造、修复或约定目的之使用有重要意义者,也是工程合同。

第650b条　【合同变更;定作人的变更权】(新)

(1) 若定作人寻求约定工作成果的变更(第631条第2项)或为完成约定的工作成果所必需的变更,双方应就变更以及因变更而加减报酬,寻求达成协议。

承揽人有义务提出加减报酬的要约,若根据本条第1款第1项进行变更,只有在变更的执行对于承揽人来说是可被期待者为限。如果承揽人以其企业内部程序,依第1款第1项第1句主张指示是不可期待的,应就此负举证责任。定作人负责规划建筑物或户外工作物者,若定作人对合同变更从事必要之规划并提交给承揽人,承揽人有义务就加减报酬提出要约。如定作人寻求变更,依据第650c条第1项第2句,承揽人无权就增加之支出提出请求,双方当事人应寻求对变更达成共识。第2句于此情形不适用。

(2) 在收到变更请求后30天内,如双方未能依第1项规定达成共识,定作人得以书面作出变更指示。承揽人有义务受领定作人的指示，唯依据第 1 项第 1 句之指示，限于履行对其可被期待之情形。第 1 项第 3 句准用之。

第 650c 条　【第 650b 条第 2 项指示变更下的报酬调整】(新)

(1) 依第 650b 条第 2 项指示变更所生增加减少之费用，报酬请求权的额度应依照事实上必要费用、管理费、风险及利润等适当的附加费计算。

如果承揽人的给付义务还包括建筑物或场地的规划，对于第 650b 条第 1 项第 1 句第 2 目，对增加的支出无请求权。

(2) 承揽人在计算追加之报酬时，得依双方合意之原始计价项目计算。

依据原始计价项目计算之报酬，推定其符合第 1 项之规定。

(3) 双方当事人对于报酬之额度无法达成共识，或没有不同内容的法院裁判者，承揽人得请求以根据第 650b 条第 1 项第 2 句追加报酬报价的 80% 作为部分付款金额。承揽人选择此种途径，且不寻求其他不同见解之法院裁判者，依据第 1 项和第 2 项所增加之报酬，于受领工作物后届期。

依据第 1 句获取的超出根据第 1 项和第 2 项所增加报酬的，应返还其差额给定作人，并自承揽人收到时起计息。《德国民法典》第 288 条第 1 项第 2 句和第 289 条第 1 句规定准用之。

第 650d 条　【假处分】(新)

依第 650b 条就单方变更权，或依第 650c 条之报酬调整所生争议，在开工后无须释明假处分之理由。

第 650e 条　【建筑承揽人的保全抵押权】(原第 648 条第 1 款)

建筑物或建筑物各个部分之承揽人，就其基于合同所生之债权，得请求允许在定作人之建筑土地上，设定保全抵押权。工作未完成者，承揽人得就相当于已给付劳务部分之报酬及报酬以外之费用，请求为设定保全抵押权之允许。

第 650f 条　【土木包工的担保权】(原第 648a 条)

(1) 承揽人可以就定作人就已合意追加而尚未付款之工作，包括相关之附属费用，加计其原得请求提供担保金额之 10% 另提供担保。第 1 句规定也适用于替代报酬的请求。定作人能要求履行或已验收工作,不得排除承揽人对担保的要求。定作人得对承揽人报酬请求权主张抵销之请求权,在计算报酬金额时不被斟酌,但其并无争议或已经判决确认者不在此限。定作人保留若其经济状况显著恶化的情况,可以撤销对工程给付所生报酬请求权,前提是在撤回表示到达时工作尚未施作,其担保也视为足够。

(2)也可以由有权在本法适用范围内从事业务的金融机构或信用保险公司的担保或其他付款承诺来提供担保。银行或信用保险公司向承揽人给付的前提是,定作人承认承揽人之报酬请求权,或其报酬请求权之支付经由假执行裁定,且符合强制执行之要件者。

(3)承揽人必须向定作人偿还保证金的通常费用,但不得高于保证金额的2%。如果由于定作人对承揽人提出的担保请求的抗辩,而抗辩被证明并无理由者,则不适用。

(4)如果承揽人根据第1款或第2款获得了其获得报酬的担保,就排除了依据第650e条请求担保抵押权的权利。

(5)如果承揽人未能于合理期限从定作人处取得依第1项担保,承揽人可以拒绝给付或终止合同。如果承揽人终止合同,承揽人有权要求约定的报酬。但是,他必须扣除因终止契约而节省的费用,或者通过在其他地方使用他的劳工来获取之报酬,或恶意不作为之费用。承揽人就其尚未完成的部分工作,推定其有权获得约定报酬的5%。

(6)以下情形,不适用第1项至第5项规定:

a)是一个受公法人或公法上的特别财产,其资产不适用破产程序者,或

b)消费者是根据第650i条的消费者工程合同或根据第650u条工程开发商合同。

第1款第2目不适用于定作人提供资金委任的营建管理人对施工项目的监督。

(7)背离第1项至第5项的协议无效。

第650g条　【拒绝验收时之现状确认;结算】(新)

(1)定作人以工作物有瑕疵为理由,拒绝验收工作物的,在承揽人的要求下,应协助共同确认工作物的现状。共同确认工作物的现状,应加注纪录完成(确认)日期以及由合同双方签字。

(2) 定作人在双方合意约定期间,或由承揽人订定合理期间,确认工作物的现状时点,却不出席的,承揽人可以单方面确认工作物的现状。定作人因不可归责于其的情况缺席,并且他已及时通知承揽人的,不在此限。承揽人在确认工作物的现状时,必须注记纪录(确认书)制作日期并签字,并将确认工作物的现状纪录副本提交定作人。

(3) 已经完成的定作人的工作物,并且在根据第 1 项或第 2 项确认时没有记载明显的瑕疵的,推定该瑕疵在确认工作物现状后所产生并且是可归责于定作人事由所致。如果瑕疵依其性质不可能由定作人引起,则不适用该推定。

(4) 如果是下列情形,则应支付报酬

a) 定作人已验收工作或根据第 641 条第 2 款规定无须验收,并且

b) 承揽人已向定作人提供可验证的结算表。如果结算表包含所提供服务的清楚的清单且定作人可以核实,则结算表即为可验证。如果定作人在收到结算表后 30 天内未对其可核实性提出合理的抗辩,则应视为可验证。

第 650h 条　【终止合同之书面形式】(新)

工程合同的终止需要书面形式。

(黄喆　译)

附录二

德国 2016 年版《建筑工程发包与合同规则》
（B 部分）

第 1 条　工作的种类与范围

（1）有待履行的工作，以合同定其种类与范围。工程施工的一般技术合同条款（VOB/C），也是合同的一部分。

（2）在合同中文字有冲突时，其适用顺序为：

a）工作说明；

b）合同专用条款；

c）可能有的附加合同条款；

d）可能有的附加技术合同条款；

e）工程施工的一般技术合同条款；

f）履行施工工作的一般合同条款。

（3）发包人对设计变更保留决定权。

（4）未经约定的工作，但对履行合同工作为必要的，除非承包人在其营业内不具备履行此种工作的设备，在发包人要求下应该履行。其他工作仅能在经承包人同意下为之。

第 2 条　报酬

（1）约定的价格是对所有工作的清偿，这些工作包括工作说明、合同专用条款、附加合同条款、附加技术合同条款、建筑工作的一般技术合同条款以及依据行业上的交易习惯属于合同工作的。

（2）除另有计算方式外（如通过总价合同，依时计算工资，或依据自身成本），报酬依据合同单价及实作数量计算。

（3）依据单价所包括的工作或部分工作的实作数量不多于合同原订范围 10% 的，适用合同单价。

就超过原订数量 10% 的部分，得依请求斟酌成本增减协商确定新的价格。

就减少原订数量超过10%的部分,得依请求提高工作或部分工作实作数量的单价,但须以承揽人就提高的数量,未因其他付款项目(账单)获得补偿为限。单价的提高基本上应与建筑设备、建筑一般成本及一般营运成本因较低数量导致的较高成本分摊相当。营业税应该依据新价格计算补偿。

就一单价所包括的工作或部分工作以其他工作为前提,而就该其它工作系以总价计算,对于单价的变更,亦得请求对该总价作适当调整。

(4) 在合同中承包人的工作应由发包人自行为之的(如提供建筑材料、辅助材料及营业工具),除另有规定外,准用第8条第1款第2项的规定。

(5) 经由建筑设计或其他发包人指示的变更,使合同中约定的工作价格基础变动的,应在斟酌成本增减下协商确定新价格。此一协议应在执行前为之。

(6) 如被要求履行合同中未约定的工作,承包人有特别报酬的请求权。但承包人应当在执行工作前对发包人主张。

报酬依据合同工作与被要求工作的特别成本所作的询价为基础。报酬应尽可能在执行前达成协议。

(7) 如果对工作报酬约定了总价,则报酬不变。但如果实施的工作与合同约定的工作有显着差异,严守原总价报酬不可期待时(《德国民法典》第313条),在被请求时应在考虑增加或减少成本下给予考虑。均衡考虑时应当以询价为基础。

第4款、第5款及第6款的规定同时适用于总价的约定。

除另有约定外,就部分工作作出总价约定的,也适用第1项、第2项的规定;第3款第4项的规定不受影响。

(8) 承包人未受委任或自行违反合同所做的工作,不得请求报酬。承包人在被请求时应在相当期限内除去该工作;否则应当以其费用将其除去。承包人还应当对发包人因此所生的其他损害负责。

如果承包人对此种工作事后承认的,承包人仍有报酬请求权。如果工作对于合同的履行为必要,也不违反发包人可得推知的意思,且承包人及时通知发包人的,承包人仍有权请求报酬。在承包人有权请求报酬的范围内,准用第 5 款和第 6 款就变更与追加工作的计算基础。

民法典有关无因管理的规定(《德国民法典》第 677 条及以下)不受影响。

(9) 发包人要求图说、计算或其他资料,如果承包人依据合同,特别是技术合同条款或行业的交易习惯并无提供义务的,也应当给予报酬。

发包人令承包人审查并非由其提供的技术计算的,应承担该笔费用。

(10) 按时计算工资的工作,仅在工作开始前明确协议的才能够请求报酬(第 15 条)。

第 3 条 施工资料

(1) 施工所必需的资料应无偿并及时交付给承包人。

(2) 建筑基地的主轴以及提供给承包人的基地界线定位,还有制作在建筑基地最近的必要高程点,都是发包人的事务。

(3) 由发包人提供的土地测量与定位以及其他为了施工交付的数据对承包人有拘束力。但是承包人对与正常履行合同相关的此种数据,仍应就其可能的不正确性加以审查,并将其所发现或推测的瑕疵告知发包人。

(4) 必要时,在开工前应对道路与土地的表面、泄洪道、泄洪管以及在工地内的建筑物做成书面记录,由发包人和承包人确认。

(5) 图说、计算、对计算和其他数据的审查,依据合同、特别技术合同条款、行业交易习惯或发包人的特别要求(第 2 条第 9 款)而需要提供的,应当在被要求后及时提供给发包人。

(6) 对第 5 款所知到的资料,非经著作权人同意不得公开、复制、变更或作原协议目的外的使用。

就计算机软件以不变更的型态储存于器材内的,发包人有权依协议的工作特征使用。发包人应当为信息保全的目的制作两份备份。此备份需包括有所有能够辨识的特征。备份的留存在被请求时应予证明。

承包人在不妨碍发包人的使用权下,有权使用数据与计算机软件。

第 4 条　工作的执行

(1) 发包人应负责维持工地一般秩序,规范不同承包人相互之间的关系。其应当取得依据如建筑法、道路交通法、水法、营业法规定的必要的公法上的证照与许可。

发包人有权监督符合合同的工作的执行。为此,他可以进入工作场所,即车间和储藏间,这里有合同的执行,或者部分由其生产的,或者由其确定的材料和组件也存放于此。应要求,工作图纸或其他执行文件以及质量测试结果应提交给他检查,在不泄露商业秘密的情况下,还应提供必要的信息。发包人应对被确认为商业秘密的信息和文件进行保密处理。

在维持承包人应有的管理权(第 2 款)的同时,发包人有权采取对于合同执行所必要的指示。原则上,除非迫在眉睫的危险,否则仅应将指示发给承包人或其为执行工作而指定的代理人。承包人应将他任命的执行工作的代理人通知发包人。

如果承包人认为发包人的指示不合理或者不适当,则其应提出异议,除非有相反的法律规定或者行政决定,否则仍应依要求执行指示。如果导致不合理的加重,则发包人应承担额外的费用。

(2) 承包人应以自己的责任依据合同提出工作。施工时应遵守通行的技术规范和法律法规。其应负责领导合同工作的执行,并维持工地的秩序。

承包人就法律、行政机关以及职业公会的义务对其雇员单独负责。规范其与雇员之间关系的协议与措施的订定,完全属于承包人的任务。

(3) 承包人对规定的执行方法(也包括对意外危险的防止)、发包人提供材料的质量或其他承包人的工作有疑问时,应尽可能在开始工作前立即以书面通知发包人。发包人仍对其说明、命令或工作负责。

(4) 除另有约定外,发包人应容许承包人无偿使用或共同使用:

a) 工地的必要仓储及施工空间;

b) 现有的道路与连结铁路;

c) 现有的自来水与能源线路。其消费的费用以及量表或计数器的费用由承包人负责,有数个承包人时按比例分摊。

(5) 承包人就其执行的工作以及交由其执行的标的,在交付前应防止其遭窃取或受损害。在发包人要求下,也应防止其在冬天受损或受地下水侵蚀,并应扫除积雪与冰块。如果合同中对于第2句所述职责没有规范的,其报酬依据为第2条第6款的规定。

(6) 材料或建筑组件与合同或样品不符的,在发包人要求下应在一定期间内运离工地。如果承包人不执行的,发包人有权以承包人的费用将其运离或为其计算将其转卖。

(7) 在执行时就已经可辨识有瑕疵或违约的工作,承包人应以自己费用完成无瑕疵的工作。如果瑕疵或违约的工作可归责于承包人,承包人就因此所生的损害负赔偿责任。如承包人不履行其排除瑕疵的义务,发包人有权定合理期间请求承包人排除瑕疵,并表示逾期仍未排除的将解除合同(第8条第3款)。

(8) 承包人应在自己的营业内执行工作。在发包人书面同意下,承包人可以将工作分包给次承包人。此种同意不限于在承包人营业内缺乏设备的工作。在没有发包人书面同意的情况下,如果承包人在其自身营业有此设备,但却不在自己营业内提供工作,发包人有权确定合理期间请求承包人在自己营业内提供工作,并表示逾期仍未改正者将解除合同(第8条第3款)。

承包人将建筑工作分包给次承包人的,应当以VOB的B部分和C部分为基础。

承包人必须最迟在次承包人开始工作之前,将次承包人及其情况告知发包人,并告知其名称、法定代表人和联系方式。在发包人的要求下,承包人应为其次承包人提供声明和适用性证明。

(9) 在土地上执行的工作发现古董、有艺术或科学价值的物品的,承包人应在进一步发现或变更前告知发包人这一发现,并将物品依据指示交付给发包人。因此所生增加费用的补偿,依据第2条第6款的规定。发包人有发现人的权利(《德国民法典》第984条)。

(10) 如果部分工作经由检验或确认的执行将不复存在,经要求,该工作部分的现况由发包人和承包人共同确认。这一确认结果应当以书面记录。

第 5 条　施工期限

（1）施工应依据有拘束力的期限（合同期限）开始，并应适当地推进和完成。如果在合同中明确约定，则施工进度表中包含的各个期限，仅在合同明确约定的情况下始得作为合同期限。

（2）开工未有约定时，发包人于承包人要求时应告知承包人可能的开工日期。承包人应在接到开工通知后 12 个工作天内开工。开工应通知发包人。

（3）如工人、器材、脚手架、材料或建筑组件不足够，以至于工期明显无法被遵守，承包人在被要求时应当立即寻求协助。

（4）如承包人迟延开工，完工陷于迟延，或未履行第 3 款的义务，发包人在遵守合同的情况下，有权依据第 6 条第 6 款的规定请求损害赔偿，或者确定合理期间请求承包人履行合同，并表示逾期仍未改正的将解除合同（第 8 条第 3 款）。

第 6 条　施工的障碍与中断

（1）承包人认为其正常施工受到阻碍的，应立即对发包人作出书面通知。如其未通知，只有在发包人知悉此一事实及障碍的效果时，才就障碍情况有请求权。

（2）工期如因障碍引起，于以下情况得予延长：

a）障碍系由属于发包人风险领域内的情况所引起；

b）由于罢工或者由雇主的职业代表下令在承包人营业或者在直接为其工作的营业厂商停工；

c）由于不可抗力或其他承包人无法排除的情况。

施工中天气的影响，在招标公告时通常应予考虑的，不视为障碍。

（3）承包人应为所有依合理方式可期待的工作，使工作能持续进展。只要障碍因素被排除，承包人应无条件立即继续恢复工作，并通知发包人。

（4）工期展延应依据障碍期间，加上复工所加的时间，以及可能延宕到不利的季节。

（5）如果预见施工有较长期间的中断，但没有工作持续不能的情形，就已执行的工作，应依据合同价格结算。此外，对承包人已发生且包括在工作的未施工部分合同价格的费用,应予补偿。

(6) 如果障碍情况可归责于一方当事人,他方对于可证明的损害有求偿权。但仅于一方有故意或过失的,才能请求可得证明的损害赔偿。此外,如果通知是按照第 1 款第 1 句发出的,或者明显是按照第 1 款第 2 句发出的,则承包人根据《德国民法典》第 642 条请求适当赔偿的权利不受影响。

(7) 中断长于 3 个月的,任何一方均得于期间经过后以书面终止合同。其结算依据第 5 款和第 6 款的规定;承包人就中断无可归责的,对工地清理的费用如未包括于已执行工作补偿中的,应予补偿。

第 7 条 风险分摊

(1) 如全部或部分已施作的工作在验收前因不可抗力、战争、暴动或其他客观上无法避免的非可归责于承包人事由而毁损灭失,承包人就其已施作的工作依第 6 条第 5 款规定有请求权,双方就其他损害没有补偿义务。

(2) 全部或部分已施作的工作指所有与工地直接相连、在工程结构上进行的工作,与完成比例无关。

(3) 全部或部分已施作的工作不包括尚未加工的原料或建筑组件、工地设施及支撑。全部或部分已施作的工作也不包括建筑的辅助设施和脚手架,纵然对此当成特别工作或单独发包,亦所不问。

第 8 条 发包人终止合同

(1) 发包人在工作完成前有权随时终止合同。

承包人仍得主张约定的合同酬劳。但承包人因终止合同节省的费用,或将其劳务或其营业从事其他工作取得的收入或恶意不为此营收的,应从报酬中扣除(《德国民法典》第 649 条)。

(2) 如果承包人没有支付能力、由其本人或者发包人或者其他债权人申请破产(《破产法》第 14 条和第 15 条)或类似的法律程序,或开始此种程序,或其开始程序由于欠缺财产被驳回的,发包人有权终止合同。

已完成的工作依据第 6 条第 5 款结算。发包人有权依据剩余工作的不履行请求损害赔偿。

(3) 第 4 条第 7 款和第 8 款第 1 项以及第 5 条第 4 款的法定期间

徒过未被履行的,发包人有权终止合同。此种终止应限于约定工作中特定独立的部分。

合同终止后,发包人有权将尚未完成的工作,以承包人的费用由第三人执行,但就可能产生的进一步损害仍保有请求权。如施工是导致合同终止的原因且对发包人已无利益,发包人也有权舍弃进一步的执行,而请求不履行的损害赔偿。

为继续完成工作,发包人有权以合理的费用利用仪器、脚手架和其他在施工现场存在的设备以及供给的原料和建筑构配件。

发包人应在与第三人结算后最晚12个工作天内,向承包人提出所生额外费用及其他请求权的细目。

(4)发包人得终止合同,

如承包人基于投标曾为不法竞争的限制约定的。第3款第1项第2句和第2项至第4项可得准用。

在《反不正当竞争法》第4部分的适用范围内,

a) 如果在决标时没有令人信服的理由而将承包人排除在外。第3款第1项第2句和第2项至第4项应有相应适用。

b) 如果合同发生重大变化或者欧洲法院发现严重违反欧盟条约和欧盟职能的情况。已执行的给付应根据第6条第5款计算价款。各方请求损害赔偿的请求权均不受影响。

此终止应在知悉终止事由后12个工作天内为之。

(5)不考虑《反不正当竞争法》第4部分的适用范围,如果承包人将其工作全部或者部分分包给次承包人,当其作为承包人负担义务的合同(主合同)根据第4款第2项b被终止后,其得根据第4款第2项b项享有终止权。以上同样准用于次承包链条上的每一个承包人,当其合同根据第1句被终止时。

(6)终止合同应以书面为之。

(7)承包人在终止合同后,有权立即请求其已施工的估算与验收;承包人应立即就其已施工部分提出可供审验的账单。

(8)由于迟延所生依据时间计算的违约金,只能计算至终止合同之日为止。

第 9 条　承包人终止合同

(1) 以下情形,承包人有权终止合同:

a) 发包人不为其应为的协力行为,因而使承包人无法施工(依据《德国民法典》第 293 条及以下的受领迟延),

b) 发包人未支付已届期的款项,或其他陷于债务人迟延的情形。

(2) 终止合同应以书面为之。只有当承包人给予发包人合理期间履行合同,并表明逾期不履行将终止合同,发包人仍不履行的,承包人始得提出终止通知。

(3) 已经完成的工作依据合同价格结算。此外承包人有权依据《德国民法典》第 642 条规定请求适当赔偿;承包人其他进一步的请求权不受影响。

第 10 条　合同当事人的责任

(1) 合同当事人相互间就自身的过失负责,也为其法定代理人或为履行债务所使用的人的过失负责(《德国民法典》第 276 条和第 278 条)。

(2) 第三人因施工受有损害,该种损害依据法定责任规定由双方当事人负责的,就双方当事人之间的求偿关系,除个案情形另有约定外,适用一般法律规定。如果第三人的损害仅肇因于发包人以此形式指定的特定措施,在承包人就所有与该指示的执行相关的危险依据第 4 条第 3 款告知发包人的情况下,所有的损害由发包人负责。

在承包人经由保险,或经由此种依据费率,而非以异常关系为准据的保费及保费附加,经由被许可在内国营运的保险人承保所有其法定责任的,损害均由承包人负责。

(3) 如果承包人由于无权进入或损害邻地、在发包人指定区域外推置或挖掘泥土或其他物品或由于任意封闭道路或流水,依据《德国民法典》第 823 条以下对第三人负损害赔偿责任的,应对发包人单独承受损害。

(4) 就合同当事人之间的关系,于承包人自行提供受保护的工法,或使用受保护的物品,或发包人就此使用有所规定,并指出有此种保护权利的情形,有违反知识产权的,由承包人单独负责。

(5) 当事人一方依据第 2 款、第 3 款或第 4 款规定免除他方的赔偿义务的,此免责视为对其法定代理人及履行辅助人亦同时免除责任,但以其非故意或有重大过失行为为限。

(6)当事人一方就依据第2款、第3款或第4款规定应由他方负责的事由,被第三人请求损害赔偿的,有权要求他方当事人免除对第三人的责任。其对于第三人的请求权在给予他方当事人事先表示意见前,不得为承认或清偿。

第11条 违约金

(1)约定了违约金的,适用《德国民法典》第339条至第345条的规定。

(2)就承包人未在约定期限内完工约定违约金的,承包人陷于迟延时违约金届至。

(3)违约金依日计算的,仅计算工作日,依星期计算的,每一工作日以该周的1/6计算。

(4)发包人验收工作的,仅在验收时预为保留的仍得请求违约金。

第12条 验收

(1)承包人在完工后,必要时在约定的施工期限经过前,有权请求工作验收,发包人在12个工作日内应进行验收;双方也可以约定另一期间。

(2)经请求,可以就工作的独立部分为特别验收。

(3)因重大瑕疵在其被排除前得拒绝验收。

当事人一方要求时,应为正式验收。任一当事人有权以自己的费用委任一名鉴定人。其鉴定意见应由双方共同以书面形式确认。在签名时应对已知瑕疵及违约金作出权利保留,以及可能的承包人抗辩。任一当事人均可取得副本。

约定了验收日期,或者发包人在足够的期间前通知承包人的,即使承包人不出席仍可为正式验收。验收结果应立即通知承包人。

(4)未要求验收时,在书面通知竣工后12工作日内,其工作视为已经验收。

未要求验收,而发包人开始使用全部或部分工作的,在开始使用后6个工作日后,除另有协议外,其工作视为已经验收。使用部分建筑设施进行其他工作不视为验收。

因已知瑕疵或因违约金而做的权利保留,发包人至迟应依第 1 项和第 2 项所定期间内主张。

(5) 工作物毁损灭失的风险,除发包人已依据第 7 条承担外,因验收而移转给发包人。

第 13 条 瑕疵请求权

(1) 承包人对于发包人应确保其工作在验收时没有物的瑕疵。工作在验收时具有约定的品质并符合建筑规范的,为无瑕疵。没有约定品质的,在验收时,如果

其履行为合同的先决条件的,在其他情形适于通常的使用且具备同类工作物相同的特性,并为发包人依据工作性质可以期待的,为无瑕疵。

(2) 工作依据试验的,以试验的特性为约定特性,其误差依交易习惯为重要的,不在此限。对于缔结合同后约定之试验,可得准用。

(3) 瑕疵可归因于工作描述、发包人指示、发包人提供的原料或建筑组件,或由于其他厂商先前工作的品质,承包人仍应负责,但其依据第 4 条第 3 款规定作出必要通知的不在此限。

在合同中对于瑕疵担保并未约定消灭时效期间的,就建筑物期间为 4 年,就以建造、保存或者变更的结果为工作物及消防设施与消防相关部分为 2 年,但就工业消防设施的相关部分和隔热部分的消灭时效为 1 年。

就机器与电机或电子设施或组件,其维护与安全及功能效用相关的,而发包人决定在消灭时效期间内,维修不委托承包人施作的,其瑕疵担保消灭时效期间为 2 年,不适用第 1 项的规定。

期间自全部工作验收时起算;只有工作独立部分的,自部分验收时起算(第 12 条第 2 款)。

(4) 所有在时效期间内显现的瑕疵,如由违反合同的履行造成,发包人于时效期间内以书面形式提出的,承包人有义务以自己的费用排除瑕疵。排除被指责瑕疵的请求权自书面请求收到日起满 2 年罹于时效,但不得早于第 4 款规范期间或替代的约定期间经过前。在验收瑕疵排除工作后,该工作期间重新起算 2 年,但不得早于第 4 款规

范期间或替代的约定期间经过前。

承包人在发包人指定期间内,对于瑕疵排除请求没有响应的,发包人有权以承包人的费用排除瑕疵。

(5)瑕疵排除对于发包人不可期待,或不可能排除,或可能导致不成比例的高额费用而被承包人拒绝的,发包人经由对承包人的表示,得减少报酬。

(6)承包人就可归责于其的瑕疵至生命、身体或健康损害负其责任。

故意或重大过失所生瑕疵,承包人就所有损害负责。

此外,发包人就严重影响使用功能的重大瑕疵,且溯源于承包人过失的,应补偿建筑设施损害或用于工作制作、维护或变更的费用。其他进一步损害,承包人仅于下列情形负赔偿责任:

a)瑕疵系由于违反建筑规范所导致的;

b)瑕疵为合同中约定品质的欠缺;

c)承包人的损害由其法定责任保险涵括,或者经由在内国被许可营运的保险人以符合费率,且非以不寻常的关系为基础的保险费及保险费附加的方式涵盖。

如承包人依第 3 项规定受到或者应当受到保险的保障,或者有以特别保险保障的协议,除第 4 款规定外,适用法定时效期间。

特殊情况下,得约定责任的限制或扩张。

第 14 条 估算

(1)承包人应将其工作以可查验的方式结算。承包人应当清晰记载其账目,并依其项目逐笔记录,并使用合同附件中包括的项目名称。用以证明工作种类与范围所必要的数量计算、图说及其他发票,也应附上。合同的变更与补充应在账单中特别标示,当有要求时应该分别申请结算。

(2)就结算必要的确认应与工作进度尽可能共同进行。结算规定应遵守合同的技术规范及其他合同附件的要求。就工作继续进行中难以确认的工作,承包人应及时申请进行共同确认。

(3)工期不超过 3 个月的,应至少在提出竣工报告后 12 个工作日内提出决算账单,除另有规定外,此一期限因工期每增加 3 个月增加 6

个工作日。

(4)虽然发包人给予合理期限,但承包人仍未在期限内提出可查验的账单,则发包人有权以承包人的费用代为制作。

第 15 条 计时工资

(1)计时工资的工作依据合同约定结算。

未约定报酬的,可依据当地通常的报酬标准。如果无法得知当地行情,以承包人就合理营运产生的工地的工资和附加费用、工地的原料费用、设备费用、工具、机器及机械设备费用、运输、搬运与仓储、特殊保险费用及特别费用,加上合理的管理费和利润(包括一般合同风险)及营业税补偿。

(2)如发包人请求,计时工资的工作由工地主任或其他一名监督人监督,或该监督依据相关意外防护规定是必要的,准用第 1 款的规定。

计时工作的执行应在开始前通知发包人。就履行的工作时数,以及应分开付款的工作必要原料消耗费用,设备、器材机器与机器设备等的维护、运输、搬运与仓储、特殊保险费用及可能的特别费用,除另有约定外,依据交易习惯按工作日或每周出工表(计时工资单)计费。发包人就由其签署的计时工资单应立即,至迟应于收到后 6 个工作日内交还。此时可将费用纳入计时工资单或另行以书面形式提出。不依期限交还的计时工资单视为已经承认。

(3)计时工资的结算应在计时工作结束后立即进行,最迟不得超过 4 个星期。就付款适用第 16 条的规定。

(4)计时工资的工作虽然有约定,但就计时工资的工作范围却欠缺及时提送计时工资单而有疑问时,发包人有权要求,就可资证明的执行工作依据第 1 款第 2 项就工作时数,材料消耗,设备、器材、机器或机械设备的提供,运输、搬运与仓储以及可能的特别费用,取得在经济上合理费用的标准约定报酬。

第 16 条 支付

(1)依据个别经证实符合合同的工作价值加上所生营业税的申请,部分支付应尽可能在较短期间内作出。工作应经由可审查的报表证明,报表必须能够实现快速及准确的工作判断。此处的工作包括就必要工作特别制作并安装的建筑组件,及交付至工地的发包人依据其选择已经取得所有权或提供适当担保的材料与建筑组件。

对待请求权得被扣除。其他扣除只有在合同或法律规定的情形下被容许。

部分支付请求权于收到申请报表后21天内届至。

部分支付对于承包人的责任与瑕疵担保无任何影响;部分支付不视为对部分工作的验收。

(2)预付款也可于合同签订后约定;此时于发包人要求时应提供足够的担保。除另有约定外,预付款应依据《德国民法典》第247条以基本利率加上3%收取利息。

预付款应于最近一次届至的付款扣回,只要是预付款支付的工作可被扣抵。

(3)结算工作请求权在由承包人提出的结算账单经审查并确认后届至,至迟应在收到账单后30天内为之。如果根据约定的特殊品质或特点而有客观理由任肯并有明确约定的,该期限最多可延长至60天。如果在各自的截止日期之前没有提出对可验证性的反对意见并说明原因,则发包人不能再提及缺乏可验证性。如果可能,应加快对结算的审核。如有迟延,对于无争议部分的部分支付应立即进行。

如将结算以书面形式通知承包人并指出此排除效果的,则无保留的受领结算排除了事后的请求权。

如发包人指出除已经支付的款项外,终结地以书面形式拒绝进一步付款的,视同结算。

原先提出但未结清的债权,如未再次声明保留的,不得再主张。

对于结算的保留,应依据第2项和第3项规定,在收到通知后28天内作出。若未在外加的28天内就保留的债权提出可供审查的账单,或者如果提出账单不可能,就保留提出详细理由的,不得再行争议。

该除斥期间对于结算及付款账目由于幅度、计算或记录错误的,不适用。

(4)就工作的独立部分,可不考虑工作的剩余部分是否已完成,而经由部分验收终结地被确认并付款。

(5) 所有付款应尽可能加速进行。

未经约定的现金折扣不被容许。

发包人于届至时未付款的,承包人有权确定适当的催告期间,发包人在此期间能未付款的,如承包人未能证明更高的迟延损害,其得自催告期间届满时起,请求依据《德国民法典》第288条第2款规定利率的利息。在收到账单或者预付款清单起最多30日内,如果承包人已经履行其合同义务和法定义务且未及时获取到期报酬,则发包人无须补充期限经过即陷于迟延,付款迟延非由其负责的,不在此限。如果根据约定的特殊品质或特点而有客观理由确认并有明确约定的,该期限最多可延长至60天。

(6) 拖欠付款时,承包人有权停止工作直至付款完毕,但前提是先为发包人设定的合理期限徒过仍未获清偿。如果承包人的债权人根据与承包人订立的雇佣或承揽合同参与承包人的合同履行,且由于承包人的付款迟延导致其有权拒绝继续履行,或者出于保障该债权人继续履行的目的,发包人有权向承包人债权人履行其第1款至第5款的付款义务。应发包人要求,承包人有义务在发包人设定的期限内说明是否以及在何种程度上确认债权人的债权,如未及时作出此声明,则视为认可直接付款的前提。

第 17 条　提供担保

(1) 如约定提供担保,除此处另有规定外,适用《德国民法典》第232条至第240条规定。

担保用于确保工作依据合同执行以及瑕疵请求权。

(2) 除合同另有规定外,担保可以通过缴纳或提存现金、金融机构或金融保险机构的保证提供,但以该金融机构或金融保险机构在欧盟、在欧洲经济领域条约缔约国或在世界贸易组织会员国而有加入政府采购协议的国家内为限。

(3) 承包人有权在不同方式的担保间选择,有权以其他担保代替原担保。

(4) 经由保证的担保以发包人认为保证人适合为前提。保证声明应在放弃先诉抗辩权的前提下以书面形式作出;其不得限于特定期间,并依据发包人的规范制作。发包人不得要求保证人在首次请求时有义务付款的保证作为担保。

（5）以缴交现金方式提供担保的，承包人应将该金额存入约定的金融机构不得提领的户头，双方当事人对该金额仅能共同处分，所生利息属于承包人。

（6）如发包人依据合同得于付款时保留部分金额作为担保，最高得保留应付金额的 10%，直到已扣满约定的保证金额为止。如果根据《增值税法》第 13 条 b 项规定开具了不含营业税的发票，则在计算保证金时不考虑营业税。每次保留之金额应通知承包人，并于通知后 18 日内向该不得提领的户头支付。同时，也应促使该金融机构将此拨款通知承包人。第 5 款规定准用之。

就较小或短期的案件，发包人可将其保留的担保款在决算时才存入该不得提领的户头。

如发包人未及时存入保留金额，承包人应确定合理的催告期间。如发包人仍未工作，承包人有权请求立即支付此保留款，且无须再提供任何担保。

公共工程的发包人有权将保留款存放于自身保管账户，该金额并无利息。

（7）除另有约定外，承包人应于缔约后 18 个工作日内提供担保。如其未履行该义务，发包人有权自承包人得请求款项中扣除该约定的担保金额。此外，第 5 款和第 6 款第 1 项第 1 句以外均准用之。

（8）发包人对于履约未抵扣的担保，于约定的时点，最晚在验收及对瑕疵请求权担保表示意见后返还，但发包人的请求权不在瑕疵请求权担保范围内的，不在此限。此时发包人对于该部分的合同履行请求权有权保留该部分担保。

除另有返还时点的外，发包人对于履约未抵扣的瑕疵请求权担保，最晚于 2 年后返还。但如果此时发包人主张的请求权仍未被履行的，仍有权保留该部分的担保。

第 18 条　争议

（1）有依据《德国民事诉讼法》第 38 条的法院管辖协议要件存在时，除另有约定外，就合同所生争议由发包人诉讼代理人所在地法院管辖。此一法院于请求时应通知承包人。

(2) 就与行政机关的合同有争议时,承包人应先向发包单位的上级提出请求。该上级应给予承包人以机会作出口头陈述,并尽可能对其于提出请求后 2 个月内作出书面判断,并提示第 3 句的法律效果。如承包人未于收到判断书后 3 个月内向发包人提起书面异议,而发包人曾告知承包人此一除斥期间的,该判断视为已被承认。

收到关于进行第 1 项程序的书面申请后,该申请所涉的请求权消灭时效停止进行。如发包人或承包人不愿继续进行程序,应以书面通知他方当事人。时效停止进行最早于收到书面判断或依据第 2 句为通知后 3 个月结束。

(3) 也可以商定解决争议的程序。该合意应在合同订立时达成。

(4) 在有普遍效力的审查程序中,就材料及建筑组件的特性,或检验所使用机器或使用检验程序的容许性与可靠性有不同意见时,任一方当事人均可在事先通知他方当事人的前提下,由国有的或国家承认的材料检验单位执行材料技术检验,其检验报告有拘束力。费用由败方负担。

(5) 有争议时,承包人无权停工。

(黄喆 译)